社会治理·能力为本系列丛书

社区教育概论

主　编◎溥存富　李飞虎
副主编◎郭小建　慕　玮　王　强

西南交通大学出版社
·成　都·

图书在版编目（CIP）数据

社区教育概论 / 溥存富，李飞虎主编. —成都：西南交通大学出版社，2018.5
（社会治理·能力为本系列丛书）
ISBN 978-7-5643-6181-5

Ⅰ. ①社… Ⅱ. ①溥… ②李… Ⅲ. ①社区教育－研究－中国 Ⅳ. ①G779.2

中国版本图书馆 CIP 数据核字（2018）第 100019 号

社会治理·能力为本系列丛书

社区教育概论

主编 溥存富 李飞虎

责任编辑	孟秀芝
特邀编辑	王 娜
封面设计	原谋书装
出版发行	西南交通大学出版社 （四川省成都市二环路北一段 111 号 西南交通大学创新大厦 21 楼）
发行部电话	028-87600564 028-87600533
邮政编码	610031
网 址	http://www.xnjdcbs.com
印 刷	四川森林印务有限责任公司
成品尺寸	185 mm × 230 mm
印 张	18.75
字 数	336 千
版 次	2018 年 5 月第 1 版
印 次	2018 年 5 月第 1 次
书 号	ISBN 978-7-5643-6181-5
定 价	49.00 元

课件咨询电话：028-87600533

序 言

PERFACE

改革开放以来，中国社会的基本单位已经由过去的企事业组织变更为社区。随着社会转型时期的到来，社区建设日益受到政府及社会各界的关注，“构建终生教育体系、建设学习型社会”已成为全面建设小康社会的重要指标。

众所周知，社区建设的一个重要方面就是社区教育。社区教育是终身教育的具体形态和切入点，也是学习型社会建设不可或缺的一环。终身教育体系的构建没有社区教育的普遍开展是不可想象的。

1999 年，国务院批转教育部《面向 21 世纪教育振兴行动计划》，提出“开展社区教育实验工作，逐步建立和完善终身教育体系，努力提高全民素质”，自此解开了我国开展社区教育实验工作的历程。

自 2001 年 11 月教育部确定首批全国社区教育实验区以来，全国已分期分批地确定了近 300 个全国社区教育实验区和示范区。为贯彻落实《国家中长期教育改革和发展规划纲要（2010—2020 年）》提出的“广泛开展城乡社区教育，加快各类学习型组织建设，基本形成全民学习、终身学习的学习型社会”的要求，社区教育被赋予了在构建终身教育体系和建设学习型社会、提升市民综合素质工程和社区建设中处于重要的地位，大力推进社区教育是满足人民群众对美好生活需求、满足经济和社会发展需求的内在要求。

本书系统讲解了社区教育的历史沿革与发展，分析了我国社区教育现状与特点，从社区建设角度，重点就社区教育管理、社区教育课程开发、社区教育实践模式、社区不同人群的心理教育、社区矫正教育等方面进行了阐述，既适合作为社区管理与服务专业、民政专业、社会工作等相关专业的教材，也适合作为社区专职工作者、街道干部等一线基层工作者的社区教育操作手册、培训教材。

本书各章节编写分工为：李飞虎编写第一章，溥存富编写第二章、第七章，王小丽编写第三章，王强编写第四章，刘炯编写第五章，慕玮编写第六章，以上编者均为重庆城市管理职业学院教师和工作人员。

本书的编写得到了重庆城市管理职业学院、成都西南交大出版社有限公司、重庆沙坪坝区民政局基层政权与社区建设科、重庆九龙坡区民政局、重庆九龙坡区九龙镇社事办、重庆南岸区南平镇社事办、重庆九龙坡区九龙镇彩云湖社区、重庆兴民社会工作服务中心、重庆九龙坡区凝聚力社会工作服务中心、重庆南岸区南平镇绿荫社会工作服务中心的鼎力支持与帮助。感谢重庆城市管理职业学院社会工作学院院长周良才教授等专家教授和民政工作人员的支持，感谢和颖、秦洁、刘剑、郭瑞英、宋瑶平、罗欢等社会工作者的辛勤付出，感谢所有参与本书编写的教师们。

书中，我们引用或参考了大量的国内外文献资料，主要包括黄远春主编的《社区心理教育》，孙奇骑、陈光耀编著的《社区教育工作者培训教材》，王涤、范琪、郑蓉等著的《中国社区教育示范区实证研究——以浙江杭州下城区为例》，彭人哲著的《回眸与超越——社区教育的理论与实践之探究》，潘士君主编的《社区教育工作者实用手册》，杨志坚主编的《中国社区教育发展报告》，徐建秋、张燕农主编的《北京市东城区社区教育课程大纲》，芦麦芳主编的《社区矫正教育》，沈光辉编著的《转型发展中的社区教育问题研究》等，在此，对有关著作或教材的原作者表示最诚挚的谢忱。

由于我们能力和水平有限，书中难免存在错漏和有不当之处，恳请广大专家、学者、同行和读者批评指正。

目　录
CONTENTS

第一章　社区教育概述

【本章概览】

社区教育是我国教育事业的重要组成部分，是社区建设的重要内容。加快推进社区教育建设，有利于弘扬社会主义核心价值观，推动社会治理体系建设，传承中华优秀传统文化，形成科学文明生活消费方式，实现人的全面发展。本章从社区教育的含义与特征出发，介绍了社区教育的原则与功能，并分析了社区教育的内容。

【学习目标】

1. 理解社区教育的内涵与特征。
2. 熟悉社区教育的原则与功能。
3. 掌握社区教育的内容及演变。

社区是社会发展的基本单位，是一定地域空间内的人们的生活共同体。现代人的一生，往往从生长到发展都离不开社区，又受制于社区环境。于是，以社区为载体而开展的教育活动，即社区教育就应运而生了。20 世纪 20 年代，西方发达国家开始关注社区及社区教育问题；到了五六十年代，社区与社区教育成为联合国关注的话题；70 年代以来，社区教育问题便成为许多发达国家教育研究的热点；80 年代中后期，随着我国政治、经济、科技和教育体制改革的深入，社区和社区教育问题逐渐成为我国社会各界所关注的一个社会问题。[①]

① 本章编写参考了彭人哲著的《回眸与超越——社区教育的理论与实践之探究》、杨志坚主编的《中国社区教育发展报告》中的相关文献资料和数据。

第一节 社区教育的内涵与特征

一、社区教育的内涵

“社区教育”（Community Education）一词最早源于 20 世纪初美国的杜威（Deway，1915）提出的“学校是社会的基础”思想。接着，根据这一思想，美国人曼雷（F. L. Manley）和莫托（C. S. Mott）在美国的密歇根州进行了实验，他们将学校教育和社区功能相联系，使学校成为社会的基础，同时也是社区的一种资源，从而给“社区教育”注入了实质内容。在社区教育发展过程中，虽然“社区教育”这一概念已被世界各国认可，但对社区教育含义的界定，仁者见仁，智者见智，各有侧重点。

马丁（J. Martin，1987）认为：社区教育是提供教育机会给每一个人，以便达成更充实更有益的生活；社区教育是社会上一些弱势者的凝聚行动，该行动使他们能分析其情境，并且达成政治的改变。

哈格雷斯（D. Hargreaves，1985）则这样提到社区教育：发展社会和教育资源再分配策略，以创造更公正和公平的社会，促进地方政府机构和志愿机构之间更密切地协调与合作，支持地方主动推进社会发展，使人们更有能力控制自己的生活，鼓励更开放、更民主地获得教育系统的人力和物力资源，重新界定课程和学习的概念，即教育是产生个人自主意识和促进社会合作的方法。

弗莱彻（C. F. Fletcher，1985）在为胡森（T. Husen）和波斯特尔斯威特（T. N. Postleth-waite）主编的《国际教育百科全书》撰写的条目“社区教育与社区发展”中，对社区教育有以下说法：社区教育就是在教育领域内的社区参与。社区教育还指把教育中心纳入为社会生活的主动服务中。按正规的说法，社区教育就是把中、小学和高等学校转变为适合一切年龄人的教育中心和娱乐中心的过程。

我国学者厉以贤（1999）在《社区教育的理念》一文中认为，所谓社区教育，是提高社区全体成员素质和生活质量以及体现社区发展的一种区域性教育活动的过程。苏明（2001）在《面向二十一世纪社区教育模式探索》一文中指出，社区教育是指政府对社区居民实施的一种文化，以及居民个人需求与发展的一种学习型活动。

比较上述国内外学者对社区教育的概括，我们可以看到各国对社区教育的理解侧重点不同，可概括为：社区教育是社会化的教育、教育资源整合的过程和服务大众的教育。根据我国社会发展的特点，我们认为社区教育是在终身教育理论指导下，以社区为阵地，以教育为手段，旨在提高社区成员综合素质与生活质量的一种区域性、有组织的社会化教育活动。

二、社区教育的特征

（一）区域性

社区教育是在一定地域范围内，充分利用、开发各类教育资源，旨在提高社区全体成员整体素质和生活质量，促进区域经济建设和社会发展的教育活动。区域、人口和组织结构是社区构成的基本要素，因此，社区教育是具有区域性、面对社区内全体成员的教育活动。区域性是社区教育的基本特点之一。这个区域，可以是城市的区、街道，也可以是农村的县、乡（镇）、村。从区域性这个特点出发，社区教育应根据各社区的地理位置、人文环境、人口构成、资源状况等特点，有针对性地开展符合社区居民实际需要的教育活动。比如，有的社区下岗失业人员较多，社区教育应以再就业培训为重点。有的社区外来人口多，社区教育应以外来人口教育为重点。再如，有的社区内各类学校较多，教育资源丰富，有的社区内人文景观多，社区教育就应充分发挥这些优势，突出重点，办出特色，满足社区居民对教育的需求，以达到提高社区全体成员整体素质和生活质量、促进区域经济建设和社会发展的目标。

（二）全员性

“全员、全程、全面”，这是社区教育区别于其他各类教育最基本的特点。“全员”是指社区内全体成员都是社区教育的对象，是社区教育的主体。他们都有接受教育的权利，社区教育应为社区内全体成员提供工作、生活需要的教育服务。“全程”是指每个人从出生到生命终结全过程都要、也都应不断地接受教育，社区教育应为社区内全体成员提供终身学习“全程”的教育服务。“全面”是指社区教育的内容应包括德、智、体、美、劳等促进人全面发展的教育内容，并为社区内全体成员提供这种“全面”的教育服务。社区教育对象的全员性特点，充分体现了社区教育以人为本的思想理念。从尊重社区内全体成员的学习权利出发，满足人一生的基本学习要求，全面提高人的素质和生活质量，发挥人的潜能，促进人的自我价值实现。从这个意义上讲，社区教育是对传统教育的改革和发展，是构建终身教育体系和学习化社会的有效途径和具体形式。

（三）广泛性

社区教育对象的全员性决定了社区教育内容的广泛性。社区教育是面向社区内全体成员的教育活动，而社区内各类人群对教育的需求存在着很大的差异。从年龄结构来看，婴幼儿、青少年、成年、老年人群的教育需求显然有很大差别。单就成年人而言，在职人员需要岗位培训，下岗失业人员需要再就业培训，外来人员需要适应城市生活培训，弱势人群需要提高生存技能培训，老年人则需要文化休闲培训等。而岗位培训就涉及几千个岗位工种。就同是老年人群来说，个人的兴趣、爱好又各不相同。此外，还需要考虑到部分人群对生产技能、科学技术、健康卫生 、法律法规、文化艺术等方面的更高要求。因此，社区教育必须在调查研究的基础上，结合社区实际，有针对性地提出“菜单式”的培训项目，尽可能满足社区各类人员对教育的广泛要求。社区教育与传统的学校教育不同，它不受教学计划、教学大纲的限制，只要有利于个人身心健康、有利于社区建设和发展、有利于社会进步，适应社区成员需要的内容，都可以列入社区教育之中。只有有针对性地开展各种内容广泛的教育活动，才能满足社会全体成员对教育多元化、多层次的需要，从而促进人的全面发展。

（四）综合性

教育方式的综合性是社区教育的又一基本特点。社区教育由社区举办，强调把社区内的社区教育学院、社区教育学校、社区教育分校（或教学点）等各种教育资源进行整合，组成社区教育网络，同时又开展创建学习型组织，包括学习型企业、学习型单位、学习型街道、学习型团体、学习型社区、学习型居委会、学习型楼院、学习型家庭等，使社区内学校、社会、家庭和社区、街道、居委会形成一体化，有利于综合利用社区内各类教育机构、工作场所、文化设施、大众媒体和其他机构的教育功能，充分发挥学校教育、社会教育、家庭教育、自我教育的作用，形成区域性、综合性的教育体系。社区教育是社区内各种教育因素的整合，把社区教育与社区建设紧密结合起来，有利于提高社区成员的素质和生活质量，促进社区经济建设。同时，它能密切各种教育之间的关系，充分发挥各种教育的综合优势，提高社区教育办学的整体水平和效益。

（五）多样性

社区教育形式多样性的特点是由社区教育对象的全员性和内容的广泛性决定的。内容决定形式，要满足不同对象广泛的教育需求，教育形式必须灵活多样。既可以采取正规教育形式，也可以采取非正规教育形式，甚至可以采取非正式教育形式。既可采用全日制形式，也可以采用半脱产或业余学习形式，还可以采用自学形式。既可以选用课堂面授、远程教授、业余函授等形式，也可以选用以师带徒、实操训练等形式，还可以选用座谈讨论、理论研究、经验交流、参观访问、学术报告、个别交流等灵活多样的形式。特别是信息网的建立，更为社区教育提供了现代化、个性化的学习形式。在开展社区教育过程中，只有从社区的实际出发，针对社区成员的需要，采取灵活多样的教育形式，才能满足社区全体成员多元化、全方位、多层次的教育需求。

（六）社会性

社区教育是一项涉及社区内各部门、各单位及社区内全体成员的社会性系统工程。在管理体制上，需要“政府统筹领导、教育部门主管、有关部门配合、社会积极支持、社区自主活动、群众广泛参与” 。在政府统筹领导下，把社区教育纳入区域经济建设和社会发展规划中，纳入教育事业改革和发展规划中。教育、民政、人事、劳动、文化、卫生、公安、司法、财政、工商、税务、共青团、妇联、科协等部门都负有社区教育的责任，各部门都要互相关心、积极配合，发挥各自的作用。在教育资源共享和建设学习型组织上，需要社区内各教育机构、机关团体和企事业单位共驻共建、共驻共教、共驻共学。在教师队伍建设上，要建设一支以专职为骨干、兼职为主体、专兼结合、能适应社区教育多层次、多形式办学，掌握社区教育规律、特点的教师队伍，更要建立一支数量众多、质量较高的社区教育志愿者队伍，使社区内人人是学员，人人也可以是教员，形成全社会处处、时时、事事、人人学习的氛围。归根结底，社区教育的实质是要以构建终身教育体系和建立学习化社会为目标，使教育向社会开放，社会向教育开放，促进教育与社会的沟通、衔接和共同发展，是社区学习化与学习化社区、教育社会化与社会化教育、阶段性教育与终身教育辩证和谐的统一。因此，要使社区教育发挥出最大的作用，就必须认真地分析和掌握它的基本特点，并根据这些特点去组织和指导社区教育的实践。

第二节　社区教育的原则与功能

一、社区教育的原则

2016 年 6 月，教育部、民政局、财政部等九部门颁布了《关于进一步推进社区教育发展的意见》(教职成〔2016〕4 号)，该意见明确指出：社区教育是我国教育事业的重要组成部分，是社区建设的重要内容。要以促进全民终身学习、建设学习型社会为目标，以提高国民思想道德素质、科学文化素质、健康素质和职业技能为宗旨，以建立健全社区教育制度为着力点，统筹发展城乡社区教育，加强基础能力建设，整合各类教育资源，充分发挥社区教育在弘扬社会主义核心价值观、推动社会治理体系建设、传承中华优秀传统文化、形成科学文明生活消费方式、促进人的全面发展等方面的作用。在此基础上提出了我国开展社区教育的基本原则。

（一）坚持以人为本，需求导向

具体而言，就是要以学习者（社区居民）为中心，以社区居民需求为导向，为社区内不同年龄层次、不同文化程度、不同收入水平的居民提供多样化的教育服务。充分体现社区教育的普惠性，满足社区居民日益增长的物质文化需求，促进社会公平。

（二）坚持社区为根，特色发展

社区教育必须立足于城乡社区，面向基层。从东、中、西部区域发展的实际情况出发，推进社区教育特色发展。鼓励各地结合当地历史、人文资源和经济发展状况，因地制宜、因势利导开展社区教育活动。如深圳的桃源居，企业通过社区建设、社区教育的方式来回报社会，与驻地组织共创共建社区教育，成立全国首家社区教育基金会，构建儿童教育、学历教育、女子教育、老人教育等社区教育体系，最终达到双赢的效果。

（三）坚持统筹协调，整合资源

一是发挥党委政府的推动引导作用，把社区教育切实纳入区域经济社会发展总体规划中。比如政府向社会组织购买社区教育方面的社会服务，以满足社区居民对社区教育的需求。二是以城带乡，统筹城乡社区教育协调发展，着力补足农村社区教育短板。比如引进社会组织，在农村社区开展“四点半”课堂，弥补农村教育资源的相对不足。三是整合学校教育资源和其他社会资源来服务社区居民学习。比如学校的图书资源可以向社区居民开放，教师党员深入社区为居民提供法律咨询、健康检查等方面的讲座。

（四）坚持改革引领，创新驱动

一是注重顶层设计与基层创新良性互动、有机结合。比如国家层面已经出台了进一步推进社区教育的实施意见，各省市、区县也应结合实际情况出台地方性的实施意见，以便更好地推行。二是培育多元主体，引导各级各类学校和社会力量积极参与社区教育。社区教育不是政府部门单方面的事情，需要企业、社会组织等部门参与或者联动参与进行，这样才能满足社区居民的多元需求。三是充分运用现代信息技术手段，创新服务模式。四是推动社区教育融入社区治理，不断丰富社区建设的内容。

二、社区教育的功能

社区教育之所以能够迅速发展并受到普遍欢迎，是因为它有着内在的功能。对于社区教育功能，不同学者有不同的认识。厉以贤（1994）从社区居民和社区发展两个角度论述，认为社区教育在社区发展中有四大功能：社区教育可以形成社区居民积极的价值观、态度和道德；社区教育可以提高全社区居民的素质和文化水平，促进社区的物质文明建设和精神文明建设；社区教育可以形成良好的社区文化，建设良好的社区环境；社区教育可以培养社区角色、社区意识和社区归属感。陈乃林（2003）认为，社区教育的功能可概括为促进人的全面发展和促进社区全面进步两大功能。这具体可分解为：促进社区居民生活质量提高的功能；促进居民自我发展和自我完善的功能；促进社区精神文明建设的功能；促进社区全面发展的功能。综合上述两位学者及我国有关社区教育功能方面的研究，我们认为社区教育主要有五大功能。

（一）公民教育功能

现代社会要求社会成员首先应当具备基本的公民素质，包括自觉履行公民义务、遵守社会公德与人际关系准则、具有积极的精神风貌和民族自尊感等。我国历来重视社会的精神文明建设，2001 年推出的《公民道德建设实施纲要》明确指出，社区在公民道德教育中有着义不容辞的责任，这是对我国社区教育的道德提升功能的肯定。社区是公民教育的基本载体，举办各种形式的社区教育，有助于提高社区内居民的政治、道德与法律等素养。公民思想道德建设是社区教育的一项基本职责和功能。公民教育的内容广泛，涵盖了科学、道德、法制、信仰以及与社会主流价值观相符的其他教育活动。社区教育可以结合本社区实际，通过制订居民公约、村规民约等自我管理、自我教育、自我约束的内在性制度，将思想道德教育引导和适度规范约束结合起来，经常对公民进行精神文明教育，来取得更好的效果。

（二）社区凝聚功能

在英、美等国家，以社区为中心设置的社区教育中心与社区学院，都是以社区居民为对象，为居民提供教育、社交、文化活动的机会，开展各种教育活动。参加者没有年龄、地位限制，大家在共同学习、共同游戏的基础上接受教育。在我国，学校教育的规范性，特别是正规学校教育其教育对象限定为青少年儿童，使得其他人的受教育机会受到了限制。社区教育克服了学校教育的这一不足，它面向社区内的全体居民，强调社区共同的文化、共同的行为规范，共同的生活方式和社区意识、共同的社区隶属感，使得社区教育在形成社区居民积极的价值观、态度和道德品质方面能够发挥出更大的凝聚功能。一方面，它使每一个人的特性得到发展，每一个人的志愿得到实现；另一方面，它加强了社区居民相互间的理解和协作。

（三）社区发展功能

社区教育的本质功能就是给社区内不同年龄、不同层次、不同职业的全体居民，提供尽可能优质的教育资源和多样化的教育机会，满足他们的教育学习需求。社区教育的持续深入发展，要求并拉动社区领导者、管理者重视建设优美舒适的人居环境，建设绿色社区、文明社区、网络社区，营造有利于人的全面发展、社区全面发展的良好氛围和人文环境，逐步形成全民学习、终身学习的学习型社区，从而发挥促进社区发展和居民生活质量提高的功能。社区教育的发展促进了社区居民素质的提高，丰富了居民的精神文化生活，提高了生活质量。社区教育为社区发展提供精神动力和智力支持，营造良好的文化环境，并通过整合社区的教育资源和教育行为，为居民的教育需求提供便捷有力的支持。只有个人、家庭、企业和政府共同参与到社区教育中，共同关心社区的各种问题，加强对话、理解和沟通，才能共同推进社区发展。

（四）文化建设功能

社区是一个包括自然环境、社会环境和规范环境的“复合生态环境”。其中规范环境是人类独有的一种价值环境，包括社会风气、民族传统、风俗习惯、社会思潮、艺术、科学以及宗教等构成个人成长的文化资源。作为居民的生活空间，社区不仅应当有适宜的自然构成，而且要有丰富的文化构成。学习化社会的理念要求人们以一种整合的观点来看待各种教育资源，学习的场所不再仅仅局限于学校，家庭、企业、社区同样应当在学习化社会中扮演重要角色。社区教育是学习化社会的基本形态，是实施终身教育和终身学习的载体和基本保障。通过发展社区教育，社区成为有着丰富的学习资源的学习化社区，终身教育与终身学习将获得广泛的社会支持。同时，学习化社区作为学习化社会的组成部分，对于构建学习化社会具有奠基性的意义。

（五）资源整合功能

社区教育在家庭、学校和社会三者之间起到了中介作用，它能够统筹三者的教育力量，使三者形成一体化——校内外形成整体合力的新教育格局。首先，社区教育的实施、社区教育委员会的建立，使教育有了一个统一协调的组织实体，为学校教育与具有社区特点的经济、社区协调发展开拓了广阔前景，并从体制上寻求到了学校、家庭、社会教育一体化的理想途径。其次，学校向社区开放，发挥学校在社区建设中的作用，使学校同社会紧密结合，更好更快地反映社区、村镇、生产、生活和精神文化发展的要求。最后，社区教育可调动社区的一切教育资源，使其最大限度地服务于本社区所有居民。社区教育委员会作为政府与社会之间，学校与社会、家庭之间的桥梁，其作用主要在于协调、组织、监督和咨询。当社区内的某一组织没有认真履行自己的责任和义务时，社区教育委员会有监督的权利。当教育发展遇到新的问题，需要作政策上的指导和理论上的说明时，社区教育委员会就有责任向咨询者提供服务。

第三节　社区教育的内容

一、国外社区教育的内容

内容作为社区教育的核心，直接关系到教育目标的实现，它取决于政治、经济、文化以及居民的发展需求，不同国家、不同社区的社区教育有着不同的内容。在这里，我们重点介绍美国、日本、新加坡三个国家社区教育的内容。

（一）美国社区教育的内容

社区教育虽起源于北欧，但在美国得到了广泛的拓展，其对美国社会的发展也产生了深远的影响。美国社区教育源于20世纪初，初始的社区教育被认为是中学后大学前教育的一种教育形式。随着科技的进步、社会的发展以及对培养具备多种专门技能人才的需求，社区教育加入了职业教育。美国的社区教育发展到现在，其实施组织——社区学院已经遍布了美国各州，成为融大学转学教育、补偿教育、普通教育、职业教育和社区教育为一体的高等教育机构。

1. 大学转学教育

大学转学教育主要是为失去进入大学学习机会的中学毕业生提供进入高等学校前两年的教育，为其将来进入大学学习做准备，这是社区学院最传统的教育内容。但是，从20世纪60年代起，学习此类课程的学生所占比率逐渐减少，目前，这一教育内容已退居次要地位。

2. 补偿教育

补偿教育是为那些受教育程度达不到中学文化水平的成年人提供读、写、算等基本技能的教育，使其具备继续接受教育的能力，这一教育内容在社区学院中占有一定的比例。随着社会的发展，公民受教育程度的不断提高，未达到中学文化水平的公民也在逐渐减少。因此，对这种教育服务的需求也在减少。

3. 普通教育

普通教育主要是为国家培养合格的公民，使人们掌握社会生活中所必需的各种知识和技能。社区学院的普通教育课程主要包括自然科学、人文学科、数学、家政等课程，同时，许多学院还设置了与时代相关的教育内容，社区学院内所有专业的学生都要学习这类课程。

4. 职业技能教育

社区学院在教育内容上以开展职业技能教育为主要特色，这种类型的教育一方面为学生的就业做准备，另一方面为在职人员更新知识和技能提供服务。目前，政府和各州的工、商业部门高度重视职业教育，积极支持社区学院职业教育的发展。社区学院已经成为人们就业前的职业技能培养和在职职业培训的一个重要场所。

5. 社区教育

美国社区学院的社区教育项目主要有继续教育、终身学习、社区服务和基于社区的教育四类。① 继续教育。继续教育项目是为那些继续发展某方面专业能力的在职人员提供的教育服务形式。② 终身学习。为了满足多数社区居民的学习需求，社区学院提供多种多样的终身学习课程，如财务、家具装饰、艺术、摄影等。③ 社区服务。社区服务的种类广泛，包括为当地社区居民提供的各类教育项目和服务。社区服务最普遍的形式包括设施共享、社区会议、社区健康普查、青年和社区领袖培训等。④ 基于社区的教育。基于社区的教育项目是为了社区的发展而制定的，这些项目建立在这种假设上：社区具有解决自身问题的潜力，以及通过利用自身资源使社区成员获得解决问题的能力。基于社区的教育通常与社区的环境问题、失业问题、民族文化和历史问题、公民参与问题等相联系。

（二）日本社区教育的内容

在日本，社区教育又被称为“社会教育”，是包括公民馆、文化馆、博物馆、体育馆及公共图书馆等所开展的一切有计划有组织的学习活动。日本的社区教育虽然起步晚于欧美，但发展速度非常快，在第二次世界大战后已逐步形成了一套完整的社区教育体系，对振兴日本经济起了积极的推动作用。随着社会的不断发展以及教育理论的不断更新，特别是终身教育思潮的兴起，日本的社区教育更加受到了重视，这也形成了它不同于欧美等国的独特之处。日本的社会教育在社会生活中发挥着重要的作用，主要通过以下三个方面的教育活动来实现。

1. 青少年教育

日本的青少年教育，主要是采用学级、讲座和集团活动等方式进行的。以青年为对象的学级、讲座的目的在于提高青年们的实际生活所必需的有关职业和家事方面的知识、技能或一般教养。在日本，社区（社会）教育中的青少年教育强调：根据自身兴趣自愿地参加学习活动。在教学过程中，注重学生直接经验的获得，让学生主动地去思考、分析并动手解决问题。此外，团体活动中，还要求学生学会相互沟通、彼此信任、与人协作完成任务。

2. 成人教育

日本的社区（社会）教育按受教育对象的性别和年龄的不同，分为以成年男子为教育对象的一般成人教育、以成年女子为教育对象的妇女教育和以老年人为对象的高龄者教育。这些成人教育主要是采用成人学级、讲座和社会函授教育等方式进行。讲授的课程多为提高文化素质、提升道德修养的课程，还有一些关于家庭教育和家庭生活方面的内容。由于职业知识与技能的学习可以在企业教育中完成，所以这方面的课程相对较少。

3. 社会函授教育

日本的社会函授教育涉及的范围十分广泛，有事务类、技术类、生活技术类和文化教养类近 200 种。它概括起来有三大优点：学习平等、自主选择和修业时间短。无论年龄、学历层次、学习地点，学习者都可以自主地选择适合自己职业需求的专业进行学习，在较短的时间里掌握所需的职业知识与技能。

（三）新加坡社区教育的内容

新加坡的社区教育主要从树立正确的价值观和加强精神建设两方面入手。对此，为了满足不同年龄阶段、不同层次社区居民的学习需求，新加坡的社区中心开展了丰富多彩的社会文化教育活动。

1. 满足老年群体的学习需求

新加坡主要通过老龄俱乐部面向老年人开展社区教育活动，如退休者座谈会、茶会、生日舞会、三代同堂舞会、保健展览会等，使老年人的生活充满乐趣，从而促进家庭的和谐与社区的文明建设。新加坡是一个尊老爱老的社会，多年来，在每年的旧历新年，新加坡政府官员和国会议员都会亲临社区慰问老人，充分体现了新加坡尊重老人、关怀老人的优良传统。

2. 满足广大工人的学习需求

新加坡工会借鉴中国举办工人文化宫的做法，开展了丰富多彩的文化活动。由于这些文化活动是由工会主办的，因而社区教育只为工会会员提供服务。政府每年都为社区提供大量的文化活动经费，以满足广大工人的需求，这项服务深受工人欢迎。

3. 满足青年人的学习需求

为了迎合青年人的学习需求和兴趣，新加坡成立了人民协会所属的青年运动组织，通过该组织举办了各类文化、体育与健康、社区服务等活动，如书法、绘画、音乐、舞蹈、划船、球类等。为了培养青年人的管理能力，社区举办领导干部培训班。除此之外，社区还成立了社交促进组，开展各种社交活动，来促进社区居民之间的交往。

4. 满足少年儿童的需求

人民协会所属的青年运动组织在开展青年运动之外，还为 6～14 岁少年儿童设立了儿童俱乐部，并开办幼儿班、托儿所。

二、我国社区教育的内容及演变

社区教育产生于人类的社会实践，并在社会实践中蓬勃发展，是一种教育与社区生活相结合的教育形态。纵观中国社区教育的发展历程，无不伴随着人类文明的进步。

（一）中国古代：以生存为本的时期

众所周知，我国社区教育是于 20 世纪 80 年代伴随着改革开放而产生的，但作为一种教育与社会相结合的社会文化现象和社会实践活动，它在我国古代社会就出现了。我国上古时期，已有划地分耕、共营生活、守望相助的美德。到周代，已划分地区，五家为比，五比为闾，四闾为族，五族为党，五党为州，五州为乡，施行教化。我国古代的“乡校”“乡约”“社学”等都具有社区教育的色彩。

古代虽然已经出现一种教育与社会相结合的社会文化现象和社会实践活动，但从社区教育的萌芽伊始，就表现出较高的生活化气息。人们通过生产劳动、乡规和民约等自然形式，习得简单的生产技能，使得初步的乡土文化得以保留，从而形成现代社区教育内容的区域特色。可见，以地域为纽带，有着血缘性社会关系的社区，具有保守性、封闭性和极强的凝聚力。人们接受教育是以生存为本，淳朴的民情文化和道德约束成为社区教育的重要内容。

（二）20 世纪初期到 20 世纪 70 年代：以振兴中华民族为本的时期

20 世纪初期到 20 世纪 70 年代，社区教育与社会教育相伴相生，以振兴中华民族为本，其内容主要是围绕通俗教育、平民教育和民众教育展开。

1. 通俗教育

20 世纪初期，各种政治势力交相更迭，由于建立国家的政体和发展文化需要以中华民族的国情为基础，提高国民素质成为这一时期教育的关键。因此，孙中山开始倡导社会教育，他认为教育不仅要培养学校人才，还应当在校外设书库、夜校、公共讲堂推广通俗教育。20 世纪初期就形成了社区教育的雏形。自 1912 年开始，教育部颁布了各种通俗教育法令章程，并创办通俗教育研究会及开展通俗教育活动。1915—1919 年各地通俗教育研究会，在民众中推广通俗教育活动，内容包括小说、戏曲、演讲，范围涉及国民国事、法律、生产生活知识、体育卫生知识和劝诫等。

2. 平民教育与乡村教育

五四运动以后，有关我国早期社区教育的活动主要是平民教育与乡村教育。1927 年，陶行知创立了晓庄师范学校，在南京市郊进行了三年多的试验，认为教育应该从中国国情出发，为民众生活服务，包括识字、生计、卫生、公民道德、体育教育等内容。

1929 年，平民教育促进会总干事晏阳初在河北定县开始实验研究，他针对农村生活最基本的“愚、贫、弱、私”问题，提出了乡村建设的教育内容为“文艺教育”“生计教育”“卫生教育”和“公民教育”。其中，文艺教育包括通用和基本字表及词表内容的读写，民间文艺的欣赏，《千字课教材》《农民高级文艺课本》等的撰写，农村戏剧、电视广播和音乐欣赏等。生计教育包括植物和动物生产、农村经济和家庭工艺等。卫生教育包括创建农村医药卫生保健制度、组织消灭天花流行病、普及治疗沙眼和皮肤病的方法、找到经济而可靠的生命统计方法等。公民教育是为了养成平民的公共心与合作精神，以提高其道德生活与团体生活，平教会进行的民族精神、农村自治、公民教育材料、公民活动指导和家庭式的教育研究工作等。

3. 扫盲教育运动

1949 年中华人民共和国成立，逐步建成了完整的社会主义教育制度，此阶段社区教育内容主要以扫盲教育、职工业余教育和工农业余教育为主。从 1949 年到 1979 年全国开展扫盲教育运动，初期以教育部统一编撰的《农民扫盲识字课本》和《农民速成识字课本》为主要内容，后期又增加了政治思想教育、生活卫生教育和实用技术知识、数学知识和记账方法等基础知识教育内容。针对成人教育对象的特点，扫盲教育内容扩大至妇女、少数民族和地区乡土特色扫盲教育等。1953 年以后，随着社会主义工业化建设速度的加快，职工的文化素质和技术水平普遍提高，教育重点逐渐由扫盲教育转向职工业余教育，内容包括文化知识、技术的学习和各种职工业余教育活动。

（三）20 世纪 80 年代至今：以人的发展为取向的时期

20 世纪 80 年代至今是社区教育蓬勃发展时期，人的价值日益凸显。20 世纪 80 年代到 1993 年，随着社会主义建设步伐的加快，人才强国战略成为社会建设的基础，中小学基础教育是人才的培养关键。1983 年 9 月，邓小平同志提出了教育的“三个面向”，即“教育要面向现代化，面向世界，面向未来”，主张要培养有理想、有道德、有文化、有纪律的社会主义四有新人。1988 年中共中央下发了《中共中央关于改革和加强中小学德育工作的通知》后，社区教育内容重点转向中小学的思想道德教育，学校、家庭、社会（社区）三结合教育。

从 1993 年开始，党的十四大确定社会主义市场经济体制目标以及党的十四届三中全会做出相关的决定。社会经济体制由高度集中的计划经济转向社会主义市场经济，由此带来了大幅度的社会转型，必然对我国几千年来人们所形成的价值观念、思维方式、社会劳动能力、生活习惯等提出全面而严峻的挑战。1993 年中共中央、国务院又颁布了《中国教育改革和发展纲要》，提出社区教育的新要求，终身教育理念的深入和社区教育实践的展开，使我国社区教育发展取得了突破性进展，即以“全员、全程、全方位”为发展取向和特点的新型社区教育的发展阶段。社区教育的内容以满足社区居民的全面需求为取向，包括职业教育、文化生活教育、科普教育、法律教育、卫生保健教育等，该阶段主要开展成人教育。

21 世纪初，随着终身教育理念的深入人心，党的十六大、十七大提出“形成全民学习、终身学习的学习型社会，促进人的全面发展”的奋斗目标，党的十六届四中全会提出“构建社会主义和谐社会”。社区教育内容随之发生了变化，从中小学德育教育和三全教育向提升居民的精神文化水平转化。教育内容涵盖极广，人文内涵色彩加重，不仅重视人们的智力因素，还强调智力因素与非智力因素全面和谐的发展，包括青少年社会实践教育、成年人职业技能教育、老年人休闲教育、家庭美德教育、环境保护教育等，基本能满足不同层次对象提高自身素质的需要。

2016 年 6 月，教育部等九部门颁布了《关于进一步推进社区教育发展的意见》(教职成〔2016〕4 号)，明确提出要丰富社区教育的内容：广泛开展公民素养、诚信教育、人文艺术、科学技术、职业技能、早期教育、运动健身、养生保健、生活休闲等教育活动，提升居民生活品质，推动生活方式向发展型、现代型、服务型转变。积极开展面向社区服务人员、社区志愿者、社区社会组织成员的教育培训，增强其组织和服务居民的能力。

【课后任务】

1. 到学校附件的社区调研，了解社区开展社区教育的情况。
2. 分析国外社区教育对我国社区的启示。
3. 梳理改革开放以来我国的社区教育政策。

第二章 中国社区教育的历史与现状

【本章概览】

社区教育作为一种古老而又现代的教育形态，它在推动人们适应变动不居的社会环境、完善自我、丰富人们精神文化生活、提升人们生活品质、促进社区建设等方面发挥着越来越重要的作用。本章从我国社区教育的历史沿革出发，介绍了社区教育的现状与特点、城市与农村社区教育的实践模式。

【学习目标】

1. 了解我国社区教育的历史沿革。
2. 清楚我国社区教育的现状与特点。
3. 掌握我国社区教育的实践模式。

当代的中国社区教育是20世纪80年代伴随着改革开放政策的顺利实施而产生的一种新型教育活动，但若要追溯它的历史，则可发现社区教育在中国并不是一个当代的舶来品。中国作为一个有着悠久教育历史的文明古国，早在20世纪初期，就形成了社区教育的雏形。但真正重视社区教育，并把它视作学校教育之外的重要国民教育内容，并摆上政府的议事日程，则是在改革开放以后。我们目前正处于社区教育的快速发展期。①

① 本章编写主要参考了王涤、范琪、郑蓉等著的《中国社区教育示范区实证研究——以浙江杭州下城区为例》，杨志坚主编的《中国社区教育发展报告》等文献资料。

第一节　中国社区教育的历史沿革

20 世纪 20 年代，由于列强的侵略和欺凌，中国满目疮痍、政治腐败、国势衰颓。一批有识之士为挽救中国于危亡，使中华民族重获新生，在中国大地上掀起了轰轰烈烈的乡村教育运动，这为我国社区教育的孕育提供了肥沃的土壤，这也是我国社区教育最初的尝试。从我国社区教育最初萌芽期的“星星之火”到现在发展期的“燎原之势”，我们可以将中国社区教育的发展历程划分为四个阶段。

一、社区教育的孕育阶段（20 世纪初期至 20 世纪 80 年代中期）

20 世纪初期，孙中山积极倡导社会教育，他认为，“除学校教育之外，还应当设公共讲堂、书库、夜学，为年长者养育知识之所。”[①]这一以孙中山为代表的资产阶级革命家所倡导的社会民主教育思想，可以看作是我国现代社区教育理念的雏形。此后，随着我国民主革命与民族救亡运动的兴起，在北京、上海、武汉等城市陆续出现了工人夜校、民众教育馆等社区教育组织形式。相对于城市社区教育的零散和无序，这一时期的标志性事件是在农村兴起的有计划、有组织的乡村教育运动。其中有代表性的是晏阳初在河北省定县进行的“平民教育”实验，陶行知组织的“改造全国乡村教育”的生活教育实验，梁漱溟推行的以“乡农学校”为组织方式的乡村建设实验，黄炎培通过“中华职业教育社”在山西、江苏、浙江等地推进的农村职业教育改进的实验。

1927 年 3 月 15 日，陶行知主持创办了中华教育改进社试验乡村师范学校——晓庄师范学校，在南京市郊进行了三年多的试验，在试验中形成了以“社会即学校、生活即教育、教学做合一”为主要内容的生活教育理论，其教育理论与实践对后来的教育活动，特别是乡村师范建设产生了广泛而深刻的影响。其后于 1932 年，陶行知又提出了“工以养生、学以明生、团以保生”的工学团思想，该思想指出要想强国富民，应实施六大训练，包括普遍的军事训练、普遍的生产训练、普遍的科学训练、普遍的识字训练、普遍的民权训练以及普遍的生育训练，

---

① 李华兴. 民国教育史[M]. 上海：上海教育出版社，1997：227.

主张“乡村工学团要将上列六大训练，具体而微地在自己乡村里尽量推行，把自己的乡村，造成中华民国的健全分子，并与全国一百万乡村联合起来，推进这六大训练，以造成一个伟大的、令人敬爱的中华民国”。[①]

1929 年，在中华平民教育促进会总干事晏阳初的倡导和主持下，乡村教育开始与乡村生活密切结合，研究重点也深入到乡村生活之中。在他的主持下，从 1930 年秋季起，在河北省定县进行了彻底的集中实验。通过实验和深刻研究，晏阳初总结出农民的“愚、贫、弱、私”四大基本问题，并认识到，必须通过“文艺教育”“生计教育”“卫生教育”和“公民教育”来解决这四个基本问题。这四种教育是相互联系的，因此要运用“学校式、社会式、家庭式”三大教育方式来进行。晏阳初的研究与实验成果，至今仍对社区教育有着深远的启发和指导意义。

1949 年以后，我国主要采取业余教育的方式对工人、农民和干部进行教育。虽然社区教育这个概念曾一度消失，但这种灵活多样的业余教育，可以称得上是社区教育的另一种形式，对 20 世纪 80 年代中后期中国社区教育的兴起无疑起到了一定的积极作用。当时的业余教育形式主要有识字班、训练班、工农干部速成学校、补习学校、党校和冬学等，其中冬学（利用冬闲时间对农民进行教育的学校）是重要的教育形式。

二、社区教育的兴起阶段（20 世纪 80 年代中期—1992 年）

改革开放初期，学校教育几乎处在瘫痪状态，教育经费短缺和学校德育乏力成为学校教育发展的两大困难。如何促进学校与社会的结合，争取社会的支持，创造一个有利于中小学学生身心健康发展的社会环境，成为这一时期政府和社会关注的重点。为了解决这两个问题，各地开始开展学校、家庭、社会“三结合”的教育活动及学校与企业、部队等社会各部门“共建”活动，天津、山东、江苏等地相继出现了“学校、家庭、社会三结合教育委员会”和“共建、共育委员会”等社区教育组织形式。这些组织的特点是较为松散，其教育对象主要是学校中的青少年，其教育内容的重点是开展学校德育工作和精神文明建设活动。以上各种社区教育组织形态的形成，为中国的社区教育由自发向自觉的转化准备了条件。

① 陶行知. 陶行知全集[M]. 长沙：湖南教育出版社，1985：539.

在这一阶段，社区教育的目的是社会支教，即全社会共同关心教育。这里所讲的“教育”，主要指青少年教育，以关心青少年健康成长为重点，构建以学校教育为主导、以家庭教育为基础、以社区教育为依托的大教育体系。社区教育的行为主体是学校，即以学校为主导开展社区教育，这一方面反映了社区教育委员会的日常运作实际上由学校左右，这种情况在学校牵头组成的社区教育委员会中尤为突出；另一方面则反映在“优化校外育人环境，逐步形成整体育人新格局”的目的之中的“人”，常被狭义理解为“中小学在校生”。社区教育的内容是以德育为核心，这与建立大德育体系——社区教育兴起的初衷直接相关。社区教育的实质是中小学德育社会化，充其量也只是中小学教育社会化。可见，这一阶段的社区教育还不能反映社区教育的本质，严格意义上来讲还不能称为社区教育。这一阶段社区教育出现的这些情况是与该阶段的社会发展条件、人的需求以及教育自身内在发展的不成熟相关的。但就是在这种“不完整的”社区教育中诞生了社区教育的雏形。这一阶段所建立的教育委员会，只要转变观念、调整目标和人员构建，就可以为下一阶段完整意义上的社区教育的形成提供很好的参考经验。

三、社区教育的形成阶段（1993—1998 年）

自 1993 年开始，社区教育取得了突破性进展，以前一个阶段为基础，进入了一个全新的发展阶段。在这一阶段，社区教育的理论研究也开始活跃起来，社区教育理论工作者组织建立并参与了从国家到地方的社区教育研究课题组，撰写了大量的相关书籍和科研论文，对社区教育的概念、内容、组织管理、机制、操作方法等作了论述和实践指导。社区教育研究的视角发生了重大转换，开始从青少年的学校教育转向大教育观念，并着眼于提高社区全体成员的素质和生活质量，不仅把社区教育与社区发展结合起来，把社区教育与教育管理体制改革结合起来，还把学校教育与社区参与结合起来。1993 年，全国首届社区教育工作研讨会在北京召开，并成立了中国社区教育学会。会上与会代表就社区教育工作进行了广泛的交流和探讨，达成了一些共识。这次会议使社区教育理论和实践两方面的工作者转换了视角，从而实现了思想认识和工作实践等方面的重大转变。1997 年在天津举行了全国社区教育工作现场会，对我国社区教育的实质内容和主要特征达成了共识，分析了社区教育自身发展中出现的问题，并对社区教育今后的发展进行了探讨，会上交流了大量研究成果，强有力地推动了社区教育的进一步发展。

四、社区教育的发展阶段（1999 年至今）

1999 年 1 月 13 日，国务院批转教育部颁发的《面向 21 世纪教育振兴行动计划》（以下简称《行动计划》），正式提出“开展社区教育的实验工作，逐步建立和完善终身教育体系，努力提高全民素质”，把社区教育工作与构建终身教育体系、提高全民素质密切联系起来。为落实《行动计划》提出的目标，2000 年 4 月，教育部职成教司发布了《关于在部分地区开展社区教育实验工作的通知》，明确指出“社区教育是在一定区域内利用各类教育资源开展的，旨在提高社区全体成员整体素质和生活质量，服务区域经济建设和社会发展的教育活动”，把社区教育定位在新的高度。同时还指出：“社区教育是实现终身教育的重要形式和建立学习化社会的基础，它具备‘全员、全面、全程’的基本特征。”这是把社区教育正式纳入国家教育工作计划的开端，并成为在全国范围内开展社区教育实验工作的重要标志。2001 年 11 月 5 日，教育部、中央文明办、民政部在北京召开了全国社区教育工作经验交流会议，把全国社区教育实验区由原来的 8 个扩大到 28 个。[①]

发展阶段的社区教育，比起形成阶段的社区教育有了质的飞跃，具体表现有：① 社区教育的主体是成人教育，初步理顺了体制，从教育部到各省、市教委，社区教育开始由成人管理部门主管；② 教育对象从以中小学生为主，向以社区全体人员为主发展；③ 工作目标从优化少年校外教育环境为主，向加快社会化终身教育体系建设、创建学习化社区发展；④ 教育内容从以少年德育为主，向全方位满足社区人员学习需求，提高社区人员整体素质和质量发展；⑤ 教育的功能从以学校服务为主，向以社区和全体居民服务为主发展。在这个阶段，社区教育作为正规教育的延伸和补充作用更加明显：对 0～3 岁儿童的早期教育在加强；社区学院的建立为高等教育大众化作补充；大量市民需要的社会生活教育、老年人教育、下岗职工教育等都由社区教育来承担。再者，通过开展社区教育，做好学校教育、家庭教育和社会教育。社区教育作为正规教育的延伸和补充的同时，也促进了大教育的自身发展。我国社区教育的产生和发展的历程，反映了我国发展先进生产力对提高全社会成员整体素质的迫切需求，反映了我国对发展先进文化，建设中国特色社会主义文化的迫切要求，反映了我国在全面建成小康社会的新阶段中，

---

① 李金宝，李景峰，薛俊生．中国社区教育及其发展趋势探究[J]．吉林工商学院学报，2010（1）：72．

人民对提高自身素质、提高生活质量、提高社区水平的迫切要求。[①]

第二节 当代中国城市社区教育现状

一、城市社区教育的现状及特点

目前全国各地都在根据当地的实际情况继续稳步推进社区教育实验区的建设，在实验过程中积累了丰富的经验，边实验边总结，边总结边推广，同时努力探索社区教育管理体制的改革、社区教育内容的革新以及社区教育资源的开发利用。社区教育的理论研究工作也在积极开展中，与实践探索互相呼应，使社区教育的理念在城市社区中逐渐得到认可和推行。总体来看，目前我国城市社区教育的工作重点主要体现为以下五个方面。

（一）构建社区教育管理体制和运行机制

全国各地均继续探索和完善“政府统筹领导，教育部门主管，有关部门配合，社会积极支持，社区自主活动，群众广泛参与”的社区教育管理模式。各地政府普遍把社区教育纳入政府的重要工作内容，把社区教育工作与精神文明建设以及社区建设示范单位创建工作结合起来，把社区教育实验工作与工会、青年团、妇联以及有关工委等团体的社区教育工作更好地结合起来，互相配合，互相促进。以上海、北京为代表的一线城市已基本建成一支社区教育志愿者队伍，在联系社区、学校和家庭教育方面正发挥着越来越重要的作用。根据教育部“政府拨一点，社会筹一点，单位出一点，个人拿一点”的要求，各地都在积极创造条件统筹解决社区教育的经费投入问题，教育行政部门负责社区教育的施行，协调有关职能部门推进社区教育扮演着协调者和主管者的角色。

（二）广泛开展不同类型人群的教育培训

全国各地普遍以成人教育为重点，把社区教育作为成人教育新的增长点，积

① 王波．青岛市李沧区社区教育现状、问题及发展对策研究[D]．济南：山东师范大学，2006：14．

极进行在职人员的岗位培训、下岗职工的再就业培训、老年人群的社会文化活动、弱势人群的生存技能培训、外来人群适应城区的社会生活培训等，同时抓好社区内婴幼儿教育、青少年学生校外素质教育，以及面向全体居民的科学文化、思想道德、社会生活等方面的教育培训活动。另外，全国各地开始把更多的注意力放在街道、社区居委会一级的社区学校、社区学院（大学）、市民学校和活动站的建设上。伴随着社区学院在各地的兴起，上海、杭州等发达城市开始探索以社区学院为载体的综合型社区教育新模式。

（三）广泛创建学习型组织

全国各地在学习型组织的创建过程中，纷纷进行学习型企业、单位、团体、街道、居委会、楼组和家庭的创建，涌现出了一大批优秀的学习型组织。创建学习型组织的重点放在充分调动和发挥社区内组织、单位、家庭、个人举办和参与社区教育活动的积极性和创造性，使学习成为他们的内在要求和自觉行动。

（四）充分利用、拓展和开发社区教育资源

全国各地普遍将城市社区教育资源的开发和利用作为社区教育稳步推进的重要抓手，充分利用社区内已有的各类教育资源，最大限度地实现教育资源的共有和共享，不断拓展社区教育的功能，使其发挥更大的作用；针对新的领域积极开发新的社区教育资源，提高社区教育的教育质量和办学效益；以互惠互利为原则，使更多的各类学校和企事业单位的教育机构向全社会开放；探索促进开发利用社区教育资源的机制；充分利用现代信息技术，逐步建立社区现代远程教育网络；强化政府在开发利用资源中的统筹协调作用。

（五）积极开展社区教育的理论研究工作

进入 21 世纪，各级科研机构和大批社区教育研究者围绕城市社区教育进行了积极的探索和争鸣，在社区教育的研究视角上取得了新的突破。

我国城市社区教育在经历了十年的发展之后，主要呈现以下特点：第一，在组织与管理上，逐步建立了相对完善的组织管理体制。从 1986 年上海真如中学成立的第一个社区教育委员会之后，历经二十多年的发展，我国城市社区教育普遍成立了社区教育领导小组，小组成员主要由辖区范围内有关部门和单位负责人组成，负责统筹、协调和指导社区教育工作，并在此基础上逐步形成“党政统筹领

导、教育部门主管、有关部门配合、社会积极支持、社区自主活动、群众广泛参与”的管理体系和运行制度。第二，在机构运行上，社区教育实体普遍建立。目前我国较为发达的城市社区都先后成立了社区学院，将其作为城市社区教育的主要实施载体。比如，从1994年11月我国成立的第一个经政府批准的社区学院——金山社区学院，直至2007年12月闵行社区学院成立为止，上海几乎所有的区县都相继成立了社区学院，国内其他大城市也是如此。第三，教育内容和形式趋于多样化。目前大城市社区教育有配合中、小、幼基础教育的各类辅导班，也有面向社区成人的“补偿教育”“再就业培训”“在职培训”“终身教育”等各类课程，还有以社区学校、图书馆为阵地开展的各类教育、培训活动，以及以家长学校、市民学校、老年大学为载体的各类系统教育等。第四，在发展形态上，因地制宜，形成各具特色的社区教育模式。有的是以街道、社区学校为中心，有的是以学校教育为中心等。第五，重视发挥理论的先导作用。我国各发达城市非常重视社区教育的理论研究工作，如北京、上海、天津均成立了社区教育研究会，通过各类社区教育研讨会，从社区教育的发展思路、工作推进等角度，积极开展社区教育理论研究的深化与推广。

二、城市社区教育的实践模式

“模式”是依据相关理论和具体实践活动构建的可操作的、可被类同的标准式样，在理论上体现为事物的结构和功能，在实践上则体现为组织形式和操作方法。总体而言，目前我国城市社区教育的实践模式主要有以下四种。

（一）以街道为主体的统筹型模式

以街道为主体的统筹型模式是目前我国城市社区教育的主导模式。这种模式是由街道党政机关总负责，对辖区内社区教育的人、财、物等方面的资源进行统筹，使其合理流动，最大限度地发挥效益。同时，街道负责统筹社区教育目标和内容，使各种教育统一到提高社区成员素质、促进社区全面进步与和谐发展上来，并负责对社区教育的开展情况进行指导和评鉴。

街道作为辖区社区教育的组织者、实施者、监督者和协调者，其运作方式有：① 按职能布置、检查社区教育工作。② 成立社区教育委员会，由当地党政领导挂帅，有关职能部门及驻地单位参加社区教育工作，即实行“街道牵头、社会参与双向服务”模式，带有较强的行政管理色彩。

该模式的特点是：一是政府主导。街道作为地方政府派出机构，在社区教育中占据主导地位。社区教育作为街道的一项重要工作，纳入当地政府的工作目标体系并借助行政手段推进。二是社会参与。广泛动员辖区各界参与社区教育，发挥社会各界（尤其是学校、青少年宫、图书馆、读书会、市民学校等）资源优势，形成共建、共管、共享格局。这种模式发挥了城市街道这一城市管理的最基层机构的主导作用，可在一定限度内调动社区各种教育资源，适用于城市管理基础较好的大城市。例如，重庆市九龙坡区依据“街道党政为‘龙头’，学校教育为中心，家庭教育为基础，社会多方参与教育，双向服务，共育新人”的城市社区教育发展思路建设了城市社区教育街道统筹的模式，成立了街道党政领导兼主任，社区内有影响的单位负责人和社会贤达兼任委员的街道社区教育委员会，并制定街道社区教育委员会章程，设立办事机构（社区教育办事处），选配社区教育专职干部，制定社区教育工作制度和工作计划。虽然我国一些城市的社区教育还存在市统筹（如沈阳市）和区统筹（如北京市）的情况，但最终还是要落实到街道这一基础层次。

（二）以学校为中心的辐射型模式

以学校为中心的辐射型模式带有浓厚的学校校外补偿教育性质，它是由教育系统内部发展起来的，并日渐丰富的教育形式。这种模式以学校为中心，凭借自身的优势，使自身的教育功能外化，积极参与社区建设和社区发展。

其内涵主要有：学校，特别是中小学作为区域社区教育的组织者、协调者，利用自身办学资源和优势进行校外活动。

其运作方式为：① 以学校为主体组织本校或社区内中小学生参加各种形式的课外教育活动。② 由学校牵头组建社区教育协调委员会，定期开展学校课外教育活动，参与学校课外活动协调与管理，并向社区居民开放校内文体设施，即“协调课外活动，开放文体设施”模式，因此此模式带有浓厚的学校校外补偿教育性质。

此模式的特点为：① 学校主导。中小学作为社区教育的组织者牵头单位，主要实施以在校生为对象的社区教育。② 资源共享。将社区居民请进校内，共享学校文体设施。③ 社会参与。社会各界参与校内外教育活动。[①]

① 张志松. 社区教育发展及其模式浅探[J]. 宁波大学学报(教育科学版), 2004(5): 81.

（三）以地域为边界的互惠型模式

互惠型模式是指由两个或两个以上单位实体，根据自身需要，本着互利互惠和自愿的原则，联合举办社区教育的模式。这一模式的最主要特征就是自愿和互惠，因而更有利于发挥办学者的自主性和主动性，更能促进大教育体系的建立。比较常见的形式是校企合作、校校合作建立联合社区教育机构。

以地域为边界的互惠型模式近年来发展较快，其内涵大致为：由社区内各个教育实体共同组成社区教育协调委员会之类的机构对社会教育进行总体协调和具体策划。

其运作方式为：由辖区各行各业较有影响并且热心社区教育的单位，或由某一功能较齐全的单位牵头组成专门机构，利用各成员系统在各自行业的影响和资源开展“社区是我家，建设靠大家”式的社区教育活动。该模式中的辖区各界参与社区教育，社区教育意识较强，积极性高，目的明确，适合于社区教育需求层次较高、明显具有龙头主导行业的大中城市。例如，上海南市区小东门街道社区教育委员会独辟蹊径，把社区内 2 所中学、4 所小学的校办企业组织成一个经济联合体——上海东进工贸实业联合公司，形成集团规模效应。该集团公司依托社区的力量，采取“双管齐下”的经营策略，既保留各个学校的“三产”，又着力于科技开发，并积极扶助社区教育事业，从而解决了长期以来困扰小东门街道社区教育经费不足的问题，为小东门街道社区教育发展注入了活力。

（四）以社区学院为载体的综合型模式

以社区学院为载体的综合型模式近年来在北京、上海、浙江、山东等经济发展较快、教育基础较好的地区出现，日益引起人们的关注，是我国今后城市社区教育的发展趋势。

其内涵主要有：社区大学（学院）作为区域性教育的龙头单位，通过理事会或文明市民总校的机制开展学历、非学历教育，进行文化性、职业性、专业性社区教育。

该模式具体的运作方式为：由当地党政领导牵头、教育部门总管，建立各部门各行业协调的地方成人教育框架，依托当地成人高校作为办学实体，既相互协作又相互竞争，依靠现代教育技术，形成多层次、多门类、供需协调的社区教育格局。此模式实际上是教育系统内部成人高等教育体制改革和借鉴西方发达国家社区大学（学院）、开放大学成功经验的产物。该模式不仅是一种区域性、多层次、开放式、综合性、大众化的集区域高教、成教、职教于一体的新的大教育模式，还是融学历教育与非学历教育、职业资格证书教育与休闲文化教育、各界委托项目教育与居民自治教育于一体，一种新型的具有良好发展前景的又与我国现行高等教育体制不同的社区教育办学实体。它既是模式一、模式二的办学层次的提升和项目拓展，又与模式三有着本质的区别。该模式以社区成人阶段居民（在职或转岗行业人员）为主要教育对象，可以提供专科、本科乃至研究生层次的学历学位教育和多层次、多类型、多样化的非学历教育。此模式易于同区域内政府及其职能部门和辖区单位进行业务沟通，易于系统内资源重组，发挥成人高校的办学优势，提升办学层次，扩大办学效益，降低办学成本，提高社区教育的质量。①

以上四种模式并非是非此即彼的关系，而是可以并行发展、相辅相成的，全国各地在实践中应以一种模式为主，其他模式为辅，根据当地社区经济发展、社区教育基础以及其他教育资源条件等实际情况，选择不同的社区教育模式或者不同模式的组合。

三、部分代表性城市的经验和做法

（一）北京：特色鲜明的多种社区教育资源整合模式

整合资源一直是北京市推进社区教育发展的一条重要工作主线。北京各区普遍采取了多项措施，面向社区开放学校教育资源，整合社区内外的各类资源发展社区教育，形成了许多具有鲜明特色的社区教育资源整合模式。其中具有代表性的有：

（1）以建立社区教育委员会或建设学习型城市（城区、社区）领导小组为组织形式的社区教育管理资源整合模式。

（2）以在职业学校内设社区教育学校为特征的“校中校”社区教育资源整合模式。

（3）以普通教育学校整体转制为社区教育学校为特征的社区教育资源整合模式。

（4）以建立“社区市民学习基地”为载体的社区教育资源整合模式。

① 秦钠．中日都市社区教育比较研究——以上海和大阪为例[D]．上海：上海大学，2006：48．

（5）协议式社区教育资源整合模式。该模式指各街道通过与辖区内学校和拥有教育资源的机关单位签订开放教育资源的协议，为居民提供教育服务的社区教育资源整合模式。

（6）以“学校教师进社区”为特征的社区教育人力资源整合模式。

（7）以社区教育志愿者协会为组织形式的社区教育人力资源整合模式。

（8）以社区民间组织为载体的社区民间教育资源整合模式。

（9）整合民办教育机构资源开展的社区教育的资源整合模式。[①]社区教育资源的整合以开发、利用社区内各类资源为重点，以共建、共享为基本形式，有力地推动了北京市社区教育的发展。

（二）上海：大胆改革，兼顾社区传统，多样化、规范化发展

上海市作为我国社区教育的起源地，在城市社区教育的改革和发展方面始终走在全国前列，是经济发达城市社区教育的典型代表。总体来看目前上海社区教育的发展呈现如下特点：

（1）社区教育的地域性特征更为显著，基本形成了在社区教育的发展目标、模式、内容、方式等方面的地域性社会特色。

（2）社区教育资源和文化资源得到合理开发与利用。

（3）社区教育的内容、形式灵活多样。

（4）社区教育的运作体制和机制日益规范化，系统化的社区教育政策和法规保障了社区教育的良性运行。

（5）社区教育工作者队伍开始专业化，志愿者队伍日渐扩大，高校成为社区教育人力资源的供应基地。

（6）社区教育的机构设置网络化，区、街道、居委会三级社区教育网络组织机构全面覆盖、稳固有效。

（三）杭州：以社区学院为龙头，建设学习型社区

杭州市是我国经济较发达城市的典型代表，近年来，杭州在建设学习型城市和学习型社区的过程中，重点以社区学院为依托，构建社区终身教育体系。社区

① 高卫东. 北京社区教育资源整合模式研究[C]. 2009 年中国成人教育协会年会论文集，2009：106.

学院的作用具体体现为以下方面：

（1）依据社区成员的学习需求，确定社区教育课程，开展市民教育培训活动。社区教育的内容包含市民学历教育、非正规教育和社会闲暇教育三个方面。

（2）以社区学院为依托，整合区域学习资源建立市民学习服务平台。目前，杭州已初步建立了区级社区学院、街镇社区分院、社区市民学校的三级社区教育机构，担任着在辖区范围内组织社区学前教育、青少年校外教育、在职在岗职工培训、老年人教育、流动人口培训等多方面的教育培训与组织管理工作。

（3）通过建立一支专兼职结合的人才队伍，为辖区市民提供教育培训服务。区级社区学院组建了社区教育管理与领导机构，配备了专职的社区教育管理人员，并在街道、社区层面任命了一批政治素质高、工作经验丰富、综合能力强、善于做群众工作的人员担任社教骨干。同时，该学院还面向社会招募了一批有一定特长且热心社区教育与服务的专业人才担任志愿者，开展社区教育与培训。

（4）统筹策划和开展各类学习与教育活动，建立完善的社区学习体系。各社区学院按照贴近实际、贴近生活、贴近群众的原则，开展内容丰富、具有特色的群众性学习活动，培养全民学习文化风气，从而提升市民生活品质。

（5）通过加强对市民社团的扶持和引导，营造社区学习氛围。一些社区学院通过聘请社团指导教师、社团活动展示等形式组建书法协会、摄影协会、登山协会等民间社团队伍，加强社团建设，通过社团的规模扩张稳步营造辖区良好的文化学习氛围。[①]

（四）深圳：创建民办社区学院，促进外来工融入城市

深圳市是一座新兴的、经济发达的移民城市，外来人口众多，如何使外来工更好地融入当地社区之中，一直是社会各方关注的焦点。深圳当代社会观察研究所于 2004 年 3 月与美国加州大学伯克利分校联合创办了深圳当代社区学院。社区学院总部设在深圳，经深圳市教育局注册为民办成人教育机构。社区学院的长期目标是：探索为社区公民提供终身教育的民间道路以及促进公民社会的持续发展。其近期目标包括：提高外来工的文化水平、职业技能和个人创业能力；培养外来工的公民意识、权利意识和法律意识；提升外来工在工作地的生存发展以及维护自身权益的能力；促进外来工与当地社区的融合，消除对外来工的歧视现象；寻求政府、社区和企业参与，促进各种资源支持外来工的教育与发展；推动社会公

① 范其，谈龙河．学习型城市与社区教育实践[J]．杭州，2010（5）：23．

共政策重视外来工的发展。为保证各项目标的达成，社区学院在管理上设立领导委员会和理委员会，成员构成体现多元性和专业性，包括中国和美国劳工教育专家、国际知名人士、资助及合作机构代表、教育管理专家等；在教学上针对外来工的实际需要，设置公共课程（公民意识教育、法律及权利意识培训、职业安全健康、女性生理和生殖保健、城市生活能力训练等）、专业知识课程（外语、计算机、企业管理和创业计划）以及职业技能培训。社区学院将组建一支由专职教师、兼职教师和志愿者组成的教学培训队伍，并结合国内外的高校、政府、劳工团体及其他非营利机构和组织，企业和社区的力量循序推进，积极寻求各方面的资金、技术及其他资源，以保持学院的长期持续发展。

（五）南昌：试点先行，辐射铺开，逐步推进

南昌市在全国属于经济欠发达城市，社区教育的研究和实践起步较晚，各方面的工作都在摸索中进行。为了探索一条适合自己的社区教育发展道路，南昌市结合多方面因素，决定在经济文化背景等条件相对较好的地区首先开展社区教育的实验工作。通过试点先行，摸索并积累经验，带动其他地区开展社区教育。南昌市社区教育的工作思路可以概括为以下两个方面：

（1）以国家级实验区西湖区为试点进行重点建设。西湖区为“第三批全国社区教育实验区”，通过构建覆盖范围广泛的终身教育体系、实施“六大工程”（提高工程、更新工程、帮扶工程、成长工程、健康工程和市民工程）、充分发挥“西湖区社区教育培训学院”的主体作用等举措，在社区教育方面取得了丰硕的成果。南昌市以西湖区为试点逐步积累经验，同时进行省级实验区东湖区的试点工作，东湖区以利用各种媒体进行社区教育宣传以及举办职业技能培训为主的就业援助为特色。南昌市在实验区试点的基础上，及时召开经验交流会进行探讨、比较和推广。

（2）社区教育由城市中心区向城郊接合部等边缘区扩展，由城市向农村延伸。鉴于南昌市社区教育的发展还处于发展中阶段，社区教育的顺利开展需要很多软、硬件条件的支持，目前南昌市社区教育的开展仍以城市中心社区教育为主，逐步向边缘区扩大，再向农村延伸。

（六）武汉：一元投入、二个体系、三支队伍、四类对象、五大特点

经过 20 多年的发展，武汉市的社区教育组织机构更加健全，国家、省、市三级实验区建立，并向国家级示范区迈进。其基本情况可以概括为“12345”，即：

一元投入、二个体系、三支队伍、四类对象、五大特点。“一元投入”指武汉市社区教育的经费投入人均1元。“二个体系”指组织机构体系和教育网络体系初步形成。“三支队伍”指由管理队伍、师资队伍、科研队伍组成的社区教育队伍初步形成。“四类对象”指社区教育培训的对象主要是社区的四类人员，包括在职人员、失业人员、农民工和老年人。“五大特点”包括：①社区教育领导机构和工作机构健全；②社区教育理念逐渐普及，各区和街道均把社区教育纳入目标管理范畴；③各社区注重从社区教育的社区性出发，从非正规教育着手，创立各具特色的社区教育品牌；④各社区教育实验区制定了“十五”“十一五”规划，明确了社区教育的阶段性目标和长期发展目标；⑤各社区教育实验区初步形成社区教育培训网络，使区内教育资源、教育基地社会化。①

（七）重庆：实行多元化发展策略，建设多样性兼容社会

进入21世纪以来，重庆市城市社区教育进入快速良性发展时期，政府职能部门、社会各界广泛关注和重视终身教育体系的构建以及学习型社区的建立，初步形成了社区教育的多元化发展策略。这种策略的特征可概括为：

(1) 发展目标多元。各社区发展社区教育，从本区的重点问题和实际情况出发，既可以公民道德建设为主要目标，也可以防止在校青少年学生违法犯罪为目标；既可以促进社区内弱势群体发展（如下岗职工再就业职业技能培训、保护如妇女儿童的法制教育等），也可以发展成人继续教育与培训、家长学校、老年人学校等。

(2) 教育政策灵活。由于参与主体对象的广泛性特点，要激发他们的积极性，社区建设就必须有配套政策予以正面引导，市级政府部门给予的扶持重点应当放在政策方面。如要有对共青团、工会、学联、妇联等社团组织参与社区教育工作的指导性政策；对各企业、社会民间力量投资参与社区教育事业的税收减让政策；对城区各相关政府部门（区政府、民政局、教委、劳动局、文化局、体委、税务工商部门等）落实主要领导负责制度；街道及社区的教育专干编制政策；社区教育专项经费的预算，实施社区教育和促进重庆城市建设发展相联系的考评制度等。

(3) 参与主体多样化。从国内社区教育实践来看，在传统型社区向新型社区结构转型过程中，社区教育的参与主体包括社区内的企事业单位、家庭驻军和一些社会团体等及社区全体成员。社区教育也包含责任主体即领导主体，一般由辖

---

① 武汉市职业教育与成人教育协会课题组. 武汉市社区教育的现状分析与对策研究[C]. 2007年中国成人教育协会年会暨第四届会员代表大会论文集，2007：155.

区政府职能部门直接参与，组织协调各方力量。主体多样的特征，使得在社区教育实践探索中，一般比较重视领导主体的建设。

（4）投资渠道多元。社区教育是建立在大教育观念前提下的，要广泛调动社区内乃至社会各界力量广泛参与，并投资建设，尤其需要以一种注重实践、注重实效的发展眼光，为社会力量参与投资城市社区教育创造条件，提供激励措施。[①]

第三节　当代中国农村社区教育现状

一、农村社区教育的现状及特点

我国多数农村地区经济发展落后，农民文化程度低，教育相对落后，农村社区教育的任务十分艰巨，农村居民接受教育的需求十分迫切。

进入21世纪以来，农村社区教育在全国社区教育的快速发展过程中获得了长足的发展，这主要表现为：第一，农村社区教育组织从无到有逐渐发展起来，社区教育管理机制逐步健全。许多县和乡镇建立了社区教育委员会，其成员由县、乡（镇）政，经济、文化、科技、司法、教育部门以及有关代表等各方人士组成，集行政管理与社会协调职能于一体，统筹协调社区内的各种教育资源，在社区教育中发挥着强有力的组织协调作用。第二，形成了以学校为主的多层次社区教育实施机构。目前，农村社区教育的实施机构是各级学校，主要包括：县级的社区学院、电大，乡镇级的社区学校，村级的村民学校，以及中小学、职业教育学校等。通过多层次的社区教育网络的有效运作，开展社区教育工作。第三，逐步确定了社区教育的目标与内容。其目标是加速农村社区经济的发展，提高农村居民的物质文明和精神文明水平。其主要内容包括职业技术培训、社区公德教育、中小学校外教育、人口和环境教育、文化休闲教育。第四，形成了以乡镇统筹型模式为主、中小学中心型模式以及社区学院带动型模式为补充的多种农村社区教育模式。全国各地农村社区可以根据当地经济、社会、文化的发展情况选择适合自己发展的模式。

总体而言，目前我国农村社区教育的发展呈现出以下方面的特征：

（1）由于农村社区成员除了有地缘关系，还有很强的血缘关系和业缘关系，

---

① 刘幼晰. 重庆城市社区教育发展初探[J]. 重庆工商大学学报（社会科学版），2005（1）：149.

同时，农村社区成员的生活圈一般都比较稳定地集中在本社区范围内，这些特点决定了农村社区教育可以比较集中地在社区范围内满足社区成员的各类教育需求。随着社区经济的发展，农村社区教育可以逐步建立起包括幼儿教育、青少年教育、成人教育乃至老年教育在内的终身教育体系，以及包括社区公德教育、职业技术教育、人口教育、环境教育、文化休闲教育等在内的社会教育体系。

（2）由于农村社区领导者在本社区往往具有较高的权威，因此组织与实施农村社区教育的动力或阻力往往直接来自社区领导的重视度（城市社区教育组织与实施的动力或阻力更多地来自社区内的某些单位或成员）。

（3）相较城市社区而言，由于传统文化积淀较深，农村社区教育往往要花较多的时间和精力去防范传统文化中根深蒂固的落后意识、落后形式的侵袭。因此，移风易俗、破除陈规陋习往往是农村社区教育的重要内容，这在经济发展落后的农村地区表现得更加突出。

（4）农村社区教育的"地方性"特点突出。从教育外部看，农村教育的变化往往落后于社区经济文化的变化，加上传统文化的积淀，使得农村社区教育具有相对独立性和结构的相对稳定性。这种"地方性"特点也是各地农村社区教育发展不平衡性的基本原因。

（5）由于经济发展程度的差异以及上述"地方性"特点的存在，各地农村社区教育的发展极不平衡、差异极大。经济发达地区、较发达地区、欠发达地区以及落后地区的农村都在积极探索适合自己的社区教育发展模式。

（6）从发展趋势上看，农村社区教育正从"科学启蒙教育"走向"科技文化的教育化"，从"就业教育"走向"创业教育"，从"农科教统筹"走向"经科教文一体化"。①

二、农村社区教育的实践模式

目前，我国农村社区教育的实践模式主要有以乡镇为主体的统筹型模式、以学校为中心的辐射型模式、以社区学院为载体的综合型模式以及以地域为边界的互惠型模式。虽然模式本身的含义与城市社区基本相同，但各种模式的运作状况与城市社区相比有较大的差别。在广大的农村社区，以乡镇为主体的统筹型模式占绝对主导地位，以学校为中心的辐射型模式往往是建立在乡镇统筹的基础上形

---

① 陈敬朴. 农村社区教育的基本走向[J]. 教育研究，1994（1）：27.

成的“乡镇统筹、学校中心”的混合模式，以社区学院为载体的综合型模式和以地域为边界的互惠型模式在农村社区仍处于探索阶段，仅仅在少数经济发达的农村社区存在。

（一）以乡镇为主体的统筹型模式

以乡镇为主体的统筹型模式是我国广大农村社区教育的主导模式。我国农村教育的管理体制实行的是地方分级管理，具体包括省、地（市）、县、乡（镇）四级地方政府对农村教育事业的分工管理。目前我国主要由县、乡（镇）两级重点负责农村地方教育，其中县一级政府是关键，乡（镇）是重点。农村教育事业的社会性、群众性特点要求重视发挥乡（镇）以至村的作用，而且目前乡镇一级管理教育的职能也正随着宏观条件的发展而不断扩大，下放一些职责、权限到乡镇已成为可能和必需。自改革开放以来，我国政府逐步确立了“科技、教育兴农”与“燎原计划”“星火计划”“丰收计划”相结合，“农科教结合、普职成统筹”的一系列发展战略，将农村现代化建设转移到依靠科技进步和提高劳动者素质的轨道上来。乡镇是实施上述发展战略的最基层的政权机构，负责领导乡镇以下的村庄社区。乡镇一级基层政府在负责对教育事业统筹规划和管理的同时还必须切实调动各个企业、各个村庄和各种团体组织等各方面的力量来协同兴办教育和办好教育。因此，以乡（镇）为“龙头”，统筹地方的社区教育已成为我国农村社区教育的主导模式。

农村社区教育的“乡镇统筹型”模式主要表现为“三教统筹”，即由人民政府对农村的基础教育、职业教育和成人教育实行统筹。具体来说，就是由农村地方政府统筹农村教育的办学方向和目标，使农村的基础教育、职业教育和成人教育各自的目标统一到为农村培养所需的适用人才和提高劳动者素质这个根本目标上来；统筹农村教育、教学内容，使三种教育各有侧重，相互沟通，相互渗透，相互补充，相互衔接，相互促进，通过对教育、教学内容的统筹，使农村各个行业、各个层次的劳动者可以根据各自的需要，学习有关文化科学知识和接受各种技术培训；统筹农村教育资源，提高办学效益，通过对三种教育的统筹安排，从实际出发，因地制宜，做到教育资源共享，统筹建设校舍，配备教育设施，创建实验、实习基地等，使有限的教育经费产生更大的效益。①

例如，四川省乐山市的农村教育体系就是按照“县为主体、乡为基础”的统

---

① 胥英明. 中国主要社区教育模式研究[D]. 保定：河北大学，2000：16.

筹型模式加以构建的。乐山市的农村教育管理以县级为主，以乡镇为基础，统筹发展普通基础教育、职业教育和成人教育；统筹管理各级各类学校和教育资源的调配，建立和完善农村教育的结构体系；统筹教育、经济多元化的发展，使教育转到为经济建设服务，社会经济的发展转到依靠科技进步和提高劳动者素质的轨道上来，从而形成教育同社会经济相互协调、相互促进的良性循环。

（二）以学校为中心的辐射型模式

以学校为中心的辐射型模式在经济落后的农村社区较为普遍，在实践中往往与"乡镇统筹"相结合，形成一种混合型模式。这种模式是在"共建"的基础上，以农村学校为主体，学校协调成员单位，为发展教育、加快社区经济建设和社会进步而形成的社会性组织结构及活动方式。学校利用自身的教育资源优势，承担起农村社区教育的任务，为农村培养各种实用型人才。这是一种跨行业、跨系统的横向沟通性组织网络，相互之间不存在"指挥一服从"的行政指令性组织关系，属于开放式教育、社会化中介服务组织。

这种辐射型模式主要有三种组织形式：

(1) 学校为主体的社区教育委员会体制模式。这种体制模式以学校为主体，多渠道、多形式向社会辐射，社会各界通过这个组织形式参与学校教育与管理形成"学校一社会"双向服务的社区教育协调管理模式。

(2)"学校一家庭一社会"三结合社区教育管理体制模式。这是一种以学校为主体建构起来的三结合社区教育管理体制模式。这种体制属于以促进"学校一家庭一社区"教育合力为目标的社会性教育管理中介服务组织模式。学校利用社区优势，完善德育工作，通过开办家长学校、成立家长委员会、举办对家长开放日活动和开展好家长评选活动等途径，指导家庭教育，为提高家教质量提供教育服务。并组织小学生参与社区服务，社会实践活动，从而促进"学校一家庭一社区"教育的横向沟通和互动。

(3)"学校一学校"联合体的教育园区（小区）体制模式。这是一种在一定的区域范围内，"学校与学校"教育资源力量的集合、互动、协同、整合的横向联合的社区教育协调管理中介服务体制模式。这种体制突破了传统的封闭式办学格局，促进了社区教育资源的共享和教育力量的集合，形成了教育社会化的新格局。

以学校为中心的辐射型模式一般具有如下特点：① 辐射性强。采用学校中心型社区教育模式组建的社区教育委员会，都是由学校牵头，这样就要求学校必须具备优越的办学条件、过硬的师资队伍、较高的教学质量。另外，采用这种模式有利于学校将知识、人才和信息等优势向社区辐射，为当地“两个文明”建设做出自己的贡献。② 开放性强。学校主动与社区沟通，可消除封闭式教育的弊端，并推动学校教育的改革。③ 灵活性强。这种模式不受地域限制，可以根据各自的需要与可能，允许跨行业、跨区域、跨系统自愿结合；这种模式选择性强，易于满足各自的需要。

总之，以学校为中心的社区教育模式能够改变学校与社会、教育与经济相脱离的状态，增加教育投入，调动社区各方参与教育的积极性，初步实现学校与社会的结合，优化育人环境，促进社区建设。但是，社区教育这个概念中的“教育”不是狭义的学校教育，它的外延很广，既包括学校教育，也包括家庭教育和社会教育；既包括普通教育，也包括职技教育和成人教育；既包括青少年教育，也包括继续教育。以学校为主的社区教育模式，只是做了社区教育工作最基本的一个方面，即促进了“教育社会化”，而社区教育更重要的是要提高区域成员的素质，这有助于形成和增强社区群体的凝聚力，进一步加强社区的物质文明和精神文明建设。对此，以学校为主的社区教育模式显得力不从心，它的组织网络无力将教育渗透到社会各个方面和各个部门，也即以学校为主的社区教育模式无力施行“社会教育”的重任。因此，从发展观点看，我国落后地区，应该逐渐从这一模式向学校与社区互动型的模式发展，以适应未来农村社区教育的需要。

（三）以社区学院为载体的综合型模式

以社区学院为载体的综合型模式目前仅在少数经济发达的农村社区存在，但随着我国经济社会的发展，有望成为今后我国农村社区教育的主流模式。农村社区学院是由当地政府举办，集公益性、综合性、社区性于一体的社区教育培训中心，一些地区往往在电大和成人学校的基础上组建农村社区学院。它立足乡镇，向周边地区辐射，以初等、中等、高等学历教育、非学历教育作为主体领域，以社区内各类在职人员为主要对象，开展社区全员、全程、全面的教育培训活动。农村社区学院作为整个社区教育的主载体，其运作方式可以概括为“三个办”：

（1）根据社区成员的需求“自己办”。学院内开展各种层次的文化教育和技能培训，如普通职高和成人中专的学历教育，通过挂靠高等院校、电大教育、自学考试辅导等途径举办成人高等学历教育，开展适应性技术培训和各类从业人员的岗位培训等。

（2）根据各部门的需求“联合办”。社区学院联合各部门如“工青妇”、计生、派出所、中小学校和有一定规模的企业等联合办学，进行各种形式的干部岗位培训、老年教育、青少年校外教育、企业职工教育、社区文体活动、休闲生活培训、外来人员培训和教育等。

（3）根据各村居委会的需求“配合办”。学院引导村委会有计划、有目标、有步骤、有针对性地开展各种教育和活动，使社区成员逐渐树立正确的终身教育观念。[①]这种模式目前在上海、北京、浙江、广东等经济发达地区的农村社区正逐渐成为社区教育的重要载体。例如，浙江省具有立足县市、面向大众、花费较低、形式灵活、内容实用、交通便利等基本特点，社区学院已成为其农村高等教育体系的主要载体。据统计，截至2009年3月，浙江省90个县（市、区）中有55个县（市、区）成立了社区学院，占61%；筹建的有6所，占7%；待建的有29所，占32%。这些县级社区学院，全面开展新农村社区教育，培养和造就了一批留得住、用得上，能为新农村脱贫致富尽心竭力的中高级人才，从根本上解决了新农村中高级人才进不来、留不住的问题。[②]

农村社区学院是当地普通中小学以外的又一重要的办学机构，是推动区域内开展社区教育的龙头和主干基地，在逐步构建农村终身教育体系和加快乡镇城市化建设步伐、建设新农村过程中有着不可替代的作用。农村社区学院的建立，为成人教育提供了新的发展机遇，拓展了整个成教事业的工作内涵。社区学院不是一种大学意义上的“学院”，而是一种社区教育的载体，只有充分利用区域内的教育资源，发挥区域内热心于社会教育各界人士的作用，才能把农村社区教育学院办成一个真正为社区服务的实体。

（四）以地域为边界的互惠型模式

互惠型模式是指由两个或两个以上单位实体，根据自身需要，本着互利互惠和自愿的原则联合举办社区教育的模式。这一模式的最主要特征就是自愿和互惠，因而更有利于发挥办学者的自主性和主动性，更能促进农村大教育体系的建立。在农村社区，虽然这种以地域为边界联合进行社区教育的“互惠型模式”并不多见，但也开始了艰难的起步历程。例如南京市浦江县五里村小学与企业合作，和电大共办夜高中。五里村小学与社区内的工厂联合，由小学负责管理，由工厂出

---

① 刘洋. 中国农村社区教育研究[D]. 杨凌：西北农林科技大学，2003：135.

② 刘尧. 新农村社区教育发展模式研究[J]. 职业技术教育，2009（31）：64.

资，由电大负责教学，其目的是提高村办企业的职工素质，这是全市首创的村级高中教育形式。互惠型模式还有其他的不同表现形式，如上海长宁区的“校校合并”，区业余大学、区教育学院、区职工中专、区第一业余中学、区成人教育培训中心、区教育培训集团 6 个单位组建成为长宁社区学院。由于互惠型模式能够真正做到互利互惠，降低教育成本、提高教育效益，在农村社区有着广阔的发展前景和空间。在农村社区，加强此类模式的建构，对于加强社区居民的“科教兴农”意识，促进“农科教结合”和“普职成统筹”的实施，更有着十分重要的意义。

三、部分代表性农村地区的经验和做法

（一）上海普陀区真如镇：乡镇统筹，教育社会化

上海普陀区真如镇是我国最早建立社区教育委员会的地区之一。该镇社区教育发展至今，已形成了较为完善的、适应当地社区特点的社区教育模式。具体到组织模式上，就是把社区教育委员会构建成“统筹—协调—参与”的组织模式。在镇政府领导下对全镇社区教育发挥“统筹、规划、指导、服务、协调、沟通、参与评鉴”等中介组织作用，从而把社区教育培训中心构建成“参与—协调—服务”模式，通过吸引社区力量，参与教育培训与教育管理工作，发挥计划、组织、协调、指导、服务的教育组织职能作用。在运行机制方面，主要由四个构件要素系统整合、发挥作用。一是镇政府通过镇社区教育委员会这一中介性组织，对全镇社区教育加以统筹、规划、协调、控制、指导和服务。二是通过镇社区教育委员会这一中介性教育组织管理机构和社区教育培训中心这一中介性培训实体机构来促进“学校教育社会化”和“社会活动教育化”，以及实现“学校—家庭—社会”教育一体化和教育社会一体化。三是社会力量参与，即全镇各种社会力量通过社区教育委员会与社区教育培训中心，参与社区教育决策，参与举办各种各类社区教育培训班，参与镇社区精神文明建设以促使社区自身成为一所大学校。四是学校教育系统，镇内的各级各类学校教育系统通过社区教育委员会这一中介性组织，为本社区提供教育服务，向本社区辐射社会主义精神文明，促进学校教育与社会（社区）的双向服务，实现教育社会一体化。上海普陀区真如镇的农村社区教育，正是由政府牵头，社区内各种教育力量协同联动的区域统筹型社区教育模式的应用。[①]

---

① 胥英明. 中国主要社区教育模式研究[D]. 保定：河北大学，2000：18.

（二）广东中山市小榄镇："三教统筹"，共建社区教育

广东中山市小榄镇为广东省"社区教育实验镇"，它们开展农村社区教育"三教统筹"的实践可以为其他地区提供很好的参考和借鉴。小榄镇注重发挥家庭教育在未成年人思想道德教育中的基础作用，努力办好家庭学校，有针对性地开办各类讲座，组建家教讲师团和志愿者服务队，加强学校家庭和社区之间的联系和沟通。从 2004 年暑假到 2004 年年底，共组织家庭教育短训班 30 多期，参加培训的家长总数达 2.5 万人次。不少学校组织学生组成禁毒宣传小组、慈善募捐小组到邻近社区开展禁毒宣传和慈善募捐活动。一些单位、社区与学校互相配合，利用寒暑假期，组织中小学生参加军事夏令营，聆听法制辅导课、心理健康教育讲座，观看爱国主义及法制教育电影等。职业教育和成人教育并举是小榄镇社区教育的又一特色。小榄镇 16 个社区居委会均设有成人文化技术学校，积极开展扫盲后的继续教育及丰富多彩的社会教育活动，还结合各社区居委会实际及特色产业，开展实用技术培训，引导和帮助居民科技致富。另外，小榄镇内已注册的 15 家教育培训中心以及十几个群众团体在社区教育中也发挥了重要作用。小榄镇于 2003 年将镇成人文化技术学校与中等职业技术学校合并，集职业教育、成人高等教育、社会培训于一体，实行"一校两牌"，更加高效地配置职业教育与成人教育资源，架起了小榄镇培养人才的"立交桥"。仅 2004 年，镇成人文化技术学校就举办各类培训班 100 多期，培训人员达 4 万多人次。目前，全镇已构成了以镇、社区居委会两级成人学校为主体，职业中学及相关部门为辅助，社会力量办学机构为补充的立体成人教育网络。①

（三）湖北武汉市蔡甸区：以家长学校为切入点，社区教育综合化

武汉市蔡甸区是武汉市的远郊区，经济基础较差，因此提高公民教育素质、参与市场竞争成为其社区经济发展的重要任务。蔡甸区尝试将家长学校作为发展社区教育的切入点，经历了从单一形式向整体推进并逐步拓宽的过程。蔡甸人认识到，社区青少年学生是家庭和社区的未来，中小学举办家长学校具有很强的吸引力。通过家长学校促进家庭教育与学校教育的结合，能收到单方面教育达不到的效果。重视学校、家庭、社会教育的结合是蔡甸区社区教育的一个十分显著的

① 雷丽珍．珠江三角洲地区农村社区教育的探索与实践[J]．河南职业技术师范学院学报，2006（2）：31．

特点。为逐步拓宽社区教育的路子，继家长学校后，“文明公民学校”应运而生。从“家长学校”到“文明公民学校”，两者有着紧密的联系。从某种意义上讲，一个好家长就是一个好公民。文明公民学校集原有的成人文化技术教育、普法教育、计划生育教育、扫盲教育于一体，使社区教育在侧重社会教育上有了稳定的实体，多种教育利用这个阵地红红火火地开展起来，提高了广大村（居）民道德修养和文化科学知识的水平，增强了法制观念和法律意识，受到村民的欢迎。蔡甸区社区教育发展的最终方向是走教育综合发展之路。幼、小、中、职、成、老各个层次各类教育、多种教育形式共同发展，“三教”统筹，以农村职业教育为重点，各行各业各部门参与，构建“全民终身教育”体系，即社区自我服务、自我发展的农村（城郊）社区教育体系。

（四）四川成都市郫都区：“政府、市场、自愿”三维一体的农村社区教育供给机制

四川成都市郫都区“政府、市场、自愿”三维一体的农村社区教育供给机制主要包括以下方面的内容：

（1）确定社区教育供给的主体分工，实现了以政府投入为主、多渠道投入的社区教育经费保障机制。政府优先提供以法制道德教育、时事政治教育、卫生教育等为内容的广播电视、开放性公益讲座等具有公共产品性质的社区教育；与社会办学机构合作举办职业培训教育等具有准公共产品性质的培训班；由市场提供具有私人产品属性的学徒制教育、学生补课、闲暇社区教育等。

（2）建立以乡镇为主要单位的社区教育组织，即“乡镇社区教育共同体”。该组织是政府引导下的过渡性农村自治组织，整合了农村社区中的各种力量。“乡镇社区教育共同体”的成立极大地提高了农村社区教育供给的自我管理程度，为广大农村居民参与社区教育决策提供了良好的舞台，如郫都区三道堰镇通过社区教育共同体落实了水环境保护工程，通过“天下第一农家乐”传承了农家乐的文化基因，通过乡镇社区教育共同体整合了各种社区教育力量，建立了“留守儿童之家”等。

（3）搭建信息平台。郫都区建立了社区教育信息网站，供需双方可以在网络上进行沟通和对接，这解决了农村社区教育需求表达机制的问题。通过网络的宣传、交流记录，政府落实了自己的宏观调控政策，特别是市场供给机制的监控，进一步实现了农村社区教育的区域均衡发展。同时，通过这个网站，郫都区吸引了更多的非营利机构、志愿者参与农村社区教育，大力推动了社区教育自愿供给

机制的形成。仅2008年，通过该信息平台，郫都区吸引了西华大学、四川师范大学等10余个高校社团或非营利性组织以及200名志愿者参与农村社区教育，受教育者达到4万人次。

（4）完善绩效制度。郫都区制定了旨在提高农村社区教育供给效率的规章制度，并将农村社区教育工作纳入了各乡镇、部局的年度工作考核。同时，郫都区教育行政部门制定了一系列关于基础学校开展农村社区教育的管理机制、考评机制、激励机制，并聘请专家指导学校开展社区教育。[①]

【课后任务】

1. 到附近社区了解社区教育的发展历史。
2. 到附近社区了解社区教育的现状与特点。
3. 到附近社区了解社区教育的实践模式。

---

① 柯玲，李焰，黄旭．现实与重构：农村社区教育供给实证研究[J]．农村经济，2010（6）：114．

第三章　社区教育工作者队伍建设

【本章概览】

社区教育作为一种新兴的专业和职业，其重要性在教育界逐步得到彰显。建设一支结构合理、服务优质、充满活力、纪律严明的社区教育工作者队伍，是满足人民日益增长的美好生活需要的内在要求。本章从社区教育工作者的内涵与构成出发，了解社区教育工作者的能力素质要求，加强社区教育工作者队伍建设和志愿者队伍建设。

【学习目标】

1. 了解社区教育工作者的内涵与构成。
2. 掌握社区教育工作者的能力素质要求。
3. 熟知社区教育工作者队伍建设。
4. 了解社区工作者志愿者队伍建设。

社区教育是实现教育社会化和社会教育化的重要载体，对于缓解社会矛盾、营造和谐环境具有重要意义。社区教育工作者是社区内专门从事社区教育管理工作和社区教育教学工作的人员，既符合教育者的基本要求，又具有社会工作者的工作性质。作为社区教育的主力军，社区教育工作者专业素养的高低直接关系到社区教育工作的质量。

第一节　社区教育工作者的内涵与构成

一、社区教育工作者的内涵

社区教育工作者（Community Educators）是指在街镇社区相关部门正式任职，

专门（或主要）负责辖区内活动的策划、组织、管理、实施、教学等工作的社区教育的管理人员、专职教学人员、志愿者。

二、社区教育工作者的构成

（一）社区教育的管理人员

社区教育的管理人员是指社区教育机构、街道（乡镇）及相关部门主要从事社区教育管理的工作人员。他们的主要职能是管理设施，设计教育计划，策划学习内容及根据社区居民的需要组织专题讲座，并编辑教育情报活动。

（二）社区教育的专职教学人员

社区教育的专职教学人员指在社区教育机构中专职从事社区教育的教学、研究和辅导等工作的专业人员，包括社区教育中心（社区学院）、社区学校、市民学校等机构的在职教师。

（三）社区教育的志愿者

社区内志愿从事有组织的社区教育学习活动、工作，不收取报酬的人员为社区教育志愿者，包括以个体志愿者的名义参与的人员，也包括以民间社团组织名义参与的人员。

三、社区教育工作者的使命

（一）以推进社区教育创新发展为目标导向

就现时而言，推进社区教育创新发展，应是社区教育工作者坚持履行使命与责任最为紧迫的目标导向，而其中“张扬社区教育新理论”与“丰富社区教育新内涵”的目标要求最具突破意义。张扬社区教育新理论就是要坚持“以人为本”的发展理念。“以人为本”是推进社区教育科学发展的价值基础与核心内容，它科学回答了发展社区教育的目的问题，即发展社区教育归根结底就是为了实现社会的全面进步与人的全面发展。“以人为本”是社区教育工作者开展社区教育活动的出发点与落脚点，也是一切社会经济活动的着眼点和立足点。“以人为本”的实质是以社区全体成员为本，“以人为本”中的“人”首先是指社区中的全体成员，“本”指的是社区教育发展之本，即实现全体社区成员的根本利益是社区教育工作者“张扬社区教育新理论，树立社区教育新观念，丰富社区教育新内涵，开创社区教育新未来”的时代使命和责任之本。因此，社区教育活动的开展，要顺应社会经济多元化发展的趋势，着眼于人的全面发展，以全民教育为逻辑起点，以满足全社会日益高涨的教育需求为目的，为不同阶层、年龄、需求的人们提供多样性与统一性、差异性与同一性的社区教育服务，从而实现以“全面发展的人”推动“人的全面发展”的理想目标。

（二）以推进社区教育和谐发展为价值取向

社区教育工作者应在以下两方面有所破冰。

一是扩大社区教育范畴。其中，扩大社区教育对象是促进社区教育和谐发展的主要内容。当代社区教育工作者在扩大社区教育对象的过程中，在保持为原有的青少年和老年人开展各类形式多样、内容丰富的社区教育活动的同时，积极开展社区亲职教育、在职在岗员工培训、流动人口教育等覆盖社区各类不同人群的教育活动。

二是提升社区教育服务能力。提升社区教育服务能力，从某种意义上说，是社区教育工作者对社会经济发展要求的积极应对；同时也反映了人们对社区教育原有的服务模式和服务能力的不满，从而迫切要求社区教育工作者加速变革服务功能。因此，社区教育工作者要将原先服务方式从注重服务规模转变为规模、结构与质量并重，以改变过去社区教育服务过程中出现的“规模与质量相悖”“人才培养结构性不足”或结构性过剩等问题。

（三）以推进社区教育可持续发展为行为方向

我国社会主义市场经济体制的进一步健全与完善，要求社区教育工作者必须以推动社区教育可持续发展作为行为方向，在社会、经济、内部三个方面有所作为。

一是要营造社会法律环境。在社会转型时期，尽管社区教育具有社会公益、社会产业教育等多元的社会属性，但不断提高社会服务能力，推进人的全面发展，进而推进社会经济发展是其本质属性，因而发展社区教育不仅是社会的责任，更是政府亟须加强的职能，政府在社区教育发展过程中具有不可替代的重要作用。

因此，社区教育工作者必须加强与政府的联系，促使政府承担起社区教育的管理职能，促使政府充分发挥立法建制、政策导向、宏观调控等作用，为社区教育市场竞争营造一个公平的社会法律环境。

二是要聚合教育发展资源。社区教育的发展，离不开良好的育人环境，因此必须聚合社区教育资源，其中包括良好的教育基础设施、雄厚的师资力量、现代化的教学手段等，从而对社会资源产生吸引力与聚合力。在市场经济条件下，社区教育的发展如果没有强大的物质保障，就意味着其发展活力的窒息与持续发展原动力的丧失。因此，社区教育工作者要加强社区教育与社会、市场之间的协调与交流，建立起市场化运作的社会物质保障机制，从而吸引社会资源投入，为社区教育的发展提供强大的物质基础。

三是要谋划内部要素重组。社区教育的快速发展，对其内部构成要素进行重组是不可忽略的环节。过去在社区教育的发展过程中，由于缺少内部结构的经营与设计，导致一系列的诸如教学质量低、盲目追求学历等问题，引发社会的质疑与诘难，形成社区教育目前发展的困境。因此，在21世纪初期，社区教育工作者需要通过突破体制和机制的障碍，扬长避短，突出社区教育特色，创造比其他教育类型更高的社会服务能力，覆盖更广的社会经济发展领域，从而对社会需求的导向产生影响，为社区教育的可持续发展奠定现实基础。

第二节　社区教育工作者的能力素质要求

职业操守是指社区教育工作者在工作中应遵守的行为规范和准则，是社区教育专职工作者整体素质的核心，它主要表现为：热爱社区教育工作，有高度的事业心和责任心，勤勤恳恳，恪尽职守，勇于奉献；对社区居民有深厚的感情，关心社区每一个成员，有较强的服务意识；具有团队意识、团队精神，具有健全的人格魅力，善于与他人合作开展工作，富有感召力和影响力；工作作风严谨，富有创新精神，重视实践；模范遵守社会公德，严于律己，以身作则，做好表率。

一、社区教育工作者的道德素养

1. 政治素质

政治素质是指一个人所持有的世界观，以及建立在这个世界观基础之上的政治理论、政治心理、政治信仰和政治价值观等，是人们从事社会政治活动所必需的基本条件和基本品质。我国的社区教育工作是直接为构建社会主义和谐社会服务的，具有一定的政治属性，因此具备较高的政治素质是社区教育工作者的必备素质之一。

2. 服务意识

社区教育工作者要把利他主义价值观当作核心价值取向。利他主义价值取向，是社区教育工作者价值的最重要体现，也是社区教育工作区别于其他工作的最主要特点之一。这一特点决定了社区教育工作者必须具有较强的服务意识，努力从物质和精神两个层面帮助服务对象改善生存环境。

3. 职业认同感

如果一个人对自己所从事的工作有较高的职业认同感，他就会从心底认同自己所从事的工作，并全身心地、积极地投入工作。

二、社区教育工作者的心理素质要求

1. 乐观的态度

合格的社区教育工作者，首先需要树立乐观的人生态度。社区教育工作者面对的常常是处于困境中的各种人群，他们看到了更多的生活无奈和人性的弱点。在这种情况下，若他们没有一种积极乐观的态度，自己的理想、信念就会受到冲击，甚至从助人者变成受助者。反之，便能在面对生活中的困境时泰然处之，并通过自身的榜样与示范力量，把乐观主义情绪传递给服务对象，鼓舞和激励他们战胜困难。

2. 坚忍的意志

社区教育工作者在服务社区居民的工作中，常常会遇到坎坷、困难和挫折，甚至会遭到误会和指责，在这种情况下，社区教育工作者拥有坚忍的意志品质，能够帮助他们不轻易放弃，努力寻求突破困境的办法，最终达到助人自助的目的。

三、社区教育工作者的知识结构要求

社会工作专业知识是社区教育的重要组成部分。因此，社区教育工作者首先需要掌握社会工作的专业知识，这是最基本的知识结构要求。社会工作作为一个学科而存在，有丰富的理论支撑，社区教育工作者要有效开展工作，必须掌握社会工作专业理论知识；社会工作同时是一门对实务要求很高的学科，社区教育管理人员也需要掌握比较系统的社会工作实务方法、程序等。

社区教育工作者应该具备合理的与社区工作相关的知识结构。随着社会的发展，社区教育工作者面对的情势越来越复杂，他们在扎实自己专业知识的同时，也应广泛涉猎有助于工作开展的相关知识，努力拓展知识面，形成比较完善的知识结构。

四、社区教育工作者的能力要求

1. 表达能力

表达能力是运用文字和语言等方式阐明自己思想、目的的一种能力。社区教育工作者要受理服务对象的诉求、激励服务对象、宣传相关政策法规等，都需要具备良好的口头表达能力和文字表达能力。

2. 学习能力

当前，我国社区教育工作的内容越来越多，复杂程度也越来越高，这就对社区教育工作者提出了挑战。社区教育工作者对此必须有清晰的认识，并做出积极反应，根据需要努力学习，尽快掌握新知识、新方法和新技术。要做到这一点，就必须具有较强的学习能力。

3. 调研能力

调研能力是在掌握社会调查基本理论的基础上，能够深入实际，运用科学方法，探求客观事物及其规律的能力。社区教育工作者通过调查研究，综合分析社会生活中存在的一部分问题，写出调研报告，一方面可以报送相关部门，为其政策制定和实施提供现实依据；另一方面又可以依据既有的制度和政策提出解决问题的措施和办法，并在工作实践中贯彻执行。

4. 掌握现代信息技术的能力

新技术革命的浪潮已将人类社会推向信息时代，以微电子技术为基础的、作为信息时代支柱的计算机技术，已经成为现代办公的主要手段。因此掌握现代信息技术，具备使用计算机技术的能力，对社区教育工作者有特别重大的意义。

5. 伦理判断能力

对于一名合格的社区教育管理人员来讲，进行伦理判断应是一种基本能力。社区教育工作者必须正视工作过程中的伦理困境和伦理抉择，并不断审慎检验自己的道德伦理和价值观念，用一种开放、动态和永葆反思的专业态度思考工作中的伦理议题。最为理想的状况是把所有的准则都内化在自身的判断中，这需要持续的经验积累和反省修正才能达到。

五、社区教育工作者的培训模式

（一）“知识本位”接受模式

“知识本位”接受模式在基础教育的师资培训中应用极为广泛，其价值取向源于理论至上、知识本位和学科中心，可以最大限度地满足社区教育工作者的理论知识需求。一般而言，“知识本位”接受模式的构建路径以社区教育工作者的专业知识背景分析和社区教育事业发展的理论需求分析为基础，确立培训目标，根据目标组织核心培训课程，整合和聘请优质的师资资源，实施培训活动。

这种培训模式有助于理论素质亟待提升的社区教育工作者群体快速地掌握社区教育专业知识和管理科学基本理论，掌握社区教育工作运行工序。鉴于当前我国社区教育工作者队伍的建设水平，此模式较为适合刚到岗的和已在岗但理论知识缺乏的工作者，使其达到任职要求。但是，这种模式理论性过强，使参训者相对处于被动学习的状态，而且与日常工作实情实景相距较远，因此对实际工作能力提升作用有限。

（二）“案例中心”研讨模式

“案例中心”研讨模式注重参训者的参与性，着眼于提高参训者应用相关知识分析、解决复杂情景中的实际问题的能力。其构建的路径为：社区教育工作现状分析，确立培训目标，围绕目标精选培训案例，组织实施培训活动。

这种培训模式较为适合在实际工作中遭遇困惑的社区教育工作者群体。该模式关注社区教育工作者在问题情景中获取与应用知识的协调以及其应用知识能力的提升。同时，该模式提高了他们在培训过程中的参与性，唤醒了主体意识，增强了他们学习的积极性和主动性。在该培训模式中，优质案例的选择极为重要，同时案例本身蕴涵问题的复杂性和开放性，对培训师资水平要求甚高，普通培训者往往无力驾驭研讨活动。该模式能够快速提高社区教育工作者业务水平和解决问题的能力，需要配备一定条件方可广泛使用，当前宜与其他培训模式穿插使用。总之，以案例为中心的培训模式的构建与实践是一项系统性的工作，其案例的选择及案例的系统研究是实施该培训模式的关键所在。

（三）“课题研究”研修模式

较前两种而言，“课题研究”研修模式更注重理论与实践的结合，突出学用结合、学以致用，着眼于提升社区教育工作者的理论素养与业务工作能力。研修模式的构建路径为：围绕培训目标，从培训的针对性出发划分培训层次，从培训的需求和实用性出发设计课程，从培训的有效性出发选择培训方式，从参训者的主体性出发确定学习方式，以研究为主线，以参训者为主体，在学习中研究，在研究中发展，达到参训者的发展与组织的发展协同，从而实现共同成长。

由于该培训模式的关键是课题的开发与研究，即要求培训者和参训者善于挖掘课题，以课题研修带动培训效果，继而促进组织与个体发展，因此，实施好“课题研究”研修模式需要注意以下三个方面：① 树立正确的培训观念，培训者是主持者、策划者而非主讲者，在课题选择和研究中给参训者以有效指导，注重引导参训者独立思考、主动探究；② 对参训者的课题论文写作严格要求，避免流于形式；③ 把握培训中三个基本要素，即信息、思路、观念。课题研究培训中需要提供大量新的有效信息，需要多角度分析问题，转变参训者观念，提高参训者能力。“课题研究”研修模式无疑将成为我国社区教育的助推剂，但该模式费时费力，目前仅能在少数培训中组织实施。

（四）“诊断式”培训模式

“诊断式”培训模式是四种培训模式中极为理想化的模式，倡导实践导向，注重组织发展，着眼于在提高社区教育机构（社区学院、社区大学等）整体办学水平的过程中，提升参训者的专业素养。其构建路径为：立足组织办学现状，组织专家现场诊断，针对主要问题，共同研究，寻找对策，制订改进方案，在实施改进方案的过程中提升参训者的专业素养，促进组织的主动发展。可见，此种培训模式以培训促进组织发展，在培训中寻找组织发展的新方向，即：现场诊断→制定组织发展规划→分析组织发展主要问题→制订解决问题方案→跟踪指导→组织工作持续改进→达到发展规划的目标。

第三节　社区教育工作者队伍

社区教育队伍是从事社区教育的工作人员的总称，由专职人员、兼职人员和志愿者三个部分组成。其中专职人员包括负责社区教育工作的管理者与工作人员，以及专门从事社区教育教学或教育辅导的教师；兼职人员则是指各级社区教育机构中兼职从事社区教育工作的教学人员和管理人员；社区内志愿从事有组织的社区教育学习活动、工作，不收取报酬的人员为社区教育志愿者人员，包括以个体志愿者的名义参与的人员，也包括以民间社团组织名义参与的人员。①

一、社区教育专职工作人员现状

社区教育工作者队伍建设方面存在的问题主要有以下几种。

（一）专职人员数量不足

专职教师的数量直接影响着社区教育的服务能力，是决定社区教育长久稳定开展的关键要素。按照终身教育体系下的社区学校实体化师资队伍建设的实际需要，专职教师配置的基本要求是：①有 8 万～11 万居住人口设立的街道（镇）社区学校，拟配备 5 名专职教师。②根据居住人口集中与分散，居民参加社区学校学习的数量、社区范围内的特殊情况（如外来居住人口多、居住人口的文化要求高）等因素，可以在一个社区学校配备 5 名专职教师的基础上再进行调整。

（二）专职人员来源单一

当前我国社区教育工作者队伍中的专职人员来源主要有两个：教育系统内部转岗和公开招聘。其中教育系统内部转岗是专职教师的主要来源，应聘进入社区教育工作的人员较少。

具体的情况是，社区学院内任职的专职教师的输出地以中学或高职院校为主，

---

① 本章编写主要参考了孙奇骑、陈光耀编著的《社区教育工作者培训教材》、潘士君主编的《社区教育工作者实用手册》等相关文献资料。

社区学校则以幼教、小教、中教学校的来源居多。不仅是教师，社区教育管理者也同样多由教育单位或其他行政部门转岗而来。如上海闸北区为组建社区教育辅导员队伍，自 2001 年起先后 5 次从辖区内的教育单位挑选教师；天津市河西区从中小学、幼儿园中抽调中青年教师作为社区教育专职教师；哈尔滨市南岗区在实施被称为“选派制度”时选派中小学校的后备干部进驻街道办事处作为社区教育负责人的同时，还选派教师进驻社区作为社区教育专职教师等。

应该说，在社区教育工作者这样一个新的社会职业开始出现并处于萌芽时期之际，为了满足社会的紧迫需求以及社区教育尽快地、正常地运行，从教育系统或行政部门抽调人员有着一定的合理性。因为每当新的社会职业者一出现，其从业人员往往也是从母专业或相关专业群体中裂变而来，作为应急的举措这是可行的，但不能使其变为固定模式。

以社区教育的教师来说，尽管同属教育范畴，但社区教育与普教工作无论在工作性质还是在工作特点上都有很大的不同，同时人们对工作角色转换的心理准备和胜任能力也不尽相同，许多转岗而来的教师对新的工作岗位不适应状况十分严重。另外转岗而来的教师原来都在中小学、幼儿园任教，面对的也都是青少年或学龄前儿童，学历层次普遍较低，且多为非自愿转岗，因此入职积极性较低。

加之部分从事社区教育的教师还有负面的自身原因，其中一部分教师是为了退休做过渡准备，另外有些教师是原本在中小学教学能力不突出，被动分流至社区学校，这些教师本身就缺乏从事社区教育工作的认知内驱力和自觉性。

（三）高层次人才匮乏

从社区教育全国专职队伍的概况来看，无论是转岗而来的教师还是应聘而来的人员在学历层次和职称结构上都有相似之处，高端专业人才十分缺乏。本科和大专学历似乎是当前全国范围内从事社区教育的专职人员的学历“标配”，甚至有部分人员还达不到这样的最低标准。可见，在这个群体中具有硕士及以上学历的从业人员比例很少，高层次人才十分缺乏。

（四）专业化基础薄弱、培训体系缺乏

由于我国大学尚未正式开设社区教育专业，社区教育从业者的专业化发展必须倚重职后教育。目前，上海已经在中职教育系列中专门设立了社区教育专职从业者专业技术职称评聘渠道，但对于大量没有资格参与评定的从业者而言，仍缺

乏清晰的专业化发展路径。现有的社区教育从业者培训延续了传统中小学校从业者继续教育的内容，与社区教育岗位能力需求脱节，相关培训资源极其匮乏。因此，我国迫切需要建立针对社区教育从业者的系统的专业培训体系。

分散的专职教师的专业背景和社区教育的需求的多样化呈现出相适应的趋势。对于兼职教师也一样，其专业门类十分广泛，涉及各个专业领域，尽管这为社区教育的多样性提供了专业支撑，但无法进行系统的教学活动，无法实现教师之间的有效沟通、交流。

知识储备不够充足也在困扰着社区学校。严格地说，社区教育专职教师不但要具备教育科学、社会学、管理学方面的知识，还应拥有广博的文化基础知识，并且能够了解与社区内社区教育活动相关的各类教育资源的相关常识，而不仅仅满足于对专业知识的掌握。

（五）专职教师职业认同感

由于制度建设不到位，社区教育的专职教师虽然具备基本的社区教育从业条件，却对社区教育相关理论并不了解、职业认同感也不高。

由于社区学校职业化程度低，社会认同度不高，因此职业声望及社会待遇均非理想，这些客观事实必然影响到教师的职业观念。调查显示，社区学校教师普遍缺乏对自己职业的责任感、荣誉感和自豪感，部分丧失了支撑着教师信念及道德系统的职业情感，以致难以明晰作为社区学校教师职业的意义、作用及重要性。

二、社区教育专职工作人员培养

社区教育的发展离不开专业人才的培养，为了巩固社区教育成果，推进社区教育发展，我国正积极推进社区教育专业人才队伍建设。政策是保证专业人才队伍建设的基础，2004 年教育部颁布的《关于推进社区教育工作的若干意见》明确指出："要制定社区教育工作者规范，开发社区教育工作者的培训课程，依托有条件的高校，建立若干个社区教育工作培训中心，把社区教育工作者的培训工作提高到一个新的水平。" 2016 年教育部等九部门《关于进一步推进社区教育发展的意见》明确指出：提高社区教育工作者队伍专业化水平。社区教育学院（中心）、社区学校应配备从事社区教育的专职管理人员与专兼职教师。省级教育行政部门应根据教育部《社区教育工作者岗位基本要求》制定实施细则，省级人社、教育行政部门共同制定社区教育专职教师职称（职务）评聘办法。加大社区教育工作者培训力度。发挥社会工作专业人才在社区教育中的作用，探索建立社区教育志愿服务制度。鼓励高等学校、职业学校开设社区教育相关专业，鼓励引导相关专业毕业生从事社区教育工作。这些规定，使社区教育工作者的教育与培训有据可依，为社区教育工作者专业发展奠定了基础。此外，教育部还在无锡、上海等地办培训班对全国社区教育实验区的社区教育工作者展开专门培训。培训内容涉及社区教育发展动态、社区教育及社区教育管理理论、社区教育工作者岗位素质及专业化等。

（一）高等教育作用，培养社区教育专业人才

社区教育的发展离不开一支优秀的社区教育人员队伍，社区教育工作者的质量直接影响着社区教育的发展水平。纵观国外专业人才的培养经验，各国已基本依托高校开设社区教育专业课程来培养社区教育工作者，从源头上保障了社区教育工作者的质量。因此，对于尚缺乏社区教育专业人才培养机制的地区，应主动吸收其他地区这方面的成功经验，依托有实力的高校开设社区教育专业，并积极在研究生培养上确定社区教育方向，从源头上解决社区教育工作者的专业素养较低的问题，为社区教育发展提供源源不断的人才资源。基于社区教育工作是一个提供服务的务实性职业，在人才培养过程中，高校首先应注重社区教育专业学生专业价值观的养成工作，在兼顾传统道德取向的同时，通过社区教育工作者职业道德等课程和活动，注重培养学生对社区教育事业的感情、以人为本的价值理念和以服务社区群众为宗旨的高尚操守，通过潜移默化、学习典型等方式，推动学员树立献身社区教育事业的职业理念。为了完善社区教育专业学生的知识结构，在高校教学过程中，除了传授给学生计算机、外语等基础知识，还必须加强社区教育法律法规知识、社区教育学知识、社区教育管理学知识、教育社会学知识、心理学知识、社区基本理论、地方课程开发能力等社区教育相关知识的教育工作，为学生未来从事社区教育工作奠定良好的知识基础。由于社区教育工作的实践性很强，因此对社区教育专业学生的培养还必须注重其实践能力、务实作风的培养。在这方面，高校应加强同社区的联系，通过在社区建立实习基地的方式，加强对该专业学生实践能力的锻炼。通过这一措施，不但能有效提高学生将理论运用于实践的能力，也能增进学生对社区教育工作的了解，培养学生对社区教育工作的感情。

（二）重视职前培训，搞好入职教育工作

依托高校培养社区教育专业人才，保障社区教育发展人才上的需求，对社区教育发展有着积极的意义。但是无论是经学校培养后进入社区的，还是刚进入社区的教育工作者，他们都需要经历较长的时间才能真正融入这一职业中去。所以，加强从业者的职前教育就十分重要了，对职前社区教育工作者进行社区教育知识、社区教育技能、社区教育价值观等方面的教育培训，能有效地帮助他们较快地适应社区教育工作环境，从而胜任这一工作岗位。从京津地区、长三角地区开展社区教育的经验来看，重视社区教育工作者的职前培训是保障社区教育工作者专业素养的重要措施。如在北京，已形成较为完善的社区教育职前培训制度，社区教育工作者上岗前均需接受职前培训，内容涉及社区教育理论、社区教育基本方法、地方民俗、社区教育理念等。通过职前培训，社区教育工作者的专业理念和专业技能均能得到有益提升，社区教育工作者的专业发展得到促进。因此，教育部门有必要将社区教育工作者职前教育制度化，无论从业者职前是教师职业，还是新吸纳的大学生，均必须接受严格的职前培训。在培训过程中，要坚持由政府教育部门及相关部门牵头，集中组织对新入职的社区教育工作者进行系统培训，内容包含社区教育理论、社区教育基本方法、地方民俗、社区教育理念、社区教育技能等部分，使新入职员工能够强化社区教育理念、丰富社区教育知识、提高社区教育技能。在培训过程中，为了提升培训的活力和灵活性，可将集中授课、专家讲座、集体讨论、实地观摩等方式有机结合，切实保障新入职的社区教育工作者获得发展、增长才干。在培训过程中，相关教育主管部门还必须注重对他们的综合考评工作，对无法达到职前培训要求的不予录用，从而提高社区教育从业者的入职素养，为他们的专业发展奠定基础。

（三）强化在职培训，提高在职人员专业素养

社区教育工作者提升专业素养是个持续的过程，在职培训是持续提升其专业素养的保障。为强化在职社区教育工作者的培训工作，必须明确在职培训制度、确定培训内容、设定评价体系。目前，北京、上海、浙江等发达地区已在社区教育在职培训工作上做了大量探索，确立了一整套较为完善的在职培训体系。如在北京丰台区，社区教育工作者每月必须定期回社区学院接受培训，培训内容围绕社区群众的教育需求展开，并通过社区间的交流、互访、经验交流等方式提升社

区教育工作者的专业素养。因此，应立足于社区教育发展实际，着眼于社区教育工作者工作需要，加强社区教育工作者的培训工作，在制度上确立相关社区教育工作者的培训制度，系统规划社区教育工作者的培训工作。另外还要对社区教育工作者的培训机构、培训时限、培训周期、培训内容等方面做出方向性的规定，坚决做到先培训后上岗、先培训后转岗、先培训后晋升，使社区教育工作者的培训有据可依。如在培训机构上，可规定由地方行政教育部门组织培训，内容则主要围绕社区教育工作者知识储备提升和技能提升两个方面展开，培训周期则可规定每月必须接受至少 8 个小时的培训，全年培训时间不得低于 100 小时等。所以，在确立了明确社区教育工作者培训制度的基础上，地方教育部门可依托社区学院、社区教育培训组织、社区工作者培训学校等机构进行社区教育工作者的日常培训工作，进而扭转单纯依靠街道办、居委会进行简单培训的局面。在培训内容的选择上，应立足于社区群众的需要以及社区教育工作者的实际需要，通过开设地方人文知识教育、社区调查基本方法、社区工作基本理论、社区教育学等课程及讲座树立社区教育工作者职业理想、拓展社区教育工作者知识储备、提升社区教育工作者专业技能。此外，为提高社区教育工作者培训的实效性，还必须确立与培训效果相对应的评价制度。培训效果的评价主要依据社区教育工作者培训后专业素养变化情况来进行，如考察社区教育工作者培训后教学能力的变化、知识更新程度等。

三、社区教育队伍的管理制度建设

（1）完善社区教育工作者的聘用、关系的解除、奖励、监督等具体的管理制度。

（2）建立社区教育工作者职业资格认证和注册制度。社区教育要走出随遇而安和低水平徘徊的“怪圈”，真正满足社区民众各级各类教育需求，需要一批有理念、有见识、愿坚守的专业教育工作者。只有自身专业素质不断提升才能赢得尊重，获得地位，保证自身队伍的职业伦理共识和信念，为此，亟须建立一套资格认证和注册制度。目前我国尚没有社区教育专职人员任职的专业资格证书制度，对队伍的专业性难有保证。只有将符合条件、具有潜质、富有才华的人才吸收进来，使之合法地从事社区教育，才能不断地提升队伍的职业化和专业化。同时，他们在取得相应资格之后，还可以依据标准逐步晋升。只有通过职业资格认证和注册制度，才能维护社区教育工作者特有的职能范围和不可替代性，才能保证社区教育工作者较高的社会地位和专业认同度。

（3）强化激励制度建设。设立社区教育工作者先进个人奖励制度，对于在社区教育工作中做出突出贡献的个人给予表彰和奖励，并对其所做出的成绩和贡献给予及时的肯定，方能激发广大社区教育工作者的工作热情。

四、建立社区教育职业的基本制度

学者陈乃林在其《社区管理的理论与实务》中曾提出建议：“可把社区教育的职业作为与中小幼教师职业并列的社会教师职业，这样比较自然，比较容易处理。”尽管在实际操作中这样做的可行性不大，但并不失为一个很好的思路。将社区教育职业作为终身教育工作者职业，明确写进国家的职业分类大典中，可能是彻底解决问题的方法。

建立完善社区教育职业准入制度，在全社会造就社区教育的严肃性和职业性，设立进入社区教育的最低门槛，社区教育管理者、社区教育专职教师、社区教育志愿者三个层面应分别对应不同的准入标准。

尽快建立社区教育工作者职业资格认证机构和增设资格考试制度，只有经过国家有关部门考试的通过者才能获得证书并凭证书上岗。

强化在职教师培训制度。主管部门应制订相应的培训计划，分年度组织实施。各级社区教育主管部门也要积极承担对下级社区教育机构管理人员职业培训职责。充分考量教师能力的个体差异性，组织专、兼职教师和志愿者进行多层次的业务进修活动，鼓励其提升专业素养，共同推进社区教育的自身发展。

设定社区教育工作者年度考核测评标准，管理者、专职教师、兼职教师、志愿者 4 个层面的测评指标应有所不同，考查的重点也应有所侧重。积极维护社区教育工作者正当的合法权益。从法律层面明确他们的权利和义务，从福利待遇方面改善他们的工作和生活条件。

五、确立社区教育主体相应权责

社区学校教师队伍的发展，既要获得社会的认同及支持，同时又必须明确和落实与教师队伍建设相关的责任，唯有如此，才能使发展不流于形式，失于空泛。各责任主体的具体要求阐明，如表 3.1 所示。

表 3.1　对社区学校教师队伍建设要素的总体要求①

责任主体要素	总体要求
政府	1. 转变政府职能，明确基本职责。社区教育作为政府的公共产品，需要政府在人员及物质等方面加大投入。同时社区教育需要市、区、街道三级政府共同发挥作用，特别是街道一级政府要将社区教育作为社区建设的重要组成部分，并作为街道政府的重要职责之一。 2. 系统思考，制订规划。一是加强对社区教育的规划，确立社区教育发展的整体要求、主要目标、阶段任务和保障措施。同时将教师队伍建设作为社区教育发展的一个重要组成部分，做好相应规划。二是同国际接轨，在发达国家，社区教育作为公共教育的范畴已经成熟运作半个世纪，对于教师队伍建设，也形成了一套较为完善的管理制度及模式，值得借鉴。 3. 关注并改善社区学校教师实现发展的生存环境，努力提高教师待遇，并推行社区学校人事管理体制改革，统筹安排，调动教师的工作积极性，从而保证队伍建设的高质量
人才市场	参与对社区学校教师教育的管理，形成相应的教师（自由）职业的退出机制与吸入机制
教师教育机构	1. 加强对社区教育及社区学校教师的理论研究工作。 2. 强化教师教育的职能，改革相应的专业设置及课程安排，担负起培养高素质的社区学校教师的任务。 3. 改革现有的教育培训制度，增设对社区学校教师的培训工作，使在职进修教师提高学历层次
民间机构	1. 提高社区教育参与率，形成社区参与意识。 2. 各区县成人教育协会要加强对社区学校教师的理论研究工作，并主动参与其对社区学校教师的培训服务
社区学院	1. 明确在社区教育中的角色定位，发挥“引领、示范、指导、服务”作用。 2. 继续做好对社区学校的业务指导工作以及提供各种教育培训服务

① 彭人哲. 回眸与超越——社区教育的理论与实践之探究[M]. 北京：中国发展出版社，2016：226.

续表

责任主体要素	总体要求
社区学校	1. 营造尊师重教的良好氛围，形成合作互进的社区学校教师“学习共同体”，打造社区教育工作者团队。 2. 对社区学校专职教师、兼职教师及志愿者这三支队伍要区别对待，分类管理，健全各项的规章制度及运行机制，有效发挥各类人员在社区教育工作中的作用
社区学校教师	明确自身定位，通过终身学习学会并发展自己的职业能力，尤其需要做到：学会如何学习；学会与人沟通合作；学会革新创造

第四节　社区教育志愿者队伍

一、社区教育志愿者队伍

社区教育志愿者是志愿者的一个组成部分。根据志愿者的一般定义，结合社区教育本身的特点，我们可以把社区教育志愿者定义为：志愿贡献个人的时间与精力，在不为任何物质报酬的情况下为改善社区教育、促进社区治理而提供服务的人。

社区教育志愿者具有自愿性、无偿性、公益性及奉献性的特点，但同时社区教育志愿者作为为社区教育服务的人，与一般的志愿者相比也有其自身的特点。首先是其服务对象的指向性。社区教育志愿者特指志愿服务于社区教育的工作人员。其次是社区教育志愿者的素质要求在某些方面要高于一般的志愿者，如文化知识、教育经验等方面，换句话说，社区教育志愿者除了必须具备热心公益事业、具有志愿服务的时间与精力等基本要求，还须具有较高的科学文化知识和教育经验或管理经验。一个文化素质低下、教育和管理经验缺乏的人很难适应社区教育工作的要求。

二、社区教育志愿者的工作内容

社区教育志愿者作为服务社区教育的工作者，其工作主要是围绕社区教育展开的，旨在提高社区居民的素质和生活质量。随着时代的发展，社区居民对物质生活、精神生活的需求越来越高，社区教育工作也变得越来越具有挑战性，工作内容更加丰富多样，涉及领域更加广泛，这自然对从事社区教育的工作人员提出了更高要求。作为社区教育中坚力量的志愿者队伍，自然承担着更为艰巨的任务，社区教育志愿者的工作也越来越复杂多样。根据社区教育志愿者的特点及服务目标，社区教育志愿者的主要工作内容有以下四方面。

1. 协助开展全民终身学习活动周

自2005年以“全民学习，终身学习”为理念的全民终身学习活动周启动以来，社会各类组织机构及社区教育志愿者们积极为居民开展各类教育培训和学习体验活动，提供各类终身学习服务，如普法讲座、礼仪培训、书法绘画、休闲读书、技能培训、道德讲堂等。此外，社区教育志愿者还要协助活动周工作小组评选“百姓学习活动之星”，动员居民参与成人教育协会等单位举办的全民摄影大赛等。最后，社区教育志愿者需要结合各地实际，激发全民终身学习的积极性，从而促进学习型社会的建设。

2. 开展文体活动

作为社区教育志愿者，为社区居民广泛开展丰富多彩的社区性文娱活动和球类、棋类、运动会等比赛活动，引导社区居民崇尚和参与积极、健康、文明的休闲娱乐活动是其基本的工作内容。丰富多样的文体活动，不仅能够促进社区居民之间的交往互动，还能让他们形成紧密的人际关系，进而对本社区产生强烈的归属感、认同感，逐步形成共同的现代社区理念，共同营造健康向上的社区环境。

3. 提供便民利民的社区服务

社区教育志愿者们服务的核心是提高社区居民的生活质量，而为居民提供便民利民的社区服务是改善居民生活质量最直接、最细微之处。其中包括：

（1）定期开展打扫社区卫生、为居民宣传政策法规安全知识等服务活动，给居民一个整洁、舒适、安全、健康的社区环境。

（2）定期为社区居民提供心理咨询、家电修理、健康检查（如量血压）等各项便民服务。

（3）定期对社区的各项硬件设施进行检查，消除安全隐患，保障居民拥有安全的社区环境。

（4）对社区低保人员、独居老人、残疾人等特殊人群给予特殊帮助和关怀，不定期上门为其修理电器、解决生活困难、提供一些生活必需品等。

4. 科普宣传

全民讲法、全民懂法。我国作为法治国家，定期或不定期地为社区居民举办法制讲座，传播法律知识，提供法律援助是志愿者科普宣传的工作之一。此外，科普宣传还包括各类生活常识、科学文化知识的教育和传播，以及结合本社区特色的教育宣传。

三、社区教育志愿者的培养

（一）志愿者的培训

社区教育志愿者相对于一般志愿者来说有着更高的素质要求，正如上面所提到的那样，绝大多数社区教育志愿者没有接受过系统的社区教育专业学习，不具备社区教育的相关教育背景，因此需要加大对社区教育志愿者的培训工作。对于社区教育志愿者的培养需要做好以下几方面的工作。

1. 对志愿者进行社区教育相关知识的培训

对于社区教育志愿者来说，如果要从事社区教育志愿服务，就需要对社区教育的相关知识有一定的了解。志愿者需要懂得教育学、心理学的相关知识，了解社区教育的目标、服务宗旨、服务对象以及道德要求，只有做到对社区教育的基本知识有一定的了解，社区教育志愿者才能够更好地从事社区教育工作，为社区全体成员服务。但是，由于社区教育志愿者的来源比较广泛，志愿者的受教育水平以及教育背景等方面存在差异，许多志愿者对社区教育的相关知识知之甚少甚至一无所知，在这种情况下，为了能够使志愿者比较快速地进入社区教育志愿者这一角色，就需要对志愿者进行社区教育相关知识的培训，让志愿者能以最快的速度掌握社区教育的相关知识。

2. 对志愿者进行服务技能等方面的培训

我们知道，社区教育的服务对象是社区各个年龄阶段的人群，各个年龄阶段有着不同的服务需求。对于学龄前儿童来说，这个群体需要学前教育方面相关知识的辅导；对于青少年来说，他们需要课业知识方面的指导；对于中年群体来说，他们需要职业等方面的指导；而对于老年人来说，他们需要养生、休闲等方面的指导。面对不同的服务对象，社区教育机构需要对相关志愿者进行服务技能方面的培训，提升社区教育志愿者的服务能力，最大限度地满足社区全体成员的需求，提升社区成员的生活质量。同时，社区教育机构也需要根据社区建设的需要、社区教育发展的新形势以及社区成员的新需求对志愿者进行培训，以便及时为社区成员提供所需的服务。

3. 对志愿者进行服务态度、工作方法等方面的培训

社区教育志愿者单单具有社区教育相关知识和技能是不够的。志愿者需要以良好的态度为社区成员服务，让社区全体成员能够快乐、舒适地接受志愿者的服务，因此志愿者在社区从事志愿服务时需要注意方式方法，要将良好的精神风貌展现在社区成员面前，这不仅能够给社区教育带来实质性的效果，也能够扩大社区教育志愿者在社区的影响，吸引更多的人加入到社区教育志愿者队伍。如果志愿者不能以良好的服务态度和工作方法进行志愿服务，社区教育就很难在社区中推广开来，社区教育也就很难在人民群众中产生比较大的影响，这不仅会影响到志愿者队伍的发展与壮大，也会影响到社区教育的可持续发展。社区教育志愿者需要将志愿者“奉献、友爱、互助、进步”的精神体现在社区教育志愿服务的全过程中。

（二）社区志愿者的管理

规范社区教育志愿服务者，实现志愿者服务的常态化。如同公共部门中的行政机制、企业部门中的市场机制一样，志愿机制是社会部门（或称第三部门）中起主导作用的核心机制。社区志愿服务是志愿服务体系的重要组成部分，是志愿服务最经常、最普遍的形式，也是社区教育服务的主要内容。从社区复合治理的角度来讲，社区志愿服务是社区成员参与社区活动、体现主体作用的主要渠道之一，是培养社区参与意识，提高社区认同感、归属感的有效方式。

一是要明确社区教育志愿者志愿服务的重点领域。让志愿者发挥长处，提高服务质量，获得自我满足，把服务精细化、明确化、结构化。

二是要整合社区教育志愿者志愿服务资源。让社区教育资源能够合理使用与安排，不浪费资源，服务于居民。

三是要完善社区志愿者招募管理制度。让愿意奉献爱心的志愿者能够有途径参与志愿服务，让社区教育志愿者队伍能够专业化，让社区教育志愿者队伍可以规范化。

四是要制定社区教育兼职工作者和志愿者的政策制度。在实际工作中，人们尤其容易忽视社区教育志愿者。社区教育中的志愿服务，其性质虽然是志愿的、

非功利性的，但是要使此行动深入持久地开展下去，必须得到充分的财力、物力和制度的支持。因此，在制度上需要形成志愿者公开招募制度和志愿者服务的奖励制度。

【课后任务】

1. 深入社区调查社区教育工作者构成状况。
2. 结合社区实际，分析社区教育工作者现状。
3. 思考如何加强社区教育工作者队伍建设。

第四章　社区教育管理与运行机制

【本章概览】

社区教育管理是我国社区管理的重要组成部分，是社区教育的重要内容。本章从社区教育管理的本质与特征出发，介绍社区教育管理现状、社区教育的管理体制与运行机制及其实践，熟悉社区教育实验与示范的申报与创建。

【学习目标】

1. 理解社区教育管理的本质与特征。
2. 掌握社区教育的管理体制与运行机制及其实践。
3. 熟悉社区教育实验与示范的申报与创建。

第一节　社区教育管理的本质与特征

一、社区教育管理的本质

彭人哲在《回眸与超越——社区教育的理论与实践之探究》中，对社区管理以及社区教育管理有过明确界定。他认为：所谓管理是指管理者依据一定的原理和方法，引导他人去行动，将有限的资源进行协调和合理配置，从而使人们高效地完成既定目标的过程。管理是要通过计划、组织、指挥、协调、控制等方式，设计并且维持一种良好的环境，以实现预期目标的行为。

所谓社区教育管理，是指在法律允许之下对社区教育进行有效管理的部门或组织，运用一定的原理和方法，在遵循社区教育自身的规律和社会发展规律的前提下，为实现社区教育目标所进行的一系列组织、协调活动。目前，从我国发展现状来看，社区教育管理的主体主要包括政府部门、社区学校、社区单位、民间组织等，它们都已经自觉或不自觉地参与到了社区教育管理当中。当然，由于它们所具备的社会资源、社会性质、行为特征并不相同，所以它们对社区教育管理所采取的手段和方式也就呈现出了差异性。

（一）政府部门

任何一个社会的公共事业总是由政府充当第一责任主体的。社区教育也是这样。没有政府倡导、政策部署，社区教育是不可能兴起并发展的。正因为如此，政府部门在社区教育工作中始终发挥着主导作用。

目前，我国社区教育管理工作基本上由社区教育委员会或类似的机关承担。而社区教育委员会正是由政府部门来统领的，主要包括各级政府和职能部门。与我国政权的架构相仿，社区教育也实行中央、省（直辖市）、市、区（县）四级管理。具体情况是：中央层面由教育部职成司负责全国社区教育工作的宏观指导；省、直辖市由人民政府和教育厅（局）或其他委办局共同负责落实中央的战略部署与规划，领导和开展本省市的社区教育工作；市、区（县）一级由区（县）政府和区（县）教育局或其他委办局共同负责协调处理本地区各项社区教育事宜。当然，街道（乡、镇）作为区（县）政府的派出机构也承担了大量的社区教育管理的具体事宜。

（二）社区教育学校

开展社区教育的重要载体之一和主要平台是社区学校。在我国，社区学校有多种形式，最主要的是社区学院、社区学校和市民学习中心等。其中规模较大、条件较好、发展较充分的当属社区学院。实际上，社区学院在作为社区教育的办学主体来完成社区教育之外也参与社区教育的管理工作。

目前我国社区教育管理组织形式主要有两种：社区教育委员会，与各级各类的社区学院或社区教育培训中心。前者主要负责管理协调，后者则提供教育服务和业务管理与指导。也就是说，我国社区教育管理主要采用“统筹一协调一参与”与“统筹一服务一指导”相结合的运行方式，这样的运行方式实际上是将管理与实践的职能合二为一了。因此，只要有社区学院等其他社区教育实体，社区教育办公室通常也会设置其中。具体工作直接受区（县）教育局领导，负责全区社区教育的业务指导和具体活动的组织、管理与开展。

（三）民间组织

目前，在社区教育管理活动中，民间组织是一支不可忽视的力量。所谓民间组织（NGO），通常是指除政府、为实现社会公益或互益的目的的非营利性组织。NGO在我国改革开放之后发展异常迅速，在社会各领域发挥了重要的作用。许多NGO利用非国有资产举办的非营利性社会服务活动，通过培训、研讨、科研等方式，为社区教育的开展提供了平台，所以从某种意义上说，NGO也是教育行政部门的参谋和助手。更有许多民间组织以推广书画、文艺、音乐、体育健身的休闲娱乐项目为主。NGO由于与社区成员之间无缝对接而成为社区教育办学的重要力量。

总之，目前我国社区教育所采纳的"党政统筹领导，教育部门主管，有关部门配合，社会积极支持，社区自主活动，群众广泛参与"的管理体制和运行机制已经成形，并发挥着作用。当然，随着社区教育实践的积极探索，我国现在也在探索建立"党委领导、政府统筹、教育主管、部门协作"的新的管理体制，并在这种管理体制下形成"社会支持、社区运作、居民参与"的运行效果。但从全国实践来看，效果尚不显著，与现阶段我国的基本国情相符，总体来看社区教育管理的主体仍然是政府及教育行政部门。

二、社区教育管理的基本特征

彭人哲认为，社区教育从不同角度，以不同方式影响着人们的生活。社区教育以社区为基本单位，面向社区全体成员，主要有以下特征。

（一）社区教育管理的区域化

从城市社会学角度来看，把社区具体位置和范围在相对比较固定的时间内标注在城市表面上，这样便是静态区位地域特点，经历历史变迁后，便会演化成动态区位地域形式。现代社会由于经济的发展、生产力的提高，城市规模不断扩大，社会群体的分化也愈发明显。正如谚语所说，"物以类聚，人以群分。"社区由于受到区域发展等不同因素的影响，会产生某一区域相同或者说比较接近的文化。如此，社区教育也就不可避免地被打上了区域特色鲜明的印记，因此，教育管理也不可避免地存在地域差异性。社区教育要针对本社区基本问题开展活动，充分显示教育活动的开展形式，必须密切联系本社区居民和社区自身建设的需求。

（二）社区教育管理的人口结构化

社区教育要体现的一个基本原则就是贯彻以人为本的思想。社区是由不同的人群组成的，所以，社区教育的对象也是不同的人群。在进行社区教育管理时必须充分考虑到人的因素，即要考虑到社区的人口结构。这也成为区别于其他教育形式的基本特征。

所谓人口结构无外乎这样三个要素：

（1）人口的数量和分布的密度。显而易见，人口数量多、分布密度大的社区教育管理的难度也就越大。在城市社区更是如此。

（2）人口的质量和素质。一般情况下，城市社区人口的质量和素质高于农村和乡镇人口的质量和素质。城市集中了绝大部分的社会文化、教育、科技资源，吸引了大批高层次、高水平的专业技术人才，由他们参与的社区教育高于农村和乡镇社区教育，这是显而易见的。

（3）人口向上的扩散。城市的人口流动频繁、迅速，而且流动的形式多样，概言之，人口的流动呈向上的扩散态势。这种扩散包括农村—城市、社区—社区、城市—城市等多种运动形式。

（三）社区教育管理的组织合作化

社区教育本身牵涉到社区工作中各个职能部门，需要各部门的通力协作方能取得成效。各职能部门对于社区教育的开展都负有相应的责任，同样的，也只有在这些部门的协同下，才能更好地开展社区教育管理活动。

除了职能部门外，社区内的社会组织也是社区教育管理的重要载体。在组织社区发展、提供社区服务上，现代社会需要不同的社会组织去整合人际关系、化解矛盾、解决冲突。现代社会的分工细化使社区内的社会组织有可能按照功能化和专业化的水准提供服务，如此一来就促使社区教育依托社区内企事业机关团体及各种社会组织力量，通过开发利用各项资源，实现整体合作和发挥效能最大化。

（四）社区教育管理的手段多样化

社区教育所展现出来的是集中在特定社区特有的文化现象——包括精神和物质两个方面。前者指社区心理、社区公德、社区教育、社区生活方式、社区文化活动等。后者指社区环境绿化、社区建筑、社区文艺活动场所、艺术雕塑等社区硬件要素。

三、社区教育管理的现状

目前，我国城市社区教育管理所面临的挑战主要表现在以下方面：社区教育管理方式处于新旧交替之际，传统的教育管理方法逐渐失效，新的教育管理的途径还未形成；城市社区组织的发展与原有的教育体系难以完全兼收；城市社区教育管理机制问题突出，社区教育管理体系尚待健全，社区教育管理运行机制尚待健全，社区教育的保障机制不够完善，社区教育管理运行机制沟通不畅、协调不力，参与主体过于单一，社区教育专业人员缺乏。

这些问题产生的深层次原因还是社区教育发展仍然存在法律依据不充分、政策制定不科学、政策执行不力等政策性的障碍，这些障碍直接影响到社区教育的进一步发展。

现有的涉及教育的法律、法规主要有《中华人民共和国学位条例》《中华人民共和国教育法》《中华人民共和国教师法》《中华人民共和国职业教育法》《社会力量办学条例》《中华人民共和国义务教育法》《中华人民共和国高等教育法》《中华人民共和国民办教育促进法》《扫除文盲工作条例》《幼儿园管理条例》等。

在这些法律、法规中，应该说各级各类的教育基本上都被纳入其中了。可是，唯独缺失了社区教育。并且在目前所见的法律、法规中尚未出现对社区教育特别明确的表述。

比如，在《中华人民共和国教育法》中，对教育的基本问题作了原则性的规定，提及了校外教育、成人教育和终身教育等，但未见“社区教育”用语。其他诸法如《中华人民共和国职业教育法》《中华人民共和国民办教育促进法》《扫除文盲工作条例》《中华人民共和国高等教育法》等也没有关于社区教育的实质性内容。社区教育立法的滞后与社区蓬勃的发展极不相称，社区教育发展的新秩序需要有法律来加以规范化，非但要有法，而且要有专门立法，只有形成专门且完整的、跟上社区教育进程的法律，才能保障社区教育科学有序的发展。社区教育的问题不仅表现法律层面，还反映政策层面。

社区教育发展需要政策的指导，但是目前国家层面的社区教育政策多出现在促进其他教育发展的规划文本中，用语也多停留在“号召”层面。

第二节　社区教育管理体制与运行体制

一、社区教育管理体制概述

（一）社区教育管理体制的含义

所谓社区教育管理体制，简而言之，就是指体系化的社区教育管理组织制度，主要包括社区教育管理组织系统中的机构设置、隶属关系和权限划分等根本性组织管理制度、方式、方法、形式等。①

社区教育管理体制要有效地实施组织运转与管理，需要设置与社区教育组织目标相对应的组织机构，配置相应的管理权限和确定组织的统属关系，并以明确的组织形式和制度固定下来，这样才会有信息能量等交换与流通的组织渠道。如果社区教育管理体制各层级没有它应当有的体制地位或者体制地位不对称，必然会产生体制性障碍，从而影响社区教育的组织发展。可见，管理体制对管理效能状况具有决定性作用，管理效能的发挥要靠合理的管理体制来保证。②

在我国，社区教育管理体制是社区教育管理机构与社区教育规范（规章制度）的统一体，它包括社区教育行政体制和社区学校（学院）内部管理体制。具体来说，我国的社区教育管理体制，主要是指以“委员会”形式出现的社区教育行政管理体制，以及以各种形式出现的社区学院、社区学校、街道社区学习中心的内部管理体制。社区教育行政管理体制的主要职能是进行管理协调，社区学院、社区学校、街道社区学习中心的内部管理体制的主要功能是提供教育服务，并在纵向的组织体系之间具有业务指导或业务管理功能。③

社区教育的发展及其所存在的问题与困难，从根本上讲主要还是体制与机制的问题。因此要推进社区教育的可持续发展，就必须破除社区教育发展中的体制性和机制性的障碍，实现体制与机制的创新。本节拟从管理体制和运行机制的研

---

① 郭耀邦．探索社区教育新模式——杭州市推进社区教育发展实验研究报告[J]．职教论坛（综合版），2006（7）：6．

② 陈乃林，张志坤．社区教育管理的理论与实务[M]．北京：高等教育出版社，2009：35．

③ 陈乃林，张志坤．社区教育管理的理论与实务[M]．北京：高等教育出版社，2009：39．

究出发，积极寻求社区教育向前推进的有效对策和措施。

（二）社区教育管理体制的定位与选择依据

我国社区教育管理体制之所以基本上都选择了“委员会”这种体制形式，主要依据有三。

1. 由社区教育管理的组织特性决定

社区教育委员会在组织系统上隶属于教育管理体制，而教育管理体制是有关国家教育事务的根本组织制度，隶属于国家行政体制。所以，要认识社区教育管理体制为什么选择委员会制，就要从委员会制的组织特征来分析。

国家行政体制按决策方式分，有首长制与委员会制两大类。所谓首长制，是指组织的决策权赋予行政首长承担的行政体制，而委员会制是指组织的决策权及其责任赋予委员会集体承担的行政体制。前者的优点在于实权集中、决策迅速、责任明确，且指挥灵敏、扯皮少，效率较高，但也容易导致独断专行，出现“人在政在，人去政息”的弊病。后者的优点在于能够集思广益，吸引众人参与决策，利于发挥集体的智慧和力量，但由于权力分散，决策过程缓慢，且责任界限不明确，容易出现相互推诿扯皮的现象和效率较低等缺点。

于是，社区教育管理体制就有一个选择的问题。由于社区教育组织既有行政性的一面，又有社会性的一面，故其基本属性具有介于两者之间的中介性。由此建构起来的社区教育委员会就自然地形成了目前的以行政管理为主、民主参与为辅的带有中介性的协调管理组织。

2. 由社区教育自治性的构成特点决定

我国社区教育系统是一个纵横交错、立体交叉的教育社会化、社会教育化的大教育系统。它主要包括四个子系统：

(1) 由学校教育、家庭教育、社会教育整合生成的青少年教育社会化系统。

(2) 由婴幼儿、青少年、成年人和老年人教育整合生成的终身教育化系统。

(3) 由普通教育、职业教育、成人教育整合生成的以成年人为重点的教育社会化系统。

(4) 由校园文化、企业文化、社会文化等整合生成的社会教育化系统。

由以上四个子系统整合生成的社会教育系统的基本特征，决定了社区教育管理组织应当选择以政府力量为主导、社会力量参与组合而成的“委员会”组织体制，使面广量大的社区教育系统得以顺利运转。

3. 由社区教育管理的自治行为特点决定

根据组织学原理，管理组织行为可分为四类基本行为，即行政行为、社会行为及其两端之间的半行政行为与准行政行为，各自含义分别如下：

（1）行政行为：政府的主导行为。教育部和地方教育行政部门掌握着教育行政以及统筹、规划、决策、管理、组织、协调国家教育事务，并依法规范教育行为，具有决策指挥权、宏观调控权、强制执行权和行政裁决权。在组织系统中的基本行为关系为“指挥—服从”关系。很明显，社区教育委员会并不完全具备此类行政体制的特性。

（2）社会行为：社会组织的管理行为。它属于社会群体组织的团体内部行为，并不具有行政约束力，而是依据本团体的组织章程开展活动的组织行为。如社区教育协会、教育学会、企业管理协会等行业协会的团体内部的协调管理行为。很明显，社区教育委员会并非单纯的社会团体组织，其管理体制也不能建构成为社会组织体制。

（3）半行政行为：由政府授权，依据一定的法律、法规或行政程序和管理职责进行的社区管理的组织行为。它是介于行政与社会组织之间的组织行为。社区教育委员会就是这类半行政、半社会行为的中介性教育管理服务组织，它通过自身特有的半行政、半社会的中介性管理功能，将政府介入与社会参与有机结合在一起，沟通教育与社会关系，甚至将两者融为一体，实现教育社会化。

（4）准行政行为：依据有关政策法规和政府规定，将一些原属于政府行政机关行政管理行为中具有公众化、公益化、事务性等特征的服务行为，从政府职能中转移出来，由独立的社会中介组织来承担的组织行为。例如教育咨询中心、社会教育中心、社区教育评估事务所等。很明显，社区教育委员会的组织体制行为不属于此类。

在我国，教育事业历来是政府行政行为，但社区教育要求将社会民众力量引入教育领域，行政性与民众性的相互关系，使我们不得不在对社区教育进行管理引导的组织行为方式上有所创新。委员会制正是顺应了这一新要求，它对组成人员、组织行为方式的兼容性和包容性，比较容易在行政性、民众性之间找到平衡点，也比较容易在各个涉及利益关系的部门之间，找到有利于协作双赢乃至多赢的交汇点和结合点。它的灵活性还便于及时进行动态调整，以适应外在要求，不断达到新的平衡。

社区教育委员会的组织体制行为，实际上是介于政府和社会之间的状态，至于政府行为和社会行为，哪一种成分多一些，必须因时因地制宜，由政府和社会组织的理念认识度、沟通协调度、配合默契度等诸多因素决定。

（三）社区教育管理体制的发展演变

中国社区教育发展过程中，形成了两类基本的社区教育管理组织形式，一类是社区教育委员会，一类是各级各类的社区学校（院）或社区教育培训中心。前者的组织功能主要是管理协调，后者的组织功能主要是提供教育服务，并在纵向的组织体系之间发挥业务管理或业务指导职能。

社区教育委员会是各种社区教育管理组织中产生最早且发展较快的组织形式之一，是各种社区教育管理组织的典型代表。社区教育委员会是中国社区教育管理的基本组织形态。社区教育委员会的普遍建立，促进了中国社区教育从自发形式转变为自觉组织，促成了中国社区教育的第一个飞跃。目前，我国各城市社区教育管理组织体制普遍选择了“委员会”制这种形式。它最初产生于上海市真如中学。1986 年，上海市真如镇长征塑料编制企业负责人提出厂校挂钩的建议，正是在这一创造性、指导性意见的推动下，全国第一个社区教育委员会的雏形得以成立（当时称为学校社会教育委员会）。随后这一管理组织体制在全国各地得到推广，并在推广中不断发展成熟。目前其名称在各地区有所不同，如上海市和天津市称之为“社区教育委员会”，北京市称之为“社区教育工作委员会”，吉林省则有“学区管理委员会”“社会教育委员会”和“联办、联教、联管委员会”三种组织名称。

二、社区教育管理体制的结构模式

在我国社区教育发展过程中逐渐形成了五种基本的社区教育管理模式，即：以街道为中心的地域性社区教育管理模式、学校与社区互动型的社区教育管理模式、以社区学院为载体的社区教育管理模式、以地域为边界进行的自治型社区教育管理模式以及媒介型社区教育管理模式。

（一）以街道为中心的地域型社区教育管理模式

城市社区教育通常是以区政府或街道为主体（在农村则以县、乡镇为主体），社会各界参与管理的一种组织模式。这种体制模式的组织形态是区或街道（镇）社区教育委员会（或社区教育领导小组）。这也是目前我国城乡社区教育最基本的组织形式。

地域型社区教育管理模式主要是由政府机构统筹，以行政力量为主，具有显著的行政属性。主要体现在两个方面，一是权威性。党政领导负责社区教育的规划、筹备和发动，带有明显的行政倾向，因此权威性比较高，影响也比较大。二是计划性。由于社区教育委员会是按照行政区域设置的，因此社区教育委员会在所辖区域内可以充分统筹社区教育力量，合理利用社区教育资源，发挥辖区单位的优势，形成“共建、公管、共享”的格局。

（二）学校与社区互动型的社区教育管理模式

这种模式是以学校为主体（中心），协同所在社区单位和学生家庭联合组建而成的社区教育管理组织的体制模式。这是一种跨行业、跨系统的横向沟通性组织网络，相互之间不存在“指挥一服从”行政指令性的组织关系，属于开放式教育。

社会化中介组织，例如南京市玄武区辖区内的第九中学、人民中学、长江路小学、洪武北路小学克服种种困难，积极配合街道向社区居民无偿地开放场地，在社会上引起极大反响，并受到社区居民的欢迎。另外，社区教育资源协助学校完善教育形式、教育手段，使在校生获益。南京市玄武区为推进学习型社区创建、丰富社区教育内涵、拓展青少年教育阵地，选拔了辖区第九中学的40名学生作为社区青年志愿者，走进玄武区新街口街道的四个社区开展社会实践试点工作，使学生发挥自己的聪明才智，服务社区，实现“街校共建、优势互补、教育双赢”。

（三）以社区学院为载体的社区教育管理模式

这种模式是以社会为主体，适应社区成员终身学习需求的自主管理模式。这种体制模式主要有两种组织形式：一种是正规形式的社区学院，另一种是非正规形式的社区学校，如社区教育中心或社区学习中心、社区培训中心等。这种社区学院实体型体制模式的主要特点是：社区教育管理体制及其机构设置形式灵活多样，在教育时间上延续终生，在教育空间上全方位覆盖社区所有成员，在教育管理上主要是以社会为主体的自主管理和弹性管理。社区学院除与高校联合办学，还和辖区内各级单位合作，通过专业开发、课程开发、项目开发等多种手段组织教学活动，为社区居民提供各类学历教育和多层次、多类型、多样化的非学历教育。不少地方的社区教育学院是自主办学、社会参与、服务于社区的教育机构。社区教育学院面向全体居民，广泛开展各类人群的教育培训，包括婴幼儿教育、青少年学生校外素质教育、在职人员和下岗职工培训、老年人社会文化生活教育、弱势人群提高生存技能培训、外来人群适应城市社会生活培训，以及面向全体居民的科学文化、思想道德、社会生活教育。

（四）以地域为边界进行的自治型社区教育管理模式

这种模式主要是指以社会各界共同组成的社区教育协调委员会对社区教育进行总体协调和具体策划。社区居民参与社区建设，社区教育意识较强，居民自治意识增强。地方政府把社区教育试验工作纳入区域经济建设和社会发展的总体规划中，动员、督促和指导社区内教育机构、企事业单位，统筹各方面力量，共同开展社区教育，真正实现社区教育事务共商、社区文明共建、社区资源共享。任何一种社区教育活动，要持久地开展并发挥作用，有两个基本的前提是必需的，这就是社区教育设施和专职的社区教育工作者，这也是开展社区教育活动的基础。日本在每个市、町、村都设立了开展社区教育的公民馆，并将其列入社会教育法进行保护。上海市在市区通过建立社区教育中心，建设服务于社区教育的设施，并配备专门的工作人员。面对社区教育的琐碎小事，配备专业人员是非常重要的，而且专业人员的素质往往会影响到社区教育工作开展的效果。

（五）媒介型社区教育管理模式

社区通过自己筹建的小众媒介（国家筹建的对全体社区民众公开传播的传媒一般称之为大众媒介），面向全体社区成员进行科学文化、思想道德、社会生活等非学历方面的教育。根据社区成员的需求，将相关教育内容（如道德法制、时事新闻、休闲保健等与工作或生活密切相关的内容）通过媒介传播给社区成员，社区成员通过与媒体接触，进行试听学习、在线学习等以达到学习的效果。

三、社区教育运行机制概述

社区教育运行机制是社区教育各要素相互依赖、相互作用、相互促进、相互制约的关系和方式，以及社区教育赖以运转的一切方法、手段的总和。陈乃林认为社区教育需要由组织系统、保证系统、社会文化背景系统和监控系统这四个基本子系统或要素组成才能运转。具体而言，社区教育运行机制包括政策法规机制、激励机制、经费保障机制、课程开发机制与督导评价机制等方面。

（一）政策法规机制

建立适合于社区教育的政策法规制度，是世界各国社区教育发展的一个共同趋势。从美国社区教育发展的历程来看，美国联邦政府并没有对社区教育进行统一的管理，而是通过一系列的立法、经济和行政等的途径对社区教育施加影响，从而使各州也相继以立法的形式明确社区教育的地位。

当前，在我国，国家层面尚未有关于社区教育的专项立法，但部分省以及城市已先后立法以促进地方社区教育的发展。据了解，在省一级，已经立法的有福建、上海与河北，城市一级立法的有太原、宁波与成都等。其中，成都是对社区教育实施的专项立法。

在社区教育政策法规的机制建设中，教育行政仍然发挥着积极的作用。2004 年教育部《关于推进社区教育工作的若干意见》以及 2016 年教育部等九部门《关于进一步推进社区教育发展的意见》，都属于国家层面指导社区教育的重要文件。文件提出，要“站在全面建设小康社会，构建终身教育体系和建设学习型社会的高度上，充分认识开展社区教育工作的重要意义，增强积极推进社区教育工作的责任感和紧迫感”，还就推进社区教育工作的指导思想、原则和目标、主要任务、保障措施等方面给出了明确的定位，特别是提出了要形成“党政统筹领导，教育部门主管，有关部门配合，社会积极支持，社区自主活动，群众广泛参与”的管理体制和运行机制，要求“各地教育行政部门要把开展社区教育作为推进社区建设、构建终身教育体系、形成学习型社会的重要内容和措施，纳入地方教育发展计划，纳入教育检查评估范畴，采取得力措施，不断推进社区教育工作”。

有些省、市虽然尚未立法，但还是通过一些文件对所在地方的社区教育提出了要求。例如，2016 年广东省教育厅发布粤教职〔2016〕3 号文件《广东省教育厅关于大力发展社区教育推进学习型社会建设的意见》。该意见提出了到 2020 年广东省社区教育发展的总体目标以及分年度的目标，还明确了社区教育的重点任务及保障工作等，具有一般法规的某些属性。

（二）激励、经费保障、课程开发机制

1. 激励机制

激励机制包括两个方面：一是对社区成员内在学习需求的激励。人是社区教育开展过程中最具能动性的因素，也是最为关键性的因素，因此他们强烈的学习欲望是社区教育的基础。为此，社区可采用目标激励、示范和榜样激励、政策激

励、学习竞赛与评比等多种手段，提高社区居民的社区意识，使他们主动积极地参与到社区教育活动中。二是对社区教育工作者的激励。当前由于社区教育工作仍处于发展阶段，并且发展还很不平衡，很多地方对社区教育工作者的认同度并不高，势必会影响其积极性。所以在加强社区教育工作者队伍建设的过程中，采取必要的激励措施有助于提高社区教育工作者的职业认同感和工作的积极性。

2. 经费保障机制

社区教育活动开展需要经费支持，加大教育投入力度，需要建立社区教育多渠道投入机制。首先，政府要发挥其作用，从保障公民学习权利的角度增加对教育的投入。与此同时，可采取社会资助一点，社区教育机构社区教育培训创收一点，参与学习的学习者自己缴纳一点的办法，多渠道广泛吸纳资金，从而不断改善社区教育的办学条件。

3. 课程开发机制

社区教育课程是以社区成员终身发展的多样化需求和社区发展需求为依据，是知识、经验、实践、环境、生活的资源和内容在内的教育、学习活动和过程的总和。社区教育课程的开发应充分整合优化社区教育资源，适应社区成员全面发展的需求，适应社区全面进步的需要，因此，开发社区教育课程应该遵循整合性、发展性和多样性的原则。

南京市鼓楼区为满足社区居民生活、学习和发展的需要，建立了动态开发社区教育课程制度。每年 12 月，社区培训学院和社区居民学校通过向社区居民发放问卷调查、征询意见、社区议事等多种方式来了解社区居民的学习需求，并认真分析研究，提出社区教育课程建设的指导性意见，并且在对社区教育资源进行认真分析的基础上，进行适需对路的社区教育资源整合，形成社区教育课程计划。

（三）督导评价机制

社区教育的督导评价机制是社会性教育管理的价值判断行为。为保证社区教育的正确发展方向，必须建立社区教育评价机制，发挥其导向功能、激励功能、鉴定功能、诊断功能和目标调节功能。督导评价机制的建立应该是开放式的，不仅要对包括社区教育内部的培训、办学效益等方面进行评价，而且还要对社区政府的领导和重视程度、社会各部门的合作、相关法律、法规政策的效用进行评价。此外，还要对社区的育人环境、社区居民的认同感、归属感进行评价。

第三节 社区教育管理与运行机制实践

本节以王涤、范其、郑蓉等著的《中国社区教育示范区证实研究——以浙江杭州下城区为例》中杭州市下城区社区教育的管理体制和运行机制为例展开说明。杭州市下城区有较为健全的社区教育组织和领导网络。在区社区教育委员会下形成了街道、社区、辖区单位三位一体的多层面的管理组织机构，并把区青少年活动中心、早期教育中心、职工教育中心等校外教育机构整合归并成立了下城区社区教育中心，从而有效地增强了社区教育整体合力。

一、杭州市下城区社区教育管理

下城区以纵向衔接、横向联合为特征建立了社区教育的管理网络，保证了社区教育工作由区委区政府直接领导。从1998年起，下城区成立了区社区教育委员会。2001年，根据全国社区教育示范区的工作需要，又成立了社区教育实验工作领导小组和区创建学习型组织领导小组，实行了三位一体的领导机构模式，负责全面统筹、协调和布置社区教育工作。目前，下城区区社区教育委员会由区委常委、区宣传部长兼任主任，区四套班子领导任副主任，有区委办、区政府办、区纪委、区委组织部、区民政局、区科技局、区教育局等部门和各街道共33家成员单位，明确了实验工作领导小组各成员单位的职责与分工，形成了齐抓共管的局面。

下城区在几年的社区教育实验工作中逐渐形成了一套能充分体现社区教育组织的管理体制。其组成结构具体如下。

1. 区社区教育委员会

由区委、区政府组建，区委宣传部部长及人大、政府、政协的分管领导分任主任、副主任，区委、政府有关部、委、办、局负责人及驻区大单位领导任委员共同组成。委员会下设立办公室，具体负责社区教育的组织实施统筹协调和调查研究以及日常事务的管理工作。

2. 各街道（镇）社区教育委员会

由各街道办事处或镇政府的党、政负责人分任主任、副主任、街办事处或镇政府的相关科室负责人，驻街镇企事业单位及相关学校负责人任委员。街道（镇）社教科或文教科等职能科室为委员会的办事机构，具体处理社区教育的日常协调管理工作。

3. 各社区居委会社区教育领导小组

由社区居委会领导分任组长、副组长，辖区内企事业单位和知名人士代表为组员。

4. 社区教育“五大中心”

2004年6月，下城区教育局对局直属单位进行实质性整合，实现了职能的转变——由“管理一指导”型向“指导一服务”的转变，并根据下城区的实际情况，组建了五大中心。其中，社区教育中心将原下城区成人教育中心、青少年活动中心、青少年健体中心、学前教育指导中心四合为社区教育中心设在社区学院，四块牌子，一套班子。从人员数量、工作职能两个方面看，这个社教中心人数增加到30名，加强了队伍力量，工作职能也扩大了，全区校外教育的一切工作都归到社教中心。

社区教育委员会下设的办公室也设在区社区学院内，区教育局局长兼任办公室主任，负责具体落实社区教育各项工作任务。全区八个街道成立了由街道、地区单位组成的社区教育实验工作领导小组，由党工委一名副书记任组长，下设办公室，配备专职的社区教育干部，全面实施社区教育实验工作。另外，下城区在72个社区成立了由社区党委（总支、支部）书记任组长的社区教育实验工作领导小组，并指定专人负责社区教育实验工作。

二、杭州市下城区社区教育规章制度

20多年来，随着全国社区教育的不断推进和发展，下城区社区教育的制度也不断规范和完善，并相继建立了以下一系列制度。

1. 机构工作制度

区社区教育委员会每年年初和年末定期召开领导机构会议，研究区社区教育工作，并根据实际发展需要每年至少召开一次以上的部门之间联席会议。区社教办工作人员分别与区属八个街道建立联系制度。除了一月一次以上的联系制度和书面记录制度，社教办还积极组织工作人员走进街道、社区，学习新招、亮招、绝招，给予基层单位具体的指导，促进彼此的沟通和谅解。

2. 目标责任制度

2001年起，下城区建立了工作目标责任制度以推动《下城区社区教育五年规划》的实施。2003 年 1 月，下发了《下城区社区教育实验工作领导小组各成员单位职责与分工》，明确了区各社区教育成员单位（含下属各街道、社区）开展社区教育的职能和责任。2005 年年底在区四套领导班子的重视下，社区教育工作被列入了区社会发展目标考核指标中，社区教育正式成为区每年对各街道、区级机关各部门目标管理考核会考的重要指标。

3. 评估激励制度

社区教育与传统的学校教育相比，具有许多新的特点。要促进我区社区教育健康发展，就必须建立相应的评估检查标准。2002 年 6 月，下城区推出了学习型社区、学习型企业、学习型家庭评估指标体系，2003 年，学习型机关、学习型校园的评估指标体系也出台了。这五项评估体系已成为教育部和省市教育部门制订考核指标的重要依据。同时，由以上五项评估体系带动起来的下城区学习型组织创建工作日益深入居民心中。2004 年 9 月，又与区文明办联合下发了《下城区社区市民学校评估细则》。同时区每年都召开一次社区教育工作研讨会与学习型组织表彰大会，每年对社区教育工作先进集体和先进工作者进行鼓励和表彰。

4. 督导制度

一是人大、政协的督查。区人大、政协不定期组织代表对下城区社区教育工作进行调研，在给予肯定的同时，也提出许多宝贵意见和建议。如有的代表提出是否能去工地给建筑民工做一些实用的讲座；如果政府取消投入，前景如何；怎样激发市民的学习激情；怎样收集市民信息，如何发布等。经统计，近三年来收到区人大、区政协各类意见和建议共计 100 余条。

二是社区教育督导。发展社区教育，推进终身教育，创建学习型社会是大教育发展的趋势和任务。社区教育与传统的学校教育相比，具有许多新特点。要促进社区教育健康发展，就必须在相应的评估标准的基础之上，依据教育法律法规加强督导，建立相应的督导评估激励机制。实现通过督评，奖励先进、激励后进，加强指导、规范办学。为此，2004 年 10 月下城区筹建了“下城区社区教育督导中心”，并起草和制订了《社区教育督导室职责和评估细则》《下城区社区教育督导室工作实施意见》《关于下城区社区教育督导室工作人员的安排》《关于下城区社区教育督导室工作任务与制定的规定》等文件。2008 年根据对街道、社区的调研对评估细则进行了修订，使其对实际工作更具可操作性和指导性。

5. 管理制度

下城区的社区教育起步较早，区委、区政府先后下文成立了社区教育委员会、社区教育实验工作领导小组，2002 年又成立了创建学习型组织工作领导小组，下设社区教育办公室、社区教育实验工作办公室和创建学习型组织工作办公室。这三套班子是一队人马，委员会及两个领导小组均由区委副书记、分管副区长任负责人，有关部门领导担任成员，下设的办公室均为社教办专职工作人员。街镇和社区也都建立了相应的社区教育领导小组和管理办公室，每个街道、社区都建有《社区教育工作台账》和《社区教育活动记载本》。由此，下城区建立了一套较为完整、切实可行的工作联系和档案管理制度。

三、杭州市下城区社区教育运行机制

1. 推进学习型城区建设

下城区在“全力打造中央商务区，全面实现下城现代化”的总体目标下，努力推进了学习型组织建设。区政府在《关于推进学习型组织建设的若干意见》中，按照“人人有学习愿望，时时有学习机会，处处有学习场所”的学习型城区创建目标，强调要以创建学习型机关为龙头，带动整体；以创建学习型企业为躯干，强化主体；以创建学习型社区和学习型校园为双翼，辐射全区；创建学习型家庭为基座，活化细胞，从而为逐步建立和完善多层次、全覆盖的学习型城区夯实了创建基础，构造了具有体制和机制性的学习型城区主体框架结构。

2. 建构多元连动的社区教育模式

在多年的实践中，下城区逐步形成了四种社区教育模式，即：以街道为中心的连动型社区教育模式，形成了“共建共管共享”的整体性运作机制与行动格局；学校与社会互动型社区教育模式，以促成“学校—社会”一体化的大教育体系；以社区学院为载体的集约型社区教育模式，充分发挥了社区学院的中心辐射作用；社区居民与辖区单位广泛参与的自治型社区教育模式，实现了以社会为主体的社区教育体制与运行机制。

3. 形成全员培训的社区教育人才培训体制

社区是一定区域内各类人口集合的生活共同体。为满足社区各类人群日益增长的终身学习需求，下城区逐渐形成了多元化的全员培训教育体制，主要包括：社区教育专兼职与志愿者队伍人才培养教育、各级各类正规学历教育、体制内各类岗位培训和体制外各类人员的技能培训、各种各样非正规非正式的休闲教育和读书会等社会教育、各类群体（优势教育群体和处境不利的弱势群体）的分类培训等。由此基本适应了全民学习、终身学习、学习型社会的教育发展需要。

4. 强化社区教育资源整合的共享体制

通过社区教育联席会议制度等形式，建立社区教育资源共享整合的协调机制，一方面整合社区教育基地的教育资源，面向全社区开放形成共享机制；另一方面整合社会信息资源，实现信息共享教育互动机制。同时，通过数字化网站建立信息共享学习平台。

5. 发挥了社区教育评价的机制作用

参照教育部社区教育评估指标体系和杭州市学习型组织建设评估指标体系的基本点，编拟了《下城区学习型校园考评方案》《下城区教育局“书香之家”考评方案》以及《下城区市民学校评估指标体系》。通过自评、互评、组织评三者互动机制促进了社区教育的发展。

第四节　社区教育实验与示范的申报与创建

2015 年，全国社区教育专委会副会长兼秘书长庄俭应邀参加广东省社区教育专委会年会，并做了专题讲座。在谈到社区教育的方法时，只用了两个字，那就是“实验”。当前全国开展社区教育的区县虽然已经达到全国区县总数的四分之一，但是与“广泛开展城乡社区教育”的目标还是存在差距的。庄俭认为：“通过实验，才能够积累有关社区教育的经验，逐步建立健全科学、高效的社区教育管理体制和运行机制；通过实验，才能够充分利用、拓展和开发社区内各类教育资源，建立能满足社区全体成员基本学习需求的教育培训网络，建立一大批学习型组织；在实验中积累的经验能够对其他地区起到示范和带动作用，为构建终身教育体系、逐步形成学习化社会奠定基础。”

当下，全国各地都在进行积极的探索与实验，包括教育部对全国实验区、示范区提出的实验项目，以及专委会开展的“全国社区教育示范街镇”创建工作，地方出台的省级实验区等，都是以实验为基础的推进社区教育发展的重要举措。作为社区教育各级管理人员，应该把创建工作作为管理的重要工作并加以重视。

一、全国社区教育示范街镇的创建

示范街镇的创建工作是全国社区教育专委会于 2008 年组织发起的。当时全国社区教育仍然处于起步阶段，尽管教育部已经公布了首批全国示范区（34个），专委会认为，要推进社区教育的发展，关键在街镇一级，街镇直接面对区县，同时又连接着村居，于是就启动了示范街镇创建的工作，并且设立创建指标体系，接着又分别于2010年、2012年和2015年先后进行了三批示范街镇的申报与评估工作。前三批申报条件仅限于全国实验区与示范区，第四批扩大到省级实验区，并且完善了评估指标体系。这四批共批准了660个街镇成为全国示范街镇。也许有些人看了这个数字会觉得很多，其实这还不到全国街镇总数的1.6%，如果要达到5%左右，数量就要超过2000个。申报条件与程序如下：

条件就是两条：一是社区教育工作基础扎实，开拓创新，成绩显著，特色鲜明，发挥示范作用，在当地产生良好社会影响的街镇可申报示范街镇。二是凡是全国社区教育实验区，以及省级社区教育实验区而又符合条件的，按区（县、市）为单位，可以申报1～2个街镇。程序同样很简明：归各省（市、自治区）成人教育协组织实施，可先行组织审核，坚持标准、综合平衡，然后再统一上报给全国社区教育专委会。申报的全国社区教育示范街道（乡镇），由该区（县、市）教育行政部门审核并提出推荐意见。组织专家对各地上报的材料进行评审，同时视情况，必要时可进行抽查，经公示后予以公布。

在申报条件中特别强调“特色鲜明”。以东莞市寮步镇申报材料中社区教育特色化、品牌化建设中的内容为案例。①

寮步镇社区教育坚持走特色化、品牌化战略，且取得了一定的成效，在当地形成了较大的影响力，受到了社会各界的广泛好评。

1.“莞香文化”品牌

东莞市寮步镇以省委、省政府提出的“建设文化强省，提升文化软实力”为契机，深入挖掘莞香文化，积极推进香市文化建设，努力擦亮莞香文化品牌，增强了居民的文化底蕴，取得了良好的品牌效应。现在，东莞市寮步镇每年一届的“香市文化艺术旅游节暨沉香产品展销博览会”的活动已渐成品牌，每年吸引几十万人前来观光旅游、洽谈业务。“莞香文化”已成为寮步乃至东莞的文化名片。2014年，东莞市寮步镇积极申报广东省民间文化艺术荣誉，8月21日接受并通过了省文联、省民间文艺家协会专家组的验收考核，9月底经省文联研究决定，寮步镇获得“广东省莞香文化之乡”荣誉称号，在2014年12月13日举行的第四届香博会

① 孙奇琦，陈光耀. 社区教育工作者培训教程[M]. 沈阳：辽宁教育出版社，2017：71-75.

上授牌。同年，寮步“香市”入选“2014年国家级非物质文化遗产”。

2.“科学养育”家庭教育品牌

东莞市寮步镇认真贯彻落实《全国家庭教育指导大纲》和《东莞市家庭教育工作“十二五”规划》，建立家庭教育长效机制，发展家庭教育服务体系，实现“把家庭教育打造成我镇教育发展的一大亮点与特色”的目标。几年来，东莞市寮步镇家庭教育提升工程得到了广大家长朋友的大力支持，受到社会各界的广泛好评。2014年7月，全市家庭教育指导师（高级）培训班在我镇成校举办，中国青少年研究中心郗杰英主任对东莞市寮步镇家教工作寄予了很高评价。2014年10月，东莞市寮步镇“科学养育”家庭教育提升工程品牌参加全国全民终身学习品牌评比，最终荣获由教育部和中国成人教育协会联合授予的2014年全国100个全民“终身学习活动品牌”之一。

3.“香市学堂”品牌

“香市学堂”是东莞市寮步镇社区学院深入贯彻党的十八大提出的“积极发展继续教育，完善终身教育体系，建设学习型社会”会议精神，以提升社区干部、群众综合素质为主要目的、面向社区开展的社会主义核心价值观教育、健康教育、法律教育等系列社区教育活动，是寮步镇社区学院2015年积极打造的社区教育活动品牌之一。自2015年3月这项活动启动以来，寮步社区学院“香市学堂”社区教育走进村（社区）活动已在全镇30个村先后举行了近100场讲座，受益群众达到10 000余人。

4.“香城女人”品牌

香城女人品牌是寮步社区学院2015年倾力打造的又一个品牌。它以各单位妇女之家为阵地，开展主要针对女性的系列教育培训活动，引导广大女性朋友提升生活品质，丰富生活内涵，追求知性生活，课程同时整合了寮步成校成人艺术培训以及礼仪、插花、品香、美容、保健等内容。寮步镇社区学院“香城女人”以瑜伽、健美操课堂为突破口，采用“订单式”课程，送课上门，服务到家，方便成人学习，解决了成人学习难的问题，受到了各社区、各单位女性朋友的普遍欢迎。

苏州市某镇梳理了该镇文化建设的四个特色。

1.培育评弹特色文化——熏陶人

该镇是著名弹词艺术家徐丽仙的故乡，听书是居民的传统爱好，“评弹之乡”是该镇的特色文化，也是社区教育的重要形式。街道把评弹文化引入社区教育，又使传统文化在活动中焕发出新的光彩。在“纪念著名弹词艺术家徐丽仙诞辰80周年专场演出”大型活动中,还把1000多名观众请进了苏州市最著名的剧场——开明大戏院听书，邀请了华东地区最著名的评弹演员演出，使社区居民受到高雅艺术的熏陶。

2. 扶持民间乡土文化——引导人

“堂名音乐”是江南地区世代相传了几百年的民俗乡土音乐，在枫桥有“范家班”“许家班”等近10个民间“堂名音乐”班其中不乏我国著名笛子演奏家陆春龄、二胡演奏家闵惠芬的弟子在内的演奏高手。由30多名各个音乐班的“尖子”自发组成了一个业余的“枫叶民间乐团”，排练和创作了民乐合奏《社区的早晨》《喜庆》《农家乐》《龙池随想》等节目。2010年，街道整合7支业余骨干团队，成立了“枫之韵艺术团”，成为街道开展文化活动的骨干力量。

3. 深度挖掘历史文化——激励人

该镇不但有着山清水秀的自然生态，而且有着悠久的历史和优秀的传统文化，还是清朝康熙皇帝三次、乾隆皇帝六次到过的地方，留下了丰富的历史遗迹。且远有晋代高僧支遁在支硎山中峰寺院传播佛学、近有明代高士赵宧光在寒山岭隐居，留下许多吟咏当地幽美景色的诗篇、书法和摩崖石刻。街道十分注重挖掘和保护宝贵的历史文化遗产，通过全方位、多角度介绍其历史文化和当代文化，使其成为社区居民精美的精神食粮，这些优秀的历史文化和经典的传统文化激发起今天的社区居民建设美丽家园的热情。

4. 推进社区群众文化——教育人

街道连续多年举办了社区群众文艺会演，并连续举办了多届文化艺术节，推动了社区文化活动的蓬勃开展。通过多年的努力，现在各个社区都有舞蹈队、腰鼓队、健身操队等业余文体团队，他们扎根居民群众，活跃在社区舞台，呈现着旺盛的生命力。为提高创作水平，街道与苏州市滑剧团紧密合作，把街道编写的散文、故事、小品等文艺作品提供给他们作为创作节目的素材，并两次组织主创人员深入民间采风，把发生在居民身边的故事编写成小品节目，用身边的事教育身边的人，在各个社区巡回演出，深受群众喜爱。

东莞寮步镇与苏州某镇的特色发展、品牌建设都是非常突出本土性与草根性，把社区教育与本土的特色文化相结合是社区教育发展的有效途径，具有很高的参考价值。

二、全国社区教育实验区与示范区的创建

回顾我国社区教育的产生与发展，稳步推进，都是从“实验”中走过来的。1999年国务院批转教育部制定的《面向21世纪教育振兴行动计划》，提出：“开展社区教育的实验工作，逐步建立和完善终身教育体系。”该计划成为我国社区教育发展中的重要里程碑。

2001年教育部以职成函〔2001〕5号文件确认了首批全国社区教育实验区，同时明确了实验区的任务：“通过实验，积累有关社区教育经验，建立健全科学、高效的社区教育管理体制和运行机制，充分利用、拓展和开发社区内各类教育资源，建立能满足社区全体成员基本学习需求的教育培训网络，建立一大批学习型组织，大力提高社区居民的整体素质和生活质量，促进社区两个文明建设，对其他地区起到示范带头作用，为构建终身教育体系、逐步形成学习化社会奠定基础。”尽管这个文件已经发布了15年，截至2013年公布的第五批实验区以及部分实验区升级为示范区，总数仍然不足200家。

教育部《关于推荐全国社区教育实验区、示范区的通知》（教职成司函〔2015〕124号）规定了申报条件和材料。

1. 申报条件

实验区申报条件：政府重视，将社区教育工作纳入本地经济社会发展的总体规划，制定了社区教育发展规划；初步形成社区教育“党委领导，政府统筹，教育部门主管，有关部门配合，社会积极支持、社区自主活动、群众广泛参与”的管理制和运行机制；初步建立了社区教育三级运作机构；面向城乡社区居民开展了公民素养、人文艺术、科学技术、体育保健、生活休闲、职业技能等方面的教育培训；初步形成了一支专职人员为骨干、兼职人员为主体的社区教育管理者队伍和教师队伍；建立了社区教育经费投入机制。

示范区申报条件：原则上为已被确定为全国社区教育实验区2年以上或省级范区3年以上；基本符合《教育部办公厅关于印发<社区教育示范区评估标准（试行）>的通知》（教职成厅〔2010〕7号）的规定，在组织机构建设、内涵建设（包括课程教材建设、实验项目、队伍建设、信息化建设等）、体制机制创新、等色品牌项目、示范引领作用等方面成效显著。

2. 申报材料

填报“全国社区教育实验区申报表”或“全国社区教育示范区申报表”；撰写

3000字左右的申报报告，主要是对应申报条件，总结推进社区教育工作的基本情况、主要做法、成效及下一步工作考虑，提交本区（县、市）社区教育发展规划。

全国实验区与示范区创建工作的责任主体是区县政府，教育行政与社区学院应积极协助，并负责具体的操作，完成申报的各项程序。在申报前务必一一对照条件，进行初步自评，看看是否达到申报条件。接着就要与区县政府、上级教育行政部门进行沟通与汇报，再确定是否申报。

确定申报以后，就要按照文件要求，组织申报材料的撰写工作，并协助区政府拟向上级教育行政部门的报告，一般的程序是上报市教育局，再通过市教育局的推荐，才能上报省教育厅。

【课后任务】

1. 选择一个社区，了解该社区教育管理的情况。
2. 分析该社区与全国社区教育实验区与示范区的差距。

第五章 社区教育课程与设计

【本章概览】

社区教育课程作为引领社区教育活动开展的途径与手段，是推进社区与居民互动持续发展的关键因素。社区教育课程的性质定位、课程内容及设置，关系到社区居民受教育的质量和内容。本章将主要介绍对社区教育课程的含义、功能、特点的认识、理解，以便加强社区教育的课程体系及资源建设。

【学习目标】

1. 理解社区教育课程的概念与功能。
2. 熟悉社区教育课程的特点与分类。
3. 掌握社区教育课程的开发与管理。

社区教育课程是为满足社区居民的学习需求所实施的社区教育教学和学习活动过程的总汇。它是以社区为主体，以社区居民为本，引领社区教育活动得以顺利开展的途径和手段，是推进社区与居民互动持续发展的关键因素，在社区教育活动中占有重要地位。社区教育课程的性质定位、课程内容及设置等，关系到社区居民受教育的质量和教育内容，也关系到课程的推广与发展。在我国社区教育不断深入发展的时期，开展对社区教育课程的研究，将有助于我们加深对社区教育课程的含义、功能、特点的认识、理解和把握，进一步加强社区教育的课程体系及课程资源建设，以促进社区教育在新时期能有高起点、高质量的发展。

第一节 社区教育课程的概念与功能

一、社区教育课程概述

（一）课程的概念

“课程”一词源于拉丁语，原意是“跑”或“跑道”，引申为“教学进程”。课程，简而言之，“课”是教学科目、内容，“程”是进展过程，“课程”便是教学的科目、内容及实施进程。课程是随着人类社会专门教育活动的出现而出现的。19世纪初，英国教育家斯宾塞（H. Spencer）最早提出“课程”的概念。他把“课程”的定义概括为学校教育中的科目安排，而后它被赋予专门的学术意义。然而，关于“课程”内涵的界定始终众说纷纭，但它的本质是相对稳定的，必然是教育者心目中期望塑造的理想人才应该具备的智能素质与人格素质的具体体现。20世纪70年代，随着知识管理理论被引入课程管理中，学术界提出了潜在课程的概念，把课程区分为显性课程与隐性课程，强调重视那些实际上产生影响，但未被列入计划之中的“课程”的教育影响，扩大了课程的范围和外延，反映了对课程内涵及其本质的深入认识和把握，使课程更加符合正规教育和各种非正规教育的要求。课程的定义对于我们认识社区教育课程、指导社区教育课程建设具有极为重要的意义和作用。

（二）社区教育课程的概念

社区教育的性质决定了社区教育课程比正规学校教育的课程具有更广泛的含义。社区教育课程包括具有系统性、体系化的正规课程和具有课程要素的非正规课程。当前，在社区教育课程中占主导地位的主要是非正规课程。社区教育课程是社区居民参加学习活动的重要工具，因此，课程的建设应树立“立足社区，以人为本”的原则，根据社区居民的多样化需求，涵盖知识、经验、生产生活实践等内容。社区教育课程的建设，不仅使社区教育充满了勃勃生机，而且能够为人的终身发展、社区不断进步提供学习机会。同时，在这个过程中，社区教育的资源也可以得到不断发展与优化。

所谓社区教育课程，就是以社区和社区居民互动持续发展为目标，以解决社区发展中的问题和提高社区居民的素质与生活质量为中心，在社区范围内实施和开展的整合知识、经验、实践、环境生活等素材的教育、学习活动和过程的总和。它包括由社区教育机构为一定区域内的各种学习者设计并提供，由学习者自主选择的关于学习内容、学习进程、学习活动和学习方式的全部安排。①

---

① 杜君英. 社区教育课程开发研究[D]. 上海:华东师范大学，2005.

（三）社区教育课程建设的任务

社区教育课程建设的任务是通过整合优化社区内的教育资源，形成多系列、开放式、立体化的课程体系，为社区成员的发展服务，为社区的不断进步服务，为建设文明和谐社区服务。具体应体现在以下方面：

第一，满足社区发展和社区成员的学习需求，建设、开发适合时代发展的课程资源。

第二，根据社会发展的形势和需要，购买或采用资源共享的方式互换课程资源。

第三，组织社区成员共同参与整合、优化、升级已有的课程资源。

第四，传承和发展本土社区文化，建设有地域特色的社区教育特色课程。

我国是一个幅员辽阔、人口众多的大国，政治、文化、经济、社会发展的不平衡，造成了各地区社区教育课程资源、居民学习需求的极大差异性，各地区对社区教育课程的理解也会因为各自的社区教育工作实践的不同而呈现出不同的观点，体现出不同的内涵。但是，无论哪一个社区，在社区教育课程建设的方向上，都要根据区域的特点，通过社区教育实践过程，正确把握社区教育课程的功能、结构、内容、学习方式、评价管理以及区域的地方特色，这样才能建设好具有区域特点、有利于人的全面发展与促进社区不断进步、适应社区成员终身教育和终身学习的社区教育课程。

二、社区教育课程的功能

根据社区教育的性质，社区教育课程具有以下四个显著的功能。

（一）满足社区成员终身学习的需求

随着科学技术的发展、社会的不断进步，一次性的学校教育已不能适应经济社会发展的需求，已不能满足人民群众多层次、多样化的学习需要。这是因为，社会的发展需要人的不断发展与之相适应。正如联合国教科文组织原主席狄洛所说的，“要创造一个新的明日世界，必须展开终身教育”。人的不断发展，需要社会提供持续的终身学习和教育的环境，而一次性的学校教育已经不能满足人们不断更新知识的需求。教育要满足社区全体成员终身学习的需求，必须逐步建立和完善有利于全民终身学习的教育制度。社区教育就是这种新型教育制度的重要组成部分，也是构建终身教育体系的社会基础和组织保证。社区教育在服务大众的同时，也成为人民群众接受终身教育的有效载体。作为终身教育的一种重要形式，社区教育要为人的终身发展、终身学习提供优质的教育服务。

从这个意义上说，社区教育课程的建设将为社区教育满足人的终身发展、终身学习提供坚实的基础与保证。

由此可见，社区教育课程不仅是学校教育课程的补充和延伸，而且拓展和丰富了学校教育课程及资源的内涵与外延，弥补了学校教育课程在内容和课程实施的时间、空间上的局限。社区教育课程只有和学校教育课程相结合，才能适应和满足社区成员在人生的各个阶段对教育的需求，因为社区教育是为人的终身发展、终身学习服务的教育。

丰富的社区教育课程可以满足社区不同人群的不同教育需求。休闲娱乐、卫生保健、文化礼仪类课程能够较好地满足社区老年人人际交往、交友解闷、充实闲暇生活以及“老有所学”“老有所乐”的需求；基于社区教育资源开设的青少年校外素质教育、德育教育课程有效地配合学校教育，满足了青少年社会化、提升人格和心理品质的需求；社区教育培训课程可以配合“富民工程”、劳动就业保障，满足社区中下岗、待业、失业人员实现上升流动、改变生活和命运、提升生命价值的需求。

（二）提升社区成员的整体素质和生活质量

社区教育的性质决定了社区教育是一种面向大众服务的教育，特别是弱势群体优先的教育。社区教育尤其要对社区中最需要教育援助的弱势群体和特殊群体给予教育的扶助，提供最基本的教育服务。社区中的下岗、待业、失业人员，进城务工人员，残障人士，贫困人员和老年人以及社区矫正人员和刑满释放人员等，在社会发展、变革的过程中，由于外部环境和自身的各种因素的影响，可能会面临这样或者那样的困难，需要教育服务来帮助他们走出困境，他们是社区教育最迫切的需求者。针对不同群体发展需求的社区教育课程，社区教育课程将会给社区成员提供促进素质发展、增强生存能力、改善生活质量的人文关怀。

由此可见，社区教育课程的建设在经济社会不断发展、产业结构调整的过程中担当着双重任务：一是要满足劳动力市场对人才的需求，提供社会需求的职业技术学习课程；二是给下岗、转岗的社区成员找到新的就业岗位，为其提供改变择业态度和提高择业素质的课程学习，从而达到促进经济社会发展和社会稳定的积极作用。

另外，针对社区成员素质发展需求的社区教育课程的建设有着无限的发展前景和可挖掘的丰富资源，它必将在社会的发展中发挥更加积极的作用。

（三）开发社区优质文化资源

社区教育是在一定的区域范围内开展的教育活动，不同的区域在长期的经济、社会、文化、科技等发展的积淀中，形成了各自的特点，显现出不同的人文底蕴。在不同的社会文化底蕴的基础上，社区成员在政治、经济、文化以及日常生活中存在差异性。通过社区教育课程的建设，可以提炼、传承社区的优秀文化，展示、实现各个社区自身的文化优势与文化特点，开发和发展新的文化资源，从而以优秀的文化、特色的文化、个性的文化来影响、教育、发展社区成员。

（四）促进社区的可持续发展

社区的进步与发展离不开社区教育，这是因为，社区的经济发展需要以社区良好的人力资源为保障，社区的竞争实力与可持续发展的后劲都来源于人才的优势。在不同的社区，社会环境、经济实力、文化积淀的差异会使社区发展的增长点各有不同。社区教育课程建设围绕着社区发展的方向，围绕着满足社区发展的需求，起到服务、促进社区可持续性发展的作用。

第二节　社区教育课程的特点与分类

一、社区教育课程的特点

社区教育是为了满足社区成员多样化、个性化的学习需求，提升社区居民的素质，全面提高社区成员的生活质量的教育活动。因此，课程资源是社区教育的核心资源。由于社区教育课程资源的开发、整合、优化主要是在一定的社区区域范围内，本着从居民生活的实际出发，课程的建设应着眼于社区居民的全面发展和社区的不断进步，根据社区的经济、社会与文化特色，形成有区域特色的社区教育课程，这就使得社区教育课程具有非学科性、动态生成性、开放性、地方化和生活化的特点，不同于一般的学校教育课程。社区教育课程是社区学校与其他承担一定教育和培训职能的机构，对社区学习者的学习内容、学习进程、学习活动及展开方式的全部安排。与正规的学校教育课程相比，社区教育课程具有以下特点。

（一）社区教育课程的结构特点

1. 非学科性

社区教育主要是非正规教育，它的课程结构不同于学校教育。社区教育课程不是以学科知识为中心展开的，系统的基础知识、基本理论等不是社区教育课程的主要内容。另外，社区教育服务的对象是社区内的全体成员，关注的是居民的全面发展。由于不同社区成员在某个年龄段的教育是由先前的教育所决定或影响的，不同社区成员先前所受的教育不一，各自发展的基础以及未来发展的方向不同，因此他们对未来教育的需求、选择有多样性的特点。那种系统的、以学科为重点的课程学习，由于针对性、实用性的欠缺，不能满足社区居民多层次、多样化的现实需求。因此，社区教育课程更多地体现出跨多个学科的交叉性，有些课程还体现出跨地区跨国界的开发与协作，这使得社区教育课程在非学科性的基础上，为满足人们各种适应现代社会发展、现代生活的追求与愿望而呈现出的开放性、应用性、地域化、多样化、生活化的特征。

社区教育从总体上来说是一种非正规，甚至非正式的教育活动，它不是以学科知识为中心展开的，不需要理论化的知识系统，也不需要强制学习，没有升级考证的压力。它更多地强调针对性、实用性，满足学习者的需求，因此非结构性、非学科性课程更适合社区教育的实际情况。

2. 动态生成

社区教育课程与学校教育课程的另一个不同点是，社区教育课程的内容具有动态生成的特点，即社区教育课程的内容要根据人的发展需要，根据社区发展的需要进行不断的调整，社区教育课程的脉搏与人们的生活、社区的发展相一致。学校教育课程中一般都有学习必修课程的要求，而社区教育课程更多的是针对社区居民的兴趣爱好与实际需求设置的。社区居民的年龄结构、知识层次、行为爱好、个体需求都存在较大的差异，这就要求课程的内容要灵活多样、多元包容，以适应社区居民的个性需要，满足居民不同的学习需求。

社区教育课程内容的动态生成特点，为社区居民的终身发展、终身学习提供了有针对性的教育服务，让社区居民体验到在自身不断发展过程中社区教育的人文关怀。

3. 开放性

社区教育课程的学习方式更多的是共享式学习，社区成员、专家、教师、学习者相互交流、对话与合作，不仅使社区教育课程资源不断拓展，而且使社区成员积极参与到社区教育的课程建设中，社区成员既是社区教育课程的学习者，也是社区教育课程建设的参与者，只要是社区居民，都是社区教育的对象以及社区课程的学习者，无论男女老幼，社区教育课程对所有社区成员开放。社区教育课程的学习方式重体验、重感受、重过程，通过体验、感受，激励社区成员主动参与，积极学习。社区教育课程学习没有学制的限制，居民有着充分的学习自主性，居民对社区教育课程的选择完全从自己的学习兴趣、生活和发展需要出发，这种高度民主、开放的学习方式，使得社区教育课程的学习者比学校的学生学习的主体意识更强，学习过程更加民主，学习态度更加自觉，主动学习的兴趣、积极性更高，学习的成效也比较令人满意。

4. 地域化

社区教育课程的开发有普遍共同的内容与要求，但最主要的是，根据当地政治、文化、经济、社会发展的需求和条件，不同地区的课程资源不同，社区的文化积淀不同，居民的学习需求、发展目标也不同。在经济、文化发达地区，社区的文化积淀丰厚，经济实力强，国际化程度高，人们的开放意识强，社区教育的课程资源相对比较丰富，具有地方性和超越地方性的特点，人们追求发展的目标要求相对更高，开发的社区教育课程相对来说更能体现对现代化、国际化的追求，体现人们对高质量生活的追求，课程内容的层次、广度相对更精致、更多样。而在经济、文化欠发达地区，一般根据当地经济的增长点，设置具有当地产业特色的技术类社区教育课程，满足人们就业、致富需求的社区教育内容更为合适。

5. 生活化

社区教育课程的设置与学校教育课程的设置最大的区别在于社区教育课程的生活化特点，不像学校教育课程那样远离社会生活，社区教育课程正是弥补了学校教育课程的不足，让教育重新回归生活，这就使得社区教育的课程资源十分丰富，社区教育课程充满了生活的气息和活力。社区教育课程的设置基础来源于社区成员生存、居住的生活环境，来源于社区成员相互间的交往，来源于社区成员不断融入现代社会发展所追求的生活目标，来源于社区的不断进步给社区成员所带来的生活质量的提高。

（二）社区教育课程的内容特点

社区教育的课程内容应结合社区居民发展的需要和社区发展的需要，关注人们的生活需要和兴趣，课程是按居民需求设置的，居民有充分的选择权。社区教育课程比学校教育课程更注重课程的实用性与针对性，课程的内容与现代生活、现代社会文化和科技发展的联系更加紧密，这使社区教育课程内容领域宽泛、实用性强，更加贴近社区居民的实际生活需求。

对社区教育内容的理解不能仅仅停留在老年人唱唱歌、跳跳舞、打打牌等闲暇文艺活动，应该突破对它狭义概念的解释，把它理解成一种特殊文化的概念，理解成一个民俗、科技、文艺、教育、体育、精神文明相结合的创新文化。它不仅直接关系到广大人民群众的生活质量，而且关系到广大民众是否具备了现代化的人格和素质，关系到整个社会的文明程度。

就课程内容的设计而言，社区教育一般有三种形态：文化课程、生活艺能课程和社团活动课程。文化课程以学科或专业学习主题作为课程的主要结构，以课堂作为课程实施的主要场所，旨在提升社区居民的文化与科学素养，在课堂上，不主张学习者做被动的“知识容器”，而是要求学习者能够积极参与思考和研讨，外语、计算机、时事、法律、金融、科普、写作等课程可以归于此类。生活艺能课程可以提高或改善市民的各种生活技能，以提升居民的日常生活质量为主旨，因而以“做中学”作为课程实施策略，书法、绘画、插花、烹饪、医疗保健、投资理财、人际沟通心理辅导等课程可归于此类。社团活动课程更多的是以社团形式开展的，其目的就是通过各类社团活动，培养居民的主动意识与参与社区事务的能力，娱乐、健身、环保等课程可归于此类。

（三）社区教育课程的学习方式特点

根据建构主义学习理论，从学习过程来看，社区教育课程是构建个体智能架构的客观依据。学习者的学习过程就是其智能架构的建构过程。学习者想成长为什么样的人才、成长为这种人才需要什么样的智能架构、这样的智能架构应该怎样去建构，成长过程中的学习者对于这类问题往往不太自觉，而由“过来人”设计的课程及其体系为学习者提供了可参考的客观依据。

二、社区教育课程的分类

社区教育课程可以从不同的维度加以分类，下面列举几种分类方法。

（一）社区教育的学科课程和经验课程

按照社区教育课程存在的形态，社区教育课程分为学科课程和经验课程。学科课程即学科中心课程，是以学科的知识体系为基础所组成的课程；经验课程也称为经验中心课程，是以学习者的主体活动经验为中心组织的课程。

社区教育学科课程的建设，一般由社区教育工作者从社区居民的学习需求出发，有计划、分步骤地整合社区内的教育资源，并形成课程体系。社区教育经验课程的建设则更多地需要社区教育工作者打破传统的学科框架，以生活题材作为学习单元，关注环境对人的潜在影响所产生的教育作用，通过各种社区生活、社区活动让社区居民获得体验，进而起到影响、教育社区居民的作用等。例如，社区环境中的社区人文积淀、标志性建筑、广场、草坪、社区的居民公约、公示栏、科普宣传栏、楼道文化以及居民议事园、社区议事等，均属于社区教育经验课程可开发的课程资源。因为在居民居住的环境中，上述资源都是社区文化的因子，对社区居民无时无刻不在“润物细无声”中产生着潜移默化的影响。这种影响使居民在不知不觉中改变着自己的行为方式和生活方式，人们常说的“社区的每一面墙壁都会说话”就是指社区环境对人的发展的影响。

社区教育的活动更多的是“经验课程”，隐含着大量难以预期的、非正规的、随机出现的、对社区成员有教育影响的内容，社区活动中蕴藏着丰富的社区教育课程资源。

（二）社区教育的传统类课程和网络类课程

按照媒体表现方式的维度，可以将社区教育课程分为传统类课程和网络类课程。

社区教育的传统类课程是根据教学的内容、进程与安排的方式进行授课，社区教育课程与学校教育课程相比，最大的区别是，社区教育课程的学习对象的差异性大。由于社区教育课程的学习对象是社区居民，不同居民的阅历、文化背景不同，就会造成他们对问题的理解和思考方式的不同。根据不同学习者的特点组织好教学需要高超的教学艺术，对教师的要求相对较高，教学内容往往具有高起点、低落点的特点。

社区教育的网络类课程是利用多种视听媒体和现代网络技术，以及网络中的多种视听学习资源，采用现代化教育手段为社区居民的开放式学习、自主学习、交互式学习提供远程教育的一种现代社区教育方式。这种社区教育方式的变革打破了时空局限，改变了社区居民的传统学习方式，满足了居民自主学习、个性化学习的需求。

（三）社区教育的活动性课程和实践性课程

按照社区教育课程的实施方式，可以将社区教育课程分为活动性课程和实践性课程。

社区中的重大纪念活动、科普与健康咨询活动、文娱活动、体育活动、才艺展示活动、表演、各种团队活动（老年艺术团等）、协会活动（如书画协会、健身协会）、社区成员间的议事（社区议事园）、谈话交流活动等，都是社区教育活动性课程可开发的课程资源。这种非功利性课程资源的开发，可以使社区居民在喜闻乐见的各种活动中，主动参与获得感受与体验。

社区中的志愿者服务、职业技能培训、社区调查与访问等是社区教育实践性课程资源开发的重点。因为通过社区志愿者服务实践，志愿者在帮助他人发展的同时，自身也得到了发展，这使得社区成员间建立了相互关心、相互融合、共同发展的和谐关系。生活及职业技能培训能帮助社区成员进一步提高现代公民素养，社区调查等社区教育实践性课程资源的开发与利用有助于社区文化的传承与发展。社区教育实践性课程给社区成员提供了融入社区、服务社区的机会和条件，同时也使社区成员提高了素质、增长了才干。

第三节　社区教育课程理论基础

社区教育课程的特征之一就是丰富多样，尽管如此，由于属于教育的范畴，所以还是要遵循相关的课程设置理论。从教育学的角度看社区教育课程的设置所必须遵循的理论很多，但最重要的还是如下这些。

一、现代社区理论

英国学者 S. H. 梅因在 1816 年出版的《东西方村落社区》一书中首次提出了

“社区”的理念。但真正将它作为学科来研究的还是从德国的形式社会学（又称系统社会学）开始的。1887年，德国社会学家滕尼斯的《共同体与社会》(*Gemeinschaft und gesellschaft*，又译为《社区与社会》）出版，书中从社会理论研究的角度首次提出了社区的概念。滕尼斯的“Gemeinschaft”（指社区）一词表示一种由具有共同价值观念的同质人口所组成的关系亲密、守望相助、存在一种富有人情味的社会关系的社会团体，人们加入这种团体，并不是根据自己意愿的选择，而是因为他们生长在这个团体内。他把社区理解为建立在本质意志基础上的一种自然社会。

这种社会建立在一致的自然情感和文化意识的基础上，成员之间具有排他性以及紧密的社会联系。他认为，社区是一种持久且真正的共同生活，是一种原始的或者天然状态的人的意志的完善的统一体。血缘共同体、地缘共同体和宗教共同体等作为共同体的基本形式，它们不仅仅是各个组成部分的总和，而是有机地生长在一起的整体。这也是对“社区”概念最原始的表述。

1936年美国芝加哥大学社会学系教授、社会学家罗伯特·帕克出版了《城市社会学》一书，在书中他写道：“社区是理解现代文明转变的基本单位，是占据在一块被或多或少明确地限定了的地域上的人群汇集，一个社区不仅仅是人的汇集，也是组织制度的汇集。”帕克从概括社区的基本特点入手，明确了社区所具有的特征：① 它有按地域组织起来的人口。② 这些人口不同程度地深深扎根在他们所生息的那块土地上。③ 社区中的每一个人都生活在一种相互依赖的互动关系之中。[①]

2000年12月13日，中办、国办转发了《民政部关于在全国推进社区建设的意见》，该意见对社区的界定是：“社区是指聚居在一定地域范围内的人们所组成的社会生活共同体。目前城市社区的范围，一般是指经过社区体制改革后作了规模调整的居民委员会辖区。”这也是迄今为止国内最权威的社区定义。

国外对社区研究的学者普遍认为，社区的概念应该具有以下几个主要特征：① 共同性，主要指共同利益、共同文化、共同意识或价值观等。② 非正式组织性。③ 社区内居民相互之间互动较多，对社区内的日常生活比较熟悉。④ 具有一些基本社会功能和一定规模。⑤ 地域性在多数情况下还是一个必须考虑的因素，但可以确信，非地域性将会越来越重要。今后很长一段时间内，社区将包括地域性社区和非地域性社区两种类型。[②]社区出现之后面临的首要问题就使如何更好、更快的发展。

---

① R. E. 帕克．城市社会学[M]．北京：华夏出版社，1987：110．

② 夏建中．“社区”概念与我国的城市社区建设[C]．社会转型与社区发展——社区建设研讨会论文集，2001．

1915 年，美国社会学家法林顿在《社区发展：将小城镇建成更加适宜生活和居住的地方》一文中最早提出“社区发展”的概念，并将“社区”从最初的一个社会学分析概念，发展成为推进社会进步、加快城市现代化的社会机制的范畴。

1928 年美国社会学家斯坦纳在其所著的《美国社区工作》一书中专门设置了“社会变迁和社区发展”一章，并对社区发展的内涵进行了论述。

1939 年美国社会学家桑德森与波尔斯在其合著的《农村社区组织》一书中，也对社区发展的基本方法和理论观点进行了比较详细的论述。以后，又有几位美国社会学家对社区发展的定义、社区发展的基本方法和社区发展的理论做过较详细的论述，为这一概念的发展和广泛应用奠定了基础。

1955 年联合国在其出版的《通过社区发展促进社会进步》的报告中提出了社区发展的十条基本原则：① 社区发展的各项活动必须符合社区的基本需要，并根据人民的愿望，制定首要的工作方案。② 虽然社区局部的改进可以由某一部门着手进行，但全面的社区发展，则必须建立多目标的计划，并组织各方面、各部门联合行动。③ 在推行社区发展的初期，改变居民的态度和物质建设同样重要，必须加强社区居民的自信心，并培养其自动和自发的精神。④ 社区发展的目的在于促进人民热心参与社区工作，从而改进地方行政机构的功能。⑤ 选拔、鼓励和训练地方领导人才是社区发展计划中的主要工作。⑥ 社区发展工作应特别重视妇女和青年的参与，以扩大参与的公众基础并获取社区的长期发展。⑦ 社区自助计划的有效实现，有赖于政府积极而广泛的协助。⑧ 制定全国性的社区发展计划必须有完整的政策，行政机构的建立、工作人员的选拔与训练、地方与国家资源的运用与研究、社区发展的实验与考核机构的设立都应逐步配套地进行。⑨ 在社区发展中应充分利用地方的、全国的与国际的民间组织资源。⑩ 地方性的社会、经济进步要与全国的发展计划互相结合、协调实行。其目的是直接谋求增进某地区居民之福利与全社会的发展与进步相协调，并有助于后者目标的实现。

联合国经济和社会事务部于 1960 年出版的《社区发展及有关的服务》中称：社区发展专指人民与政府机关协同改善社区的经济、社会及文化状况，把社区与整个国家的生活合为一体，使他们能够对国家的进步有充分贡献的一种程序。这种复杂的程序，包括两种重要的因素：一是人民本身尽量本着自助自发的精神参与改善自己的生活水平；二是为鼓励自动、自助、互助的精神，并使这种精神更能发挥效力提供技术和服务。[①]社区教育课程开发的“社区本位性”决定了社区教

---

① 李建兴．社区教育与课程设计[J]．成人教育，1990（1）：115．

育课程开发必然要以本社区的问题、本社区的发展目标作为依据。社区的发展有许多着力点，其中社区教育无疑是重点之一，而要使社区教育能平稳、顺利地开展，则首先要认真对待社区教育课程的开发。可以说社区教育课程实际上是社区教育工作的中心环节。所以，通过社区教育课程开发，服务社区建设和发展成为时代的必然要求。尽管由于中国的社会经济发展不平衡，社区教育课程有着不同的侧重点，发达地区的侧重点在于密切人际关系、提高居民生活质量，推动社区发展，所以更多的是开发兴趣爱好类社区教育课程；而社会经济相对滞后的地区的侧重点在于维护社区稳定，促进社区发展，所以更多的是开发解决社区问题、帮助居民学习生产技能、发家致富的社区教育课程。

二、社会分层理论

在阶级社会里，人由于所处的阶级地位以及自身发展的不同处于不同的社会阶层。所以，社会分层理论也就成为社会学研究社会发展的重要理论。在学术界影响比较大的社会分层理论当属韦伯的理论。韦伯使用 3 项指标来划分社会层次结构，即财富、权力和声望。也就是说，韦伯把经济、社会和政治 3 方面标准综合起来划分社会成员的社会地位。韦伯认为，财富指社会成员在经济市场中的生活机遇，这就是个人用其经济收入来交换商品与劳务的能力，即把收入作为划分社会阶级、阶层结构的经济标准。社会标准指个人在他所处的社会环境中所获得的声誉与尊敬，在西方分层理论中，常常按照这个标准把社会成员划分成不同的社会身份群体。所谓社会身份群体是指那些有着相同或相似的生活方式，并能从他人那里得到等量的身份尊敬的人所组成的群体。政治标准指权力，韦伯认为，权力就是“处于社会关系之中的行动者即使在遇到反对的情况下也能实现自己的意志的可能性”。权力不仅取决于个人或群体对于生产资料的所有关系，也取决于个人或群体在科层制度中的地位。以上三条标准既是互相联系的，又可以独立作为划分社会层次的标准。

在韦伯之后，沃特等人提出 6 个阶层的划分方法，共 8 项指标，即职业、收入数量、收入来源、文化程度、生活方式、宗教信仰、政治态度和价值观念。根据这 8 项指标，沃特把社会成员划分为上上层、上下层、中上层、中下层、下上层和下下层 6 类。

学者李强从区分社会地位差异的十种资源（生产资料资源、财产或收入资源、市场资源、职业或就业资源、政治权力资源、文化资源、社会关系资源、主观声望资源、公民权利资源、人力资源）的角度分析了这10种资源的社会分层以及社会分层与和谐社会战略的关系。

其实，无论按照怎样的标准来划分社会阶层，有一点是确定无疑的，这就是社会分层理论研究的人们客观存在的利益差别、地位差别和不均等、不公平、不公正现象。

对一个普通人来说，即使他过着贫困卑贱的生活，他仍然有一种天生的脑力，因而也就有一种学习的能力，使得尚处于相对中庸水平的各种能力可以被激发和提高到现有水平所望尘莫及的程度。这些想法所包含的朴素真理是，消除人类差距的任何办法和对人类未来的任何保证，都不能在其他地方而只能在我们自身中找到，大家所需要的是学会如何激发自身那处于睡眠状态的潜力，并且在今后有目的地、明智地使用各种潜力。[①]

所以社区教育课程开发就必须从这一客观现实出发，针对不同层次社区居民的不同学习需求设置课程门类，组织选择不同层次和程度的课程。在面向全体社区成员的前提下，社区教育课程开发尤其要重点关注“底层社会群体”，开发技能生存类课程，帮助他们就业，提高生活质量，实现上升流动。从开发社区居民的学习潜力、对在社会分层和教育分层中处于劣势的社区居民进学习需求调研、开发适合的社区教育课程、满足其上升流动的这些角度而言，社区教育课程开发可以说是社区人，尤其是“底层社会群体”取得进步、提高社会地位的良好方式。[②]

三、成人学习理论

社区教育的主体是社区成人教育，成人教育理论构成了社区教育课程开发的理论基础。

20世纪20年代，教育心理学和学习心理学研究的先驱，美国心理学家、教育家E. L. 桑代克在其著名的《年龄与学习能力关系的曲线及智力对该曲线的影响》的研究报告中指出，人在学习能力发展的高峰（约22岁至45岁之间）的20余年内，其学习能力总量平均每年仅降低1%。因此，他在其1928年出版的《成人的学习》一书中断言：“学习之能量永不停止，成人的可塑性或可教性仍大，25岁后

---

① 韩明华．21世纪初中国社区教育发展[M]．成都：巴蜀书社，2004：91．

② 杜君英．社区教育课程开放研究[D]．上海：华东师范大学，2005：11．

仍可继续学习。”

桑代克的研究报告的发表被人称之为“成人教育运动历史上最伟大的时刻”。日前出版的《英国国家科学院院刊》刊载的一份研究报告声称，英国伦敦大学神经病学研究人员最近使用结构型脑扫描仪对10多名经常用脑的32岁至62岁的成年人进行测试和研究，结果表明，被测试者大脑内部对学习知识起至关重要作用的状似海马的突起区域的后部，比普通人要发达得多。主持这项研究的马圭尔医生说，这项研究结果揭示了这样个事实：成年人的大脑并不会停止生长，经常使用的大脑部分仍能生长，这些科学研究的最新成果有力地说明成人的学习能力具有巨大的潜力。

成人教育学之父、美国著名成人教育学家诺尔斯在《成人学习者：被忽视的一类人》一书中提出了6项关于成人学习的基本预设：成人需要知道学习的理由，即成人学习者在学习之前，需要知道他们为什么要学习；成人的自我概念从一种比较依赖的人格，发展成一种自我导向的人格；成人不断累积经验，变成一种学习资源；成人对学习的准备，愈来愈变成其所扮演的社会角色的发展任务；成人对知识的应用，从延后应用变为即时应用，因此成人从以学科为中心的学习导向，转变为以问题为中心的学习导向；成人的学习动机是内在的。

彼得森在《促进老年人教育》一书中提出了5项成人学习的预设：倾向于自我导向；拥有丰富的经验，可以在其所要达成学习的类型和内容上发挥重要的作用；选择的所要学习的内容和技巧大部分与其发展阶段有关；学习是属于问题中心型的；学习主要由内在动机而非外在报酬所引发。

学者高志敏在《成人教育心理学》中也提出这样的观点：成人学习能力的增长不因生理成熟而终止；成人学习能力不随年龄增长而明显下降，学习与训练是保持学习年龄的重要因素。①

成人在学习兴趣、学习情绪、学习意志等方面具有其显著的特点和优势。成人学习兴趣的特定性和持久性，成人强烈的求知欲望和积极主动、自觉自愿的学习态度以及成人学习意志的独立性、自觉性、果断性和坚持性等特点都是普通青少年学生不易具备的。而成人在心理上所具有的独立自主自我概念，整体一致的自我认同，自我调节的控制能力，丰富多样的人格化的实践经验等因素，在一般情况下或在积极正确的引导下，都将使其学习能力和学习效果得到很大的促进和提高。

这些研究成果均启示我们，在社区教育课程设计中，应把成人学习者作为一

① 高志敏．承认教育心理学[M]．上海：上海科技教育出版社，1997：50．

支力量，有效利用他们的思维能力以及发现、理解和解决问题的能力。在社区教育课程的具体实施中，应充分相信他们的学习能力。在评价成人学习成果的过程中，应采用合理的方式，尽量避免学校教育课程评价中常采用的考试、测验等考察机械记忆力的方法。

社区的成年人群体分青年、中年和老年三类。这三类群体对于学习的动因是不同的。青年人学习是为了充实自己，为进入职场做基本的准备；中年人学习是为了事业发展得更加顺利，以充分体现自己的社会价值；老年人的学习动机在于借助集体学习的环境和机会增进人际交往、排遣居家养老的孤独寂寞，提升生活的质量。总的来说，社区群体中的中青年群体的学习呈现出明显的实用性和功利性，他们希望“学以致用”“学后即用”，美国一项专门调查结果也证实了这一点。该报告指出：成人学习者重视的是所学知识的实用性而不是学术性，他们注重应用而不注重理论，注重技能而不注重知识或信息。中青年成人不像老年人那样空闲，他们的时间观念强烈，这一点决定了他们的学习动机带有某种速成色彩，知识更新快、产业结构升级、职业结构调整、岗位部门变更频繁等也加强了他们的学习速成要求。①

学习本身以及具体课程内容对社区成员而言可能是次要的，如何通过这一媒介实现自己学习的动因才是关键。基于此，社区教育课程开发要做到“因人设课”，为年轻成人开设科学文化知识类课程，为中年人开设职业技能类课程，为老年人提供谈心、交流式的活动课程等。只有考虑成人不同的学习动机，开设不同的课程，社区教育才会有生命力，才会受到不同居民的欢迎，实际上，这也符合终身学习的教育理念。

第四节　社区教育课程的开发与管理

一、社区教育课程的开发

（一）社区教育课程开发的原则

社区教育课程的开发，应充分整合优化社区教育资源，满足社区成员全面发展的需求，满足促进社区全面进步的需要，因而社区教育课程开发应遵循发展性、

① 高志敏．承认教育心理学[M]．上海：上海科技教育出版社，1997：51．

地域性和多样性原则。

1. 发展性原则

社区教育课程的开发，要着眼于满足社区居民发展的需求，根据不同类型人群、不同年龄段人群、不同层次人群的发展差异和教育需求，有针对性地开发社区教育课程，以满足发展方向不同的社区居民的需求。同时，社区教育课程的开发要适应政治、经济、社会、文化和科技的发展需求，社区教育通过课程的开发，能够满足人不断发展的需求，促进人的素质的不断提高，满足社会不断进步的要求，推动社区的全面发展和文明建设。

2. 地域性原则

社区教育是地方性教育，社区教育课程的开发要突出“立足社区，服务社区”的地域性特点，充分整合优化本地社区教育的物质资源、信息资源、文化资源、人力资源、管理资源，促使各种社区教育课程资源得到充分开发及合理利用。社区内的各类学校教育资源、图书馆、博物馆、展览馆、科技馆、文化中心、体育中心、市民广场、计算机中心、各种教育机构、科研院所等，以及多种工业、商业等系统的先进设施、特色设施，都能够在开发课程资源的过程中，给予物质的保障并赋予课程一定的文化内涵，因而上述这些资源在社区教育课程开发中是极为珍贵的资源。只有充分利用了本地资源，才能提高社区教育课程的适用性、实效性。另外，社区内各单位、组织间的相互协调与共同规划，社区内专家、学者、志愿者对社区教育课程建设的献计献策，社区居民对社区教育课程建设的积极参与，都将有助于社区教育课程资源的开发。

3. 多样性原则

社区不断发展的多样性与社区居民学习需求的多样性，使得社区教育课程的建设与开发在遵循为社区发展服务、为社区居民发展服务的同时，也呈现出多样性的特点。

社区教育课程开发的多样性，就是要突出课程开发的非统一性。所谓非统一性，是指对于不同的社区，由于地域社会、经济、文化的差异，社区居民发展需求的不同，社区教育课程的开发不要求统一目标、统一计划、统一内容，各地区可以从发展的需要出发，建立适合本地区特点的社区教育课程。对于社区居民来说，也不强调统一学习、统一发展目标，社区居民对学习的选择完全按照自己的发展目标和生活意愿来进行。这种社区教育课程开发的非统一性，就是要承认差异性、尊重主体性、提倡个性化，社区教育工作要为居民提供门类繁多、内容丰富、形式多样的“菜单式”课程及课程资源供居民自主选择，从而促进居民的个性发展和全面发展。

社区教育的学习目的非功利性、学习环境不确定性、学习资源以实务为主、学习内容非专门化和系统性、学习过程参与性和自愿性、学习结果非预期性、学习组织程度不强等特点，决定了活动课程也是社区教育课程经常采用的形式之一。

（二）社区教育课程开发的程序

社区教育的课程开发应建立合理的流程，把握重要环节，通过科学的方法，由从事社区教育的管理工作者、社区教育专兼职教师和居民共同进行。只有过程严谨，才能编制出先进、充实、适用、简明的优秀课程。

第一步，需求研究。社区教育课程的开发需要符合居民学习生活及发展的要求，这样建设的课程才会有生命力，课程的学习才会是有效的。我们可以采取问卷调查、征求意见、社区议事等方式来进行科学的分析，研究社区居民的学习需求。对于社区不同类别的人群、不同年龄段的人群，要采用不同的调查方式。最后社区教育工作者要对问卷调查结果、征求意见等情况进行综合分析研究，确定开发的目标。

第二步，课程建设。根据社区教育工作者对居民学习需求调查的分析结果，综合社区现有的教育资源，进行适需对路的社区教育课程资源建设，形成社区教育课程计划。

第三步，课程推介。社区教育形成的课程计划要及时向社区居民发布，通过多渠道地广泛宣传，如海报、告示栏、宣传单、广播、短信、微信、学习网站等，帮助社区居民及时了解社区教育课程的门类、内容、进程及特色，学习的地点以及学习方式，吸引社区居民参与课程学习，使社区教育课程的实施达到良好的效果。

第四步，评估反馈。社区教育课程的实效评估是社区教育课程进一步建设、发展的重要环节。根据社区教育课程实效评估的结果，对课程的建设进行进一步的优化调整，不断开发新的社区教育课程，使得社区教育课程的建设能根据社会与个人发展的不断需求处于一个动态发展过程中，始终具有课程的时代性、生活性。

（三）社区教育课程资源

这里将社区的文化资源、人力资源、物质环境资源等作为课程资源内容的构成。

1. 社区的文化资源

社区的文化资源是指社区所在地方在长期的发展中所形成的“风土人情”。这些“风土人情”通常是处于精神层面的无形资源，如民风、方言、服饰、建筑饮食、习俗以及社区居民中主流价值观等，如果将这些好好利用起来，可以成为社区教育课程素材的潜在来源。

文化是一个民族区别于其他民族的标志，是一个民族的根，随着时代的变迁留下的一些价值观念及其表现形式在传递嬗变和更新的同时构成了不同民族地域的文化传统。[①]

2. 社区的人力资源

社区建设和社区教育的发展所要坚持的理念是以人为本，同样的社区教育课程的设置过程也需坚持以人为本的理念。换言之，社区的人力资源是社区教育课程资源开发的重要支撑。

我国社区的人才资源是很丰富的，社区内有着各种不同类型的职业人才，既有政府提供的人才资源，还有各类社区组织拥有的各种人才资源。城市社区有最大的机关、企业、大专院校和科研机构等事业单位，在这些单位中，人才济济，但这些人才优势在社区建设工作中并未得到充分利用。一方面，许多人才在机关里无所事事，没有施展才华的机会；另一方面，我们的社区建设却因缺乏各方面的专门人才而苦恼。而且由于宣传组织等方面的缺陷，社区志愿服务活动的开展也不够广泛深入，一定程度上造成人力资源的浪费。善于利用社内的精英人才是我们开发社区课程的一个重要途径。[②]

根据我国现有的实际情况，社区内可供开发的人力资源主要有以下几个方面。

（1）党政机关工作人员。社区成员中应该说党政机关的工作人员的数量还是比较多的，这里面不乏部分人员担任一定的领导职务，在中国的现实国情里，他们或多或少掌握着可支配的社会资源。在不违反政策的前提下社区如果能充分发挥好他们作用，通过他们牵线搭桥，穿针引线，协调各方面的关系，统筹各部门的工作都可以为社区解决许多普通百姓无法解决的具体问题。

（2）企业及企业界人士。市场经济的推进，造就了一大批成功的企业家，在这个群体中有许多人在事业有成之后有着回馈社会的冲动，同时，社区辖区内的

---

① 李定仁，等．西北民族地区校本课程开发[M]．北京：人民教育出版社，2007：186．

② 候巍巍．社区人力资源开发与管理[J]．世纪桥，2007（6）：34．

各类企业中，也存在热心社区事务的群体，这个群体通常具有较强的经济实力和自主权，所以，在经济、技术上支持社区教育并非难事。

（3）大专院校、科研院所等群众团体及其专家学者。这是个以智力见长的群体，这些团体中有很多学识渊博、受人尊重的专家学者，他们既可以为社区教育提供智力咨询，又可为社区成员普及自然科学和社会科学的基本常识，介绍最新的学术前沿问题，提升社区成员的知识结构和整体素质。同时，对社区教育做深入研究和理论指导也是他们特有的优势。

（4）离退休干部。这是对社区成员，特别是对社区青少年进行思想政治教育和道德情操教育的最好的群体。他们既有丰富的阅历、较强的活动组织能力和感召力，又有参与教育活动的时间、精力，所以，动员他们参与社区教育是非常好的选择。

3. 社区物质环境资源

社区物质资源主要由自然和人文两大类。前者主要指社区辖区内的自然景观、社区公共绿地、社区市民休闲公园以及存在的绿化、湖泊、山川等；后者主要指图书馆、博物馆、名胜古迹等。

社区环境资源主要包括自然的环境、社会的环境和人的环境 3 个方面，这 3 个方面是相互交叉、相互联系的。自然的环境包括社区内的河流、牧场、森林等；社会的环境包括社区所辖范围内的学校、医院、图书馆、博物馆、企业等；人的环境主要指居民的人际关系。①

二、社区教育课程的管理

社区教育课程的管理在我国尚无统一的管理制度，完全由地方自主管理。在一个地区，如何在开发、建设社区教育课程资源及体系的过程中加强课程管理，是社区教育管理工作的一项重要内容，也关系到社区教育发展整体水平的提升。

（一）社区教育课程的民主管理

社区教育是大众化教育，社区教育让社区的居民享有选择适合自身发展需要

① 李燕．试论社区课程资源的开发和利用[J]．西南民族大学学报：人文社科版，2003（12）：177．

的课程的权利，这成为社区教育课程民主管理最重要的特点。社区教育课程是在整合优化社区内的各种人力资源、文化资源、物质资源、信息资源、管理资源的基础上建立起来的，因而形成了社区教育课程管理人员队伍的多元化结构，社区中的专家、学者、志愿者、一般居民以及社区教育的管理人员，都可以成为社区教育课程的建设者和管理的参与者。这种社区教育课程管理队伍的开放性，也是社区教育课程管理民主化最重要的特征。社区教育课程建设的出发点来源于居民和社区发展的需求，课程资源来源于社区的人力、物力、信息、文化、管理资源，社区中的居民就是课程的建设者。因此，社区教育的教育者与受教育者之间没有明显的界线，社区教育的学习者也是教育者，社区教育的教育者也是学习者，他们的角色在各自的发展需求中不断转换。同时，社区教育课程在实施的过程中也会不断吸纳社区成员的建议，不断更新课程内容，提高课程实施水平。社区教育课程与资源的全员参与开发以及民主管理，可以最大限度地拓展社区教育的可利用资源，满足人的发展和社区进步的需求，使社区教育的课程目标得以实现。

要实现社区教育课程的民主管理，需要管理方式灵活多样，要满足不同层次、不同年龄段的人的发展需要，建立不同的课程管理方式，加强课程实施的针对性和实效性。

（二）社区教育课程的动态管理

动态管理（Dynamic Management）一般运用在企业经营管理过程中，也有的运用在教育管理中。将动态管理运用到社区教育课程中有助于拓展管理内涵、创新管理模式、形成区域特色。课程动态管理是指通过内外部环境数据进行预测及分析，对课程开发与建设方式、课程内容、教学设计及实施方式进行适时调整、修改和补充的一种管理模式与机制。社区教育课程是面对普通居民的大众课程，课程覆盖面和学员受众面广泛，要实现社区教育课程动态管理，既要做到按章有序地进行，又要做到适时、动态地调整。

社区教育课程的动态管理包含两层含义：一是课程形成过程动态化，即社区教育课程应根据社区居民终身学习与社区变化发展的需要，不断地进行建设、开发、实施、评价与改进。初期不一定要明确形成的课程，可在不断的培训活动过程中随着内容的拓展和深化而逐步形成。二是课程实施过程动态化，即社区教育课程应根据社区经济、文化的发展，以及参与学习的社区居民的学习兴趣、方式的变化，动态进行调整，提供相应的社区教育课程的实施方式及学习资源，如面授、网络授课、游学、线上与线下相结合、闲暇教育、亲子教育等。在课程实施过程中，不断为社区居民提供多样化的选择，提高居民的参与度和学习积极性。

加强社区教育课程的动态管理，关键是要建立课程动态管理的运行机制，具体可从以下几个步骤入手：

第一，开展需求调查。如何开设符合居民生活、学习、发展的社区教育课程，需求调查是基础，面对社区不同类别、不同年龄段的人群，可以通过传统纸质调查方式或网络调查方式，如采用问卷调查、征求意见或社区议事等方式进行。社区教育工作者要对问卷调查的结果、征求意见的情况进行综合分析研究，了解社区居民的学习需求，形成调查报告。

第二，适时动态调整。社区教育课程不是一成不变的，随着时间的推移，社区成员的结构、素质等发生变化，对社区教育的需求也会随之发生变化，这要求社区管理人员要根据不同时期社区居民的不同学习需求，更新社区教育课程，使社区教育课程能与社区居民的需要相符合，从而提高社区教育课程的针对性与实用性。

第三，注重评估反馈。社区教育课程是以满足社区居民的学习需求为最终目的的活动。在获取社区教育课程实施反馈信息后，课程编制者和管理者应根据反馈的信息，结合实际情况，及时改善和调整课程，提高课程的质量和水平，增强针对性和实用性，让社区教育课程得到社区居民更高的认同度和满意度。

（三）社区教育课程的科学管理

加强对社区教育课程的科学管理是社区教育课程建设不断发展的基本保障。

社区教育课程开发与实施的科学管理包含两层含义：一是要有一定的规范；二是要符合社区教育的特点。两者缺一不可。[①]同时，我们还应该澄清两方面的模糊认识：一是认为社区教育主要是非正规教育，社区教育不一定需要规范管理；二是认为既然需要规范管理，便把学校教育的那一套管理规范、管理模式搬来，全部用到社区教育工作中。社区教育主要是非正规教育，它与学校教育在教育对象、教育内容、教育形式、教育方法、教育途径，以及教育运作、教育管理等方

① 陈乃林．现代社区教育理论与实验研究[M]．北京：中国人民大学出版社，2006：125-133．

面有一定的联系，但也具有明显的区别。因此，把学校教育，特别是青少年学历教育那一套管理规范、管理模式照抄照搬过来，显然是不妥当、不适合的。但同时，我们也应该清醒地认识到，凡是一种教育形态，作为机构教育的管理者，都应该制定一定的规范、规章，作为这类教育的对象共同遵守的准则和依据。只是这些规范、规章必须适合社区教育本身的规律、性质、任务、特点，要有一定的弹性与灵活性，必须掌握一个“度”，适度是最重要的，而不是简单地照抄照搬一种类型教育的规范、规章。

加强社区教育的科学管理，一个重要要求就是制定一套科学的规章制度。规章制度有两种：一种是国家或政府制定并颁布实施的法律、法规及规章，这种规章制度对于社区来说是普遍性的、外在性的、强制性的，社区教育必须遵守国家的宪法、法律、法规；另一种是建立在社区成员自觉的观念意识和行为实践基础上的内生性的规章，如各类乡规、民约、居民守则等就属于这类规章制度。因为这类规章制度实际上涉及大量社会道德、公共关系、公共利益的内容，往往与社区成员的日常生活、交往交际、切身利益的关系更为密切，大家也就更加关注。加强这方面的建设与管理，关系到广义的课程资源开发、建设与实施的成效、质量和水平，关系到社区的稳定发展和整体素质的提升，关系到社区成员自身的生活、生存、发展与完善，因此，加强这类规章制度的建设与管理是非常必要的。

不同类型的社区教育课程，其组织实施的方法没有定式，应提倡百花齐放、形式多样，但对其目标的达成应该要求明确，通过居民的学习、活动、培训，实现教育目标。社区教育课程实施的评估应注重居民的学习体验，注重人的发展和社区进步带来的变化，注重社区教育资源的整合优化程度。

社区教育课程的建设与管理在我国现阶段仍然处于探索与实验阶段，社区教育课程体系的建立仍然需要教育专家和社区教育工作者以及社区居民的不懈努力才能完成，社区的不断进步、人的终身学习，呼唤着社区教育的明天能够有更加丰富多彩的、满足人的发展需要的优质的社区教育课程。

社区教育课程的建设与管理是开展好社区教育的重要基础和条件。当前，我国社区教育课程的建设和开发尚处探索与实验阶段，个性化、体系化的课程还有待于进一步探索和研究。只有坚持合理开发、整合利用、重在实际、突出特色、科学规划、立足需求的原则，才能开发出特色鲜明、针对性强的优质社区教育课程，从而满足社区居民多层次、多样化的学习需求。

第五节　社区教育课程大纲案例①

一、“计算机应用基础——入门篇”课程大纲

课程名称：“计算机应用基础——入门篇”。总课时：20课时。

课程简介

本课程是专门针对老年学习者开设的一门计算机应用操作的入门课程。随着信息技术的发展，电脑和网络越来越成为老年人获取外界信息、保持年轻心态、加强对外沟通、丰富自身生活的新工具。本课程的主要内容包括：初步认识计算机、了解计算机的输入设备及使用、文件及文件夹的相关操作、如何上网、下载和使用杀毒工具等。教师通过生动讲解、演示操作等手段让学习者初步认识计算机，克服畏难心理。学习者通过与教师多交流、平时多练习，逐步掌握计算机应用的基本操作技能，为尽快适应互联网时代的数字生活奠定基础。

课程性质和对象分析

本课程偏重操作技能的掌握，是一门入门级的普及性较强的课程。

课程的学习对象主要是零基础的社区计算机爱好者。

课程目标

认知目标：通过对计算机相关基础知识的学习，了解计算机的基本组成及各部分的主要功能；理解并掌握文件及文件夹的相关操作要领；掌握计算机相关菜单的基本组成等。

技能目标：通过教师演示、主动操练，使学习者掌握计算机输入设备的使用方法；学会文件和文件夹的相关操作；体验IE浏览器的使用方法；掌握杀毒软件的下载和使用方法等。

情感态度目标：通过学习，使长者在学习过程中逐步树立和青年一代携手走进信息时代的生活目标，提高老年人晚年生活的质量，丰富老年人的精神文化生活。

---

① 徐建秋，张燕农．北京市东城区：社区教育课程大纲[M]．北京：首都师范大学出版社，2016．

课程内容与设计

第一节　认识我们的计算机	
教学目标	了解计算机在信息化社会中的重要作用，认识计算机的基本组成及部分硬件的功能；掌握正确的开关机操作，能够以正确的姿势使用鼠标、键盘；通过演示操作提升老年学习者学习计算机的兴趣，并能够意识到有效利用计算机必须养成良好的操作习惯
教学内容	1.奇妙的电脑世界。2.认识电脑各个部件。3.如何开关电脑。4.键盘、鼠标的操作方法
教学方法	讲授法、讨论法、任务驱动法
教学形式	面授学习、小组讨论
计划课时	2 课时，45 分钟/课时
第二节　认识 Windows7 操作系统	
教学目标	了解 Windows7 操作系统中桌面的组成部分，熟悉“窗口”的概念；掌握操作“窗口”的方法，会简单地美化电脑，能根据需要改变窗口的显示方式；通过学习，体会 Windows7 的先进性，感受图形化特点
教学内容	1.了解 Windows7 操作系统。2.认识桌面、图标、任务栏。3.认识开始按钮、开始菜单。4.窗口的操作。5.设置桌面壁纸
教学方法	讲授法、讨论法、任务驱动法
教学形式	面授学习、小组讨论
计划课时	2 课时，45 分钟/课时
第三节　认识文件及文件管理	
教学目标	了解文件及文件夹的概念，理解文件夹的使用意义，了解 windows 系统中删除的概念；掌握文件及文件夹管理的方法，能够熟练地搜索或删除文件和文件夹；通过整理文件、文件夹，培养科学分类意识、方便他人的意识和集体意识，以及培养健康科学的生活态度
教学内容	1.认识文件和文件夹。2.使用文件夹管理文件。3.复制、剪切、粘贴文件。4.搜索文件或文件夹。5.删除文件或文件夹。6.回收站的使用
教学方法	讲授法、讨论法、任务驱动法
教学形式	面授学习、小组讨论
计划课时	2 课时，45 分钟/课时

续表

第四节　文字输入	
教学目标	了解输入法、输入状态的概念，熟悉搜狗输入法的各个基本功能；掌握字、词、句的输入方法，能够正确使用隔音符号，掌握切换输入法状态的基本方法；规范打姿势和指法，培养良好的打字习惯，激发积极学习汉字输入的兴趣
教学内容	1.认识记事本。2.输入字母、数字、符号。3.认识输入法。4.打开、关闭、切换输入法。5.使用搜狗输入法输入汉字。6.提高输入汉字效率
教学方法	讲授法、讨论法、任务驱动法
教学形式	面授学习、小组讨论
计划课时	2 课时，45 分钟/课时
第五节　Windows 小工具的使用	
教学目标	了解画图工具、录音工具、写字板工具的基本功能；能够自主使用系统附件自带的小工具进行学习、娱乐，会进行简单画图、录音娱乐、打字练习等技能；能充分利用计算机自带软件进行娱乐学习，树立起种乐观、积极的世界观和人生观
教学内容	1.画图工具的使用。2.录音工具的使用。3.写字板的使用
教学方法	讲授法、讨论法、任务驱动法
教学形式	面授学习、小组讨论
计划课时	2 课时，45 分钟/课时
第六节　了解世界的窗口——www 浏览	
教学目标	了解浏览器的功能，理解网址的基本结构；能自主上网浏览信息，能将有用的网址收藏并使用；通过学习，体验网络的强大与实用，增强不断深入学习计算机的信心和兴趣
教学内容	1.IE 浏览器及其他主流浏览器。2.网址的基本结构。3.上网步骤。4.网址收藏。5.网页保存
教学方法	讲练结合法、任务驱动法
教学形式	面授学习
计划课时	6 课时，45 分钟/课时

续表

第七节　360 安全卫士和 360 杀毒软件	
教学目标	了解 360 安全卫士和 360 杀毒的基本功能；能够自主下载、安装、使用 360 安全卫士、360 杀毒软件；通过学习，认识到 360 安全卫士、360 杀毒软件对于计算机网络安全的重要性，倡导学习者文明上网
教学内容	1.360 安全卫士、360 杀毒软件的介绍。2.下载 360 安全卫士、360 杀毒软件。3.安装 360 安全卫士、360 杀毒软件。4.使用 360 安全卫士、360 杀毒软件
教学方法	讲练结合法、任务驱动法
教学形式	面授学习
计划课时	2 课时，45 分钟/课时

课程评估

1. 打字比赛：评比出在规定的时间内输入字数多的学习者。

2. 游戏比赛：比谁的通关级别高。

3. 文件分类比赛：竞赛内容为将杂乱无章的文件分类，并建立文件夹命名归类，评比出分类清晰且操作快速的学习者。

课程配套资源

图书：文杰书院．老年学电脑从入门到精通[M]．北京：机械工业出版社，2009.

二、“计算机应用基础——中级篇”课程大纲

课程名称：“计算机应用基础——中级篇”。总课时：20 课时。

课程简介

本课程是学习者在完成“计算机应用基础——入门篇”后可以学习的一门普及型的技术课程。计算机是电子数字计算机的简称，是一种能自动地、高速地进行数值运算和信息处理的电子设备，它主要由一些机械和电子的器件组成，再配以适当的程序和数据。计算机的程序及数据在输入后可以自动执行，可以解决某些实际问题。本课程的主要内容包括：计算机系统、操作系统应用、系统管理与应用、系统维护、常用工具软件、因特网基础知识、获取网络信息，通过这些知识的学习提高学习者的计算机应用能力。

课程性质和对象分析

本课程偏重知识的掌握和技能的培养，是一门基础级的普及性较强的课程。

课程的学习对象主要是对新科技感兴趣、希望提升计算机应用能力的社区中老年学习者。

课程目标

认知目标：通过对计算机系统、操作系统应用、系统管理与应用、系统维护与使用常用工具软件、因特网基础知识、获取网络信息这些知识的学习，明确计算机应用的相关概念及操作要领和操作规范。

技能目标：通过学习，掌握计算机系统与操作系统应用、系统管理与应用、系统维护与使用常用工具软件、因特网、网络信息检索的操作方法，提高计算机的应用能力。

情感态度目标：在学习和操作过程中，提高现代化设备的操作技能，丰富业务生活，提高生活质量，养成乐于学习的习惯，从而更好地融入信息化时代。

课程内容与设计

第一节　计算机系统	
教学目标	认识组成微型计算机系统的主要外部部件的名称，熟悉硬件的构成及软件的种类、特点、功能，认识微型计算机的主板系统组成单元电路的电子器件的名称及其功能；掌握常用的外存储器设备如硬盘、闪盘、光盘及光盘驱动器等的使用方法；通过对计算机系统的学习，提高学习者对计算机应用的熟悉度，摒除学习者的计算机学习障碍
教学内容	1.认识微型计算机的组成。2.认识主板系统单元。3.认识主板与外部设备的接口。4.认识内存、机箱和电源。5.计算机系统主要技术指标
教学方法	讲授法、讨论法、活动法
教学形式	面授学习、小组讨论
计划课时	3课时，45分钟/课时
第二节　Windows操作系统应用	
教学目标	了解文件和文件夹的命名规则，理解资源管理器的概念和功能；能够正确在资源管理器中熟练地进行浏览、选择等操作，能够正确地管理文件和文件夹；通过完成学习任务，提高学习者对操作系统的熟练程度，提高学习者的整理文件、整理个人计算机的兴趣
教学内容	1.文件及命名规则。2.文件与文件夹的操作。3.使用资源管理器
教学方法	讲授法、讨论法
教学形式	面授学习、小组讨论
计划课时	2课时，45分钟/课时

续表

第三节　Windows 系统管理	
教学目标	了解控制面板的概念、功能和内容；掌握日期、时间设置的基本方法，掌握改变显示设置的操作方法，能够熟练地安装常用设备的驱动程序；通过完成学习任务，提高学习者对系统管理与应用能力，提高学习者对个人计算机的管理、使用兴趣
教学内容	1.认识控制面板。2.安装和使用打印机。3.添加和删除输入法
教学方法	讲授法、演示法、讨论法
教学形式	讲授法、演示法、讨论法
计划课时	2 课时，45 分钟/课时
第四节　常用工具软件	
教学目标	了解数据备份的概念和意义；掌握常用软件的安装与卸载的方法，掌握压缩工具软件、防病毒软件等的使用方法，掌握数据备份的操作方法；通过完成学习任务，提高学习者使用计算机的安全意识，提高学习者系统维护与使用常用工具软件的能力
教学内容	1. WinRAR 软件安装与卸载。2.杀毒软件的使用。3.备份与还原数据。4. GHOST 操作。5.磁盘清理、磁盘碎片整理、磁盘扫描
教学方法	讲授法、演示法、讨论法
教学形式	面授学习、小组讨论
计划课时	4 课时，45 分钟/课时
第五节　因特网基础知识	
教学目标	了解因特网的基本概念和功能，了解 TCP/IP 协议的概念及配置 TCP/IP 协议的参数意义；掌握用 ADSL 方式接入 Internet 的方法，会建立 ADSL 连接的操作，掌握 IP 地址的表示方法，且会配置 TCP/IP 协议的参数；通过完成学习任务，帮助学习者打开网络世界，使他们感受到网络的便捷，增加其对计算机使用的兴趣
教学内容	1.什么是 Internet。2.TCP/IP 协议。3.IP 地址。4.接入因特网
教学方法	讲授法、讨论法
教学形式	面授学习、小组讨论
计划课时	3 课时，45 分钟/课时

续表

第六节 获取网络信息	
教学目标	了解常用的浏览器及其作用，认识浏览器的界面功能和特点，认识搜索引擎及其作用，熟悉上传和下载的概念；学会检索信息、下载文件、保存网页等操作技能，掌握用搜索引擎检索资源的两种具体方法；通过完成学习任务，提高获取网络信息的能力，提高学习者网络检索、浏览、搜索信息的兴趣，丰富学习者的日常生活
教学内容	1.浏览网页。2.检索信息。3.IE 浏览器设置
教学方法	讲授法、演示法、任务驱动法
教学形式	面授学习、小组讨论
计划课时	6 课时，45 分钟/课时

课程评估

1. 实践操作：针对某一主题进行操作，评选出操作正确、快速的学习者。

2. 讨论组：通过讨论组交流，提交小组学习心得体会。

3. 个性展示：根据所学，制作作品。

课程配套资源

硅谷动力：计算机软硬件学 http：//www.enet.com.cn。

三、计算机应用基础——高级篇”课程大纲

课程名称：“计算机应用基础——高级篇”。总课时：12 课时。

课程简介

老年教育是我国构建终身教育和学习型社会的重要组成部分，随着以信息技术为代表的知识经济时代的到来，老年人对计算机信息技术的掌握需求愈来愈迫切。培训社区老年人掌握简单的电脑操作技能，有助于其开阔视野，以达到“老有所学、老有所为、老有所乐”的目的，从而使广大老年人能真正享受到现代化生活的乐趣。这也是社区努力营造敬老、爱老、助老环境的重要任务。本课程内容主要包括基础操作、网上冲浪等。通过直观性教学、实践性教学等多样的教学方式，使老年学习者掌握计算机基础概念，并提高其计算机的基础操作能力和解决实际问题的能力。

课程性质和对象分析

本课程在内容上既注重知识的掌握，又注重技能的培养，是一门知识性与技

能性相结合的普及性课程。

课程的学习对象主要是学习过“计算机应用基础——入门篇”和“计算机应用基础——中级篇”知识及操作，有一定的基础，希望进一步提高信息素养的社区老年学习者。

课程目标

认知目标：通过对计算机基础知识的学习，初步了解计算机的构成，熟悉Windows7 操作系统操作环境，了解计算机的工作原理。

技能目标：通过学习，掌握 Windows7 操作系统的基础操作，会查看管理电脑中的文件；能够通过汉语拼音输入汉字并对文字进行简单的编辑处理；会使用压缩软件；会用浏览器浏览网页，搜索自己感兴趣的内容；会对电脑进行日常维护。

情感态度目标：在学习交流和操作体验的过程中，提高老年人的信息素养和人文素养，在使其充分感受现代科技给生活创造便捷的同时，丰富他们的精神文化生活。

课程内容与设计

第一节　压缩软件的使用	
教学目标	了解节省计算机空间的概念与目的，知道“打包”的含义，体会压缩文件在文件管理中的作用；掌握文件及文件夹的压缩、解压的方法；通过交流、讨论等活动形式，使学习者在自主解决问题的过程中培养成就感
教学内容	1.认识“空间”，了解“压缩”。2.认识好压软件。3.压缩文件。4.解压缩文件。5.建立加密的压缩文件
教学方法	讲授法、讨论法、任务驱动法
教学形式	面授学习、小组讨论
计划课时	2 课时，45 分钟/课时
第二节　常用音视频软件的使用	
教学目标	了解常用的音频、视频格式，知道文件获取的基本途径，体会合法下载文件的重要性；掌握音频、视频文件的基本播放方法，能够利用下载软件自主下载所需资源；通过学习，能够识别并自觉抵制不良信息，树立网络安全意识
教学内容	1.音乐播放软件——千千静听。2.视频播放软件——暴风影音。3.文件下载软件——迅雷
教学方法	讲授法、讨论法、任务驱动法
教学形式	面授学习、小组讨论
计划课时	2 课时，45 分钟/课时

续表

第三节　畅游网络	
教学目标	能够识别常见浏览器及其功能、作用，体会网络便捷性及危险性；掌握浏览器的基本操作；通过学习，培养学习者良好的上网习惯和公共道德，使学习者树立健康上网、安全上网，注重网络自我保护的意识
教学内容	1.认识互联网。2.使用浏览器浏览网页。3.保存喜欢的网页。4.收藏喜欢的网页。5.查看网页浏览历史记录
教学方法	讲授法、讨论法、任务驱动法
教学形式	面授学习、小组讨论
计划课时	2课时，45分钟/课时
第四节　邮箱的使用	
教学目标	了解电子邮件的概念及优点，熟悉电子邮件的工作原理；学会申请免费的电子邮箱，能够熟练地收发电子邮件，会简单地管理邮箱及通讯录；通过学习，让学习者体验在信息社会进行交流的便捷性，从而逐步把使用电子邮箱作为网络交流信息的常用工具，同时培养学习者遵守网络道德规范的良好习惯
教学内容	1.申请免费电子邮箱。2.登录电子邮箱，3.发送电子邮件。4.接收电子邮件。5.设置通讯录
教学方法	讲授法、讨论法、任务驱动法
教学形式	面授学习、小组讨论
计划课时	2课时，45分钟/课时
第五节　搜索网络资源	
教学目标	了解百度搜索引擎的功用，熟悉关键词在搜索时的重要性；学会使用百度搜索引擎查找所需资源，能够掌握基本的搜索技巧；通过学习，使学习者切身体会到使用搜索引擎的方便和快捷，从而培养他们利用网络搜索获取信息资源的意识
教学内容	1.搜索网页。2.搜索新闻。3.搜索音乐。4.搜索图片。5.搜索列车时刻表。6.搜索地图
教学方法	讲授法、讨论法、任务驱动法
教学形式	面授学习、小组讨论
计划课时	2课时，45分钟/课时

续表

第六节　电脑的安全与防范	
教学目标	了解计算机的病毒及其特点，知道定期查杀计算机病毒的重要性，理解维护电脑的必要性；学会使用 360 安全软件进行查杀计算机病毒，掌握使用 360 安全软件维护计算机的基本技巧；通过学习，提高学习者的网络防范意识，使学习者能够自觉抵制不良信息，形成安全上网的好习惯
教学内容	1.认识病毒。2.下载安装 360 安全卫士。3.启用 360 防火墙及 360 杀毒软件，4.电脑体检。5.清除电脑里的垃圾文件。6.修复系统漏洞
教学方法	讲授法、讨论法、任务驱动法
教学形式	面授学习、小组讨论
计划课时	2 课时，45 分钟/课时

课程评估

技能大考验：由教师或学习者提出与课上所学知识相关的问题，学习者利用所学知识进行分组讨论，最后将解决问题的方法进行分享并做演示。

课程配套资源

网络视频资源（参考）：http：//xidong.com/lecture/3713。

四、“剪纸艺术”课程大纲

课程名称：“剪纸艺术”课程，是一门普及性的休闲娱乐课程。

课程简介

剪纸艺术是中华民族优秀传统文化艺术，历史悠久，它独特的艺术魅力经久不衰，在民间艺术占有重要的地位。通过我国非物质文化遗产之一的剪纸艺术，培养学习者的创作能力是本课程育人目标之一，我们紧紧抓住剪纸这块领域来培养学习者的个性特长，挖掘他们潜在的对美的追求，培养他们的想象力、创造力。培养学习者的创作、观察生活能力，并把发现的美转化为创作的热情，用剪纸这门艺术瑰宝的特殊魅力表现出来，激发他们对美的再创造的欲望。本课程内容主要包括剪纸的历史，剪纸的基本方法、风格、流派，剪纸艺人的介绍，剪纸的创作等。通过教师讲解、学习者临摹，组织讨论、观察、设计等多样的学习活动，使学习者获得对剪纸艺术的初步认识，提高学习者的欣赏能力、审美能力和创造能力。

课程性质和对象分析

本课程在内容上更加偏重知识、技能的掌握，是一门基础级的普及性较强的课程。

课程的学习对象主要是对剪纸艺术及其制作感兴趣的小学习者。小学习者适龄 6～12 岁，这个年龄的学习者正处于思维的生长发展期，需要各种动手实践操作的练习来提高学习者的思维能力、动手动脑的能力。因此，剪纸课的学习有益于增强这方面的能力，对其思维的发展有一定的辅助作用。

课程目标

1. 认知目标：通过对剪纸基本知识的学习和名家名作的赏析，了解剪纸创作的社会历史背景、剪纸制作的基本要领，熟悉古今中外各个时期和不同地域的剪纸风格和表现形式，以及其主要作品的艺术特点，掌握剪纸制作的基本技法，感受剪纸在人类生活中的重要作用。

2. 技能目标：通过对名家名作的分析，掌握剪纸鉴赏的基本方法，提高剪纸鉴赏能力；通过学习剪纸的基本技法，体验纹样创作的过程，学会运用折、画、剪等基本方法，使其具有模仿、设计制作的创作能力。

3. 情感态度目标：在欣赏和享受剪纸美感的同时，丰富精神生活，使每个学习者手的灵巧性和动手能力有较明显提高，初步形成做事专心、细心耐心等良好习惯，同时培养学习者热爱民间艺术的情感。

课程内容与设计

第一节　剪纸艺术创作的历史背景和内涵	
教学目标	知道剪纸的历史来源，欣赏古代剪纸作品，了解其艺术特点；知道剪纸中的不同图案代表的寓意，并且能结合名师作品进行分析。通过赏析培养学习者鉴赏能力和民族自豪感，对中国传统剪纸艺术有一个初步的认识
教学内容	1.欣赏古代的剪纸作品，了解历史，欣赏现代的剪纸作品，了解图案中的寓意。2.选择作品，用学到的知识进行分析
教学方法	讲授法、讨论法、参观法
教学形式	面授学习、小组讨论
计划课时	2 课时，40 分钟/课时

续表

第二节　剪纸艺术创作基本技法——折法	
教学目标	学习各种折法，学会对边折法、对角折法和多边形折法；掌握四边形折法、六边形折法、五边形折法，培养学习者的观察能力和动手能力
教学内容	1.四边形折法。2.六边形折法。3.五边形折法。4.综合练习
教学方法	讲授法、讨论法
教学形式	面授学习、小组讨论
计划课时	4课时，40分钟/课时
第三节　剪纸艺术创作基本技法——纹样的剪制方法	
教学目标	认识剪纸的基础纹样；能够用剪刀剪制基础纹样；在学习过程中培养学习者的观察能力和动手能力
教学内容	1.用对折法剪制剪纸的基础纹样。2.用镂空法剪制剪纸的基础纹样。3.用上面的两种方法组合纹样。4.学习纹样的变化
教学方法	讲授法、演示法、讨论法
教学形式	面授学习、小组讨论
计划课时	4课时，40分钟/课时
第四节　剪纸纹样的设计方法——毛毛纹	
教学目标	学习“1+1”的设计方法；能够运用其设计方法变化毛毛纹样式；在学习中培养学习者的观察能力、思考能力、动手实践的能力和耐心细致的学习习惯
教学内容	1.欣赏剪纸作品中的“毛毛纹”样式，发现他们的变化。2.学习用“1+1”的方法设计“毛毛纹”。3.在剪纸创作中应用“毛毛纹”创作。4.学习用“纹随形变”的方法设计“毛毛纹”
教学方法	讲授法、演示法、讨论法
教学形式	面授学习、小组讨论
计划课时	4课时，40分钟/课时
第五节　剪纸的创作与鉴赏	
教学目标	初步了解什么是“纹随形变”，能够运用“纹随形变”的设计思想设计并制作剪纸；培养学习者的观察能力，创造能力和耐心细致的做事习惯

续表

教学内容	1.欣赏剪纸作品中的纹样变化，找到变化的规律。2.学习用“纹随形变”的设计思想表现剪纸作品。3.临摹剪制大师的剪纸作品，体验大师作品中的纹样设计。4.综合实践
教学方法	讲授法、讨论法
教学形式	面授学习、小组讨论
计划课时	4 课时，40 分钟/课时

课程评估

1. 建立学习者学习档案，学习者在学习档案中收集剪纸学习全过程的重要资料，包括研习记录、构想草图、设计方案、剪纸作业、相关剪纸信息（文字或图像资料等）、自我评价以及他人评价的结果。

2. 开展剪纸比赛，通过互评或座谈等方式，展示学习者作品，让学习者充分认识到自己的进步和发展，同时也明确自己需要克服的弱点和发展方向。

课程配套资源

1. 图书：《剪纸》教材。

2. 网络资源：中国剪纸网 http：//www.paper-cut.com.cn/in-dex.html。

五、“太极拳运动与养生”课程大纲

课程名称：“太极拳运动与养生”。总课时：98 课时。

课程简介

本课程是一项修身养性、内外兼修的实践课程，在学习时它要求学习者“先在心，后在身”松静自然，这使学习者的大脑皮层一部分进入保护性抑制状态得到休息，长期坚持这样的练习，使得大脑功能得到恢复和改善，消除由神经系统紊乱引起的各种慢性病。太极拳还要求学习者“气沉丹田”，有意地运用腹式呼吸，加大呼吸深度，从而有利于改善学习者呼吸机能和血液循环，使其经络舒畅，新陈代谢旺盛，体质、机能得到增强，因此在我国具有较强的群众基础。本课程以太极拳术和器械学习为主，通过对太极拳技术的学习和对太极拳内在练习方法的研习使人们身心得到锻炼，从而达到增进健康的目的。

课程性质和对象分析

本课程在内容上更加偏重于实践，注重练习者对运动技能的掌握和运动能力的提高，是一门基础级的实践类课程。

课程的学习对象主要是对太极拳感兴趣，希望通过学习与练习增进身心健康、养成坚持体育锻炼好习惯的社区中老年学习者，尤其是爱好体育运动、有一定运动基础和运动能力、希望习练太极拳的社区学习者。

课程目标

认知目标：通过对太极拳知识、理论和动作的学习，了解太极拳健身防身、养性、益智的特点以及学习太极拳的意义，理解太极拳动作的攻防含义，掌握太极拳各式的名称、动作要领和运动风格。

技能目标：通过对太极拳的学习，使学习者能够在音乐的引导下完成太极拳套路的练习，提高太极拳的演练水平，与此同时提高学习者的柔韧、协调、力量等身体素质，改善学习者呼吸系统的各项机能。

情感态度目标：通过对太极拳的学习、练习，探究民族传统体育，感受中华民族的传统文化，提高爱国主义精神和民族自豪感。同时也培养学习者勤学苦练、持之以恒、自尊自信、相互帮助的优良品质，形成乐观、积极、向上的生活态度及终身体育的意识。

课程内容与设计

第一节　八式太极拳	
教学目标	了解八式太极拳的历史、发展，知道太极拳与其他拳种的不同之处，掌握太极拳的动作方法及运动风格；掌握各式的动作并能独立完成八式太极拳套路的练习，发展柔韧、协调、力量等身体素质；通过学习，增强社区居民学习太极拳的兴趣，同时可以使其感受中华民族传统体育的艺术魅力，提高爱国主义精神和民族自豪感
教学内容	1.八式太极拳：起势、卷肱势、搂膝拗步动作方法。2.八式太极拳：野马分鬃、云手动作方法。3.八式太极拳：金鸡独立、蹬脚动作方法。4.八式太极拳：揽雀尾、十字手、收势动作方法。5.八式太极拳演练的呼吸方法。6.八式太极拳演练风格特点。7.八式太极拳各式动作的攻防含义理解与运用。8.八式太极拳赏析
教学方法	讲授法、演示法、现场指导法
教学形式	面授学习、团体活动
计划课时	8 课时，45 分钟/课时

续表

第二节　二十四式太极拳	
教学目标	通过对二十四式太极拳的学习，了解太极拳的拳劲、拳理、拳法，掌握太极拳的动作要领、各式动作的攻防含义、运动风格以及基本运行规律；掌握太极拳各式的基本动作，提高学习者柔韧、平衡、力量等身体素质；通过练习、体验太极拳，认识太极拳对于强身健体、陶冶情操的作用，同时培养学习者勤学苦练、持之以恒的优良品质
教学内容	1.武术基本功：压腿、压肩。2.武术基本功：腿法练习。3.太极拳基本功：桩功。4.二十四式太极拳动作方法。5.二十四式太极拳演练的呼吸方法。6.二十四式太极拳演练风格特点。7.二十四式太极拳各式动作的攻防含义理解与运用。8.二十四式太极拳赏析
教学方法	讲授法、演示法、现场指导法
教学形式	面授学习、团体活动
计划课时	16 课时，45 分钟/课时
第三节　四十二式太极拳	
教学目标	通过对四十二式太极拳的学习，了解太极拳的基本知识和发展趋势，知道太极拳身体康复和运动保健理论，掌握太极拳的技术动作要领；掌握太极拳基本的身形、基本手法和步法，提高学习者的柔韧、平衡、力量等身体素质；使学习者感受太极拳的博大精深，激发学习者探究民族传统体育运动的兴趣，培养他们勤学苦练、持之以恒、自尊自信、相互帮助的优良品质
教学内容	1.武术基本功：压腿、压肩。2.武术基本功：腿法练习，3.太极拳基本功：桩功。4.四十二式太极拳动作方法。5.四十二式太极拳演练的呼吸方法。6.四十二式太极拳演练风格特点。7.四十二式太极拳各式动作的攻防含义理解与运用。8.四十二式太极拳赏析
教学方法	讲授法、演示法、现场指导法
教学形式	面授学习、团体活动
计划课时	30 课时，45 分钟/课时
第四节　三十二式太极剑	
教学目标	通过对三十二式太极剑的学习，了解太极剑的基本知识和发展趋势，知道太极剑基本剑法和基本步型，掌握太极剑的技术动作要领；掌握太极剑的基本动作结构，增强武术意识，提高学习者柔韧、灵敏、力量等身体素质；在练习太极剑的同时，增强学习者追求身体的姿态美、动作美、心灵美和行为美的意识，同时培养他们勇敢、顽强、果断的意志品质

续表

教学内容	1.武术基本功：压腿、压肩。2.武术基本功：腿法练习。3.剑术基本功：剑花。4.三十二太极剑动作方法。5.三十二太极剑演练的呼吸方法。6.三十二太极剑演练风格特点。7.三十二太极剑各式动作的攻防含义理解与运用。8.三十二太极剑赏析
教学方法	讲授法、演示法、现场指导法
教学形式	面授学习、团体活动
计划课时	20 课时，45 分钟/课时
第五节　太极功夫扇	
教学目标	通过对太极功夫扇的学习，了解太极功夫扇的基本知识和发展趋势，掌握太极功夫扇的演练方式和风格特点；掌握太极功夫扇的基本动作结构以及太极功夫扇的基本方法和基本手型、步型，提高学习者柔韧、灵敏、力量等身体素质，提高学习者的呼吸系统机能；增强学习者的武术意识，增强他们追求身体的姿态美、动作美、心灵美和行为美的意识，培养他们勇敢、顽强、果断的意志品质
教学内容	1.武术基本功：压腿、压肩，2.武术基本功：腿法练习。3.太极功夫扇基本功：平开合扇、上开合扇、前开合扇。4.太极功夫扇动作方法，5.太极功夫扇演练的呼吸方法。6.太极功夫扇演练风格特点。7.太极功夫扇各式动作的攻防含义理解与运用。8.太极功夫扇赏析
教学方法	讲授法、演示法、现场指导法
教学形式	面授学习、团体活动
计划课时	24 课时，45 分钟/课时

课程评估

1. 太极拳术展示（学习成果展示）：通过集体拳术展示的形式，检验教学效果和学习效果。

2. 太极器械展示（学习成果展示）：通过集体器械展示的形式，检验教学目标和健身目标的达成。

3. 座谈赏析会：通过座谈会的形式，组织学习者进行太极拳技术赏析。

课程配套资源

1. 网络资源：中国太极网 www.entail1quan.com。

2. 相关教具：太极拳音乐、音乐播放器、太极剑、太极功夫扇。

3. 基础设施：运动场（馆）、靶杆。

六、家庭教育——快乐亲子”课程大纲

课程名称：“家庭教育——快乐亲子”。总课时：29 课时。

课程简介

亲子课程是一门幼儿和家长共同参与的游戏活动课程。亲子课程是依据 0～3 岁幼儿的智力、心理生长发育特点，制定科学系统、循序渐进的训练难度来进行游戏。本课程内容主要包括运动游戏、语言游戏、认知游戏、操作游戏、艺术类游戏、科学讲座等，通过指导家长与幼儿共同参与游戏，让幼儿在成长的每一个敏感期都能得到及时、良好的训练和提高。

课程性质和对象分析

本课程在课程内容上更加偏重活动体验，同时也注重指导家长如何进行亲子活动，使亲子之间共享欢乐、同步成长。

课程的学习对象主要是 0～3 岁入园前的幼儿及幼儿家长，尤其是关注孩子成长特点和发展阶段，希望接受科学早期教育的年轻的爸爸妈妈。

课程目标

认知目标：让家长了解 0～3 岁幼儿的年龄特点及教育目标，在亲子活动中发展幼儿的感知觉（如：视觉、听觉、言语听觉、触觉、空间知觉），注意力与记忆，以及促进幼儿想象、创造与思维的发展及语言的发展。

技能目标：帮助家长了解生活化的家教技能，通过亲子游戏发展幼儿运动技能（走、跑、跳、钻、爬）、语言能力（会使用常用的礼貌用语，能理解日常用语，能进行简单问答，能听懂普通话）、动手操作的能力（大动作，精细动作的发展）。

情感态度目标：通过好玩的亲子游戏，体验活动所带来的乐趣，增进幼儿与家人之间的情感；促进家长与教师、家长与幼儿、家长与家长之间的沟通与交流；培养幼儿参与各种游戏的兴趣，通过父母与幼儿之间的互动，促进孩子快乐健康地发展，建立亲子之间的爱。

课程内容与设计

第一节　亲子综合活动一	
教学目标	知道自己的姓名、性别及身体部位；发展幼儿小肌肉的灵活性和力量及锻炼大肌肉；激发幼儿的游戏兴趣，使之在较短的时间里消除对新环境的紧张与不安；培养幼儿聆听音乐的兴趣

续表

教学内容	1.应答游戏——我来了。2.运动游戏玩纸球。3.音乐律动——万花筒。4.益智活动——配对游戏。5.艺术活动——揉纸球。6.高高兴兴回家去。7.幼儿身体保健知识讲座
教学方法	面授法、讲授法，活动法
教学形式	互动参与
计划课时	2课时，30分钟/课时
第二节　亲子综合活动二	
教学目标	知道自己的名字，感知音乐的节奏、感知事物的多少；通过锻炼蹲、起、走发展幼儿的协调能力及平衡能力；体验亲子游戏的快乐，喜欢玩色，开始逐渐产生留恋感
教学内容	1.应答游戏——我和小猴握握手。2.运动游戏——帮妈妈捡蛋。3.音乐游戏——我是一个小鼓手。4.益智活动——“瓶宝宝”吃豆。5.艺术活动——花朵。6.老师再见。7.幼儿身体保健知识讲座
教学方法	面授法、讲授法、活动法
教学形式	互动参与
计划课时	3课时，30分钟/课时
第三节　亲子综合活动三	
教学目标	能说出人称词（妈妈、爸爸、爷爷奶奶、小朋友）；尝和周围人打招呼，练习双手抬物的能力，能跟随节奏做动作，锻炼适应黑的能力，锻炼小手的精细动作；喜欢和人交流，大胆说话，体验游戏中的快乐，在游戏中增强孩子的想象力和创造力，建立大人与幼儿的亲密关系，感受大人的爱
教学内容	1.应答游戏——跟周围人打招呼。2.运动游戏——送娃娃。3.音乐游戏——小手摇一摇。4.操作游戏——捉迷藏。5.艺术活动——玩面团。6.亲亲宝贝。7.幼儿心理健康讲座
教学方法	面授法、讲授法、活动法
教学形式	互动参与
计划课时	3课时，30分钟/课时
第四节　亲子综合活动四	
教学目标	认识五官，能够说出简单的物品名称；练习跑，学会听指令行动，能合着音乐节拍做动作，培养观察和记忆能力，锻炼手指的灵活性；在游戏中感受成功的喜悦，鼓励幼儿大胆交往，喜爱和小朋友游戏

续表

教学内容	1.应答游戏——指五官。2.运动游戏——开汽车。3.音乐游戏——三轮车。4.益智活动——是谁不见了。5.艺术活动——豆豆饼。6.拍手再见。7.幼儿心理健康讲座
教学方法	面授法、讲授法、活动法
教学形式	互动参与
计划课时	3课时，30分钟/课时
第五节　亲子综合活动五	
教学目标	认识身体部位名称，认识颜色和圆形；能学说简单的话，发展走跑交替的平衡能力，培养节奏感，培养幼儿的注意力，发展小手的控制能力；喜欢和成人交流，在游戏中大胆尝试，培养对颜色的兴趣和对美术游戏的兴趣，体会和朋友在一起的快乐
教学内容	1.应答游戏——手指儿歌。2.运动游戏——彩虹伞。3.音乐游戏——拍拍踏踏。4.认知操作游戏——穿穿大扣子。5.艺术活动——滚画球。6.找朋友。7.幼儿游戏和玩具的讲座
教学方法	面授法、讲授法、活动法
教学形式	互动参与
计划课时	3课时，30分钟/课时
第六节　亲子综合活动六	
教学目标	能够模仿动物的叫声，认识鼓和节奏棒，能按虚线痕迹画圆；锻炼幼儿发音，锻炼幼儿肢体控制力，增强手指尖的触觉能力；对发声的东西感兴趣，在游戏中敢于坚持，鼓励小朋友和同伴交往，体会分享
教学内容	1.应答游戏——学叫声。2.运动游戏——小袋鼠。3.音乐游戏——玩乐器。4.认知操作游戏——神秘的口袋。5.艺术活动——糖葫芦。6.送糖葫芦。7.幼儿游戏和玩具的讲座
教学方法	面授法、讲授法、活动法
教学形式	互动参与
计划课时	3课时，30分钟/课时
第七节　亲子综合活动七	
教学目标	认识人物和动物，认识常见的颜色；能和成人说简单的对话，练习自转能力和平衡能力，锻炼幼儿手部精细动作；喜欢节奏感强的音乐游戏，鼓励幼儿专注游戏，建立宝宝与家人的亲密关系

续表

教学内容	1.应答游戏——看报纸。2.运动游戏——卷白菜。3.音乐游戏——划小船。4.认知操作游戏——带帽子。5.艺术活动——花环。6.给妈妈戴花环。7.幼儿语言发展的讲座
教学方法	面授法、讲授法、活动法
教学形式	互动参与
计划课时	3 课时，30 分钟/课时
第八节　亲子综合活动八	
教学目标	感知音乐中的快、慢、结束；能够倾听应答，练习爬行和翻滚动作，锻炼幼儿的反应能力，练习使用刷子刷颜色；对音乐游戏感兴趣，愿意利用图画工具进行涂鸦，喜欢玩颜色活动，在妈妈的怀抱中感受爱
教学内容	1.应答游戏——在这里。2.运动游戏——刺猬找食。3.音乐游戏——高人走，矮人走。4.认知操作游戏——豆豆点点。5.艺术活动——大树穿衣。6.小宝贝。7.幼儿语言发展的讲座
教学方法	面授法、讲授法、活动法
教学形式	互动参与
计划课时	3 课时，30 分钟/课时
第九节　亲子综合活动九	
教学目标	能够理解疑问句，认识常见动物的明显特征，认识五官的位置；发展钻的能力，发展观察能力，会使用胶棒进行粘贴；鼓励幼儿愿意在游戏中想办法，感受节奏舒缓优美的音乐，喜欢参与粘贴活动
教学内容	1.应答游戏——捉迷藏。2.运动游戏——火车钻山洞。3.音乐欣赏——睡吧布娃娃。4.认知操作游戏——拼拼摆摆。5.艺术活动——气球宝宝。6.摇篮曲。7.综合话题讲座
教学方法	面授法、讲授法、活动法
教学形式	互动参与
计划课时	3 课时，30 分钟/课时
第十节　亲子综合活动十	
教学目标	熟悉 1~5 的手指表示方法，学习撕纸的方法，学会用礼貌语道别；能听语言做动作学说简单的话，提高综合运动的协调性，锻炼反应能力，锻炼小手配合能力；愿意通过动作体验节奏，喜欢撕纸游戏

续表

教学内容	1.应答游戏——红灯、绿灯。2.运动游戏——过龙门。3.音乐律动——棒棒操。4.认知操作游戏——嘴巴手指都一样。5.艺术活动——小门帘。6.唱《再见歌》。7.综合话题讲座
教学方法	面授法、讲授法、活动法
教学形式	互动参与
计划课时	3课时，30分钟/课时

课程评估

1. 讨论会：通过座谈会的形式，组织家长针对幼儿的发展表现进行讨论并解决存在的问题。

2. 通过追踪评价的方式，记录幼儿五大领域的发展状态，并进行观察分析。

课程配套资源

1. 图书：《0～3岁孩子成长关键期》《宝宝越玩越聪明》《婴幼儿游戏指南》《托班生活课程》等。

2. 课程配套教具：

乐器玩具：节奏棒、小铃鼓、小手铃。

美工操作教具：儿童胶棒、氢气泥、12色彩色画笔、白纸、柔软易造型的皱纹纸。

操作玩具：手指玩偶（动物、人物）、大块的图形软积木。

户外体育玩具：跳跳球、彩色纱巾、拱形门、软垫子、跳袋、小汽车。

3.配套音乐：《音乐花园歌曲选》《虫儿飞》《睡吧小宝贝》《泡泡爱唱歌》《星星的心》《勾勾手指头》等。

七、"家庭教育——关注心灵共同成长"课程大纲

课程名称："家庭教育——关注心灵共同成长"。总课时：12课时。

课程简介

家庭对于一个人的影响众所周知，对于孩子而言，家庭关系、家庭结构、家庭氛围以及家长教养方式、态度情绪等都会对其产生影响。作为家长，在家庭生活中，在孩子共同成长的过程中，会遇到许多的疑惑、问题和困扰。面对这些，很多父母会感觉无助、焦虑、失望、自责和内疚，而这些情绪又会对孩子的行为产生影响。为了帮助更多的家长朋友走出困惑，改善孩子的行为，使其能够健康

成长，我们开设了“关注心灵共同成长”父母效能培训课程。“关注心灵共同成长”课程是一门面向家长、普及家庭教育理念和方法的父母效能培训课程。通过理论讲授、团体活动、系统化训练等方法，让家长了解孩子的行为，掌握与孩子沟通的实际操作方法，调整自己的情绪，改善亲子关系，促进孩子健康快乐成长。

课程性质和对象分析

本课程属于早教课程，通过理论讲授、团体活动、系统化训练的方法来帮助家长进一步了解孩子行为目的，控制自己的情绪，积极倾听，有效沟通，及时鼓励，以平等尊重的原则与孩子建立良好的亲子关系，更好地发挥孩子的潜能和促进孩子的学业成绩，是一门基础级及中级的综合性课程。

本课程的学习对象主要是幼儿园、小学、中学学习者的父母，帮助他们了解孩子的行为、解决教育孩子过程中的问题及困扰。本课程需要学习者全程参与，全心投入，真诚分享，并积极反思自我，最终改善其教育理念和行为。

课程目标

认知目标：通过理论讲授，帮助家长理解自己的观念、态度、行为是影响孩子成长的重要因素，学会调整自己的情绪、改善亲子关系、促进孩子健康成长。

技能目标：通过父母效能培训，使父母在教养孩子时掌握一些实际操作方法，进一步了解孩子行为目的，控制自己的情绪，能够积极倾听、有效沟通、及时鼓励，学会以平等尊重的原则与孩子建立良好的亲子关系。

情感态度目标：充分体验家庭教育中作为家长的内在冲突、困惑与迷茫，感受自身完善与孩子共同成长的快乐。

课程内容与设计

第一节　了解孩子的行为目的——孩子为什么要这样？	
教学目标	帮助家长认识到建立亲子间的平等关系与了解孩子行为背后目的的关系；通过活动，指导家长从不同角度了解孩子行为的目的，从而读懂孩子的行为，更好地施以教育和辅导；充分体会孩子行为过程中的情感态度，理解孩子的需要，感受读懂孩子行为之后的收获和体会
教学内容	1.什么是行为，行为的由来。2.了解孩子成长过程中不同阶段的不同特征及心理需求。3.孩子的行为目的是什么。4.掌握一定的觉察的方法，读懂孩子的行为。5.通过个案分析，了解孩子行为背后的道理
教学方法	体验学习、案例分享学习、行为演练学习、比较学习、小组合作学习
教学形式	活动体验式、讨论分享式、讲授互动式
计划课时	3 课时，45 分钟/课时

续表

第二节　父母的情绪管理——我能不生气吗?	
教学目标	理解父母情绪对孩子成长的重要影响，认识到控制情绪的重要性；通过讲解、活动、分享，了解情绪的来源，掌握调整情绪的方法；能够理智面对孩子成长中的问题并有效帮助孩子健康成长；通过活动体验不同情境自己的不同情绪，在调整情绪的过程中感受由情绪变化而带来的孩子情绪及行为的改变
教学内容	1.了解自己的情绪、价值观和对孩子的期望。2.情绪的来源：情绪 ABC 理论。3.情绪与自我的关系。4.情绪对孩子成长的重要作用。5.如何调整情绪，做情绪的主人
教学方法	体验学习、案例分享学习、行为演练学习、比较学习、小组合作学习
教学形式	活动体验式、讨论分享式、讲授互动式
计划课时	3 课时，45 分钟/课时
第三节　沟通无极限——父母如何与孩子沟通交流?	
教学目标	了解什么是积极有效的沟通，建立沟通是促进亲子关系的重要途径的理念；通过活动，了解沟通的几种不同模式，学习积极有效沟通的方法；通过情景再现，体验沟通不畅带来的困扰，感受学习之后应用有效的沟通方法建立良好亲子关系的愉悦
教学内容	1.沟通的不同模式与类型。2.沟通不畅的原因分析。3.怎样倾听孩子说话。4.如何表达我的讯息
教学方法	体验学习、案例分享学习、行为演练学习、比较学习、小组合作学习
教学形式	活动体验式、讨论分享式、讲授互动式
计划课时	3 课时，45 分钟/课时
第四节　鼓励有方——孩子，你真棒!	
教学目标	了解鼓励的重要意义，认识到鼓励是生活中必不可少的催化剂；帮助孩子建立自信心，告诉孩子“你是与众不同的”，了解鼓励的意义以及鼓励的策略，区别鼓励和称赞的不同；引导家长感受自己得到鼓励之后的情绪体验，从自己的感受出发，发自内心的鼓励孩子
教学内容	1.什么是鼓励，鼓励与表扬的区别。2.鼓励的原则。3.鼓励的方法。4.鼓励的注意事项
教学方法	体验学习、案例分享学习、行为演练学习、比较学习、小组合作学习
教学形式	活动体验式、讨论分享式、讲授互动式
计划课时	3 课时，45 分钟/课时

课程评估

1. 个案分享——我的家庭故事。

2. 情境再现——应用方法解决实际问题。

3. 撰写学习收获体会。

课程配套资源

1. PPT 演示文稿。

2. 图书：阿黛尔·法伯，伊莱恩·玛兹丽施. 如何说孩子才会听怎么听孩子才肯说[M]. 安燕玲，译. 北京：中央编译出版社，2007.

八、家庭教育——家长心理培训”课程大纲

课程名称：“家庭教育——家长心理培训”。总课时：24 课时。

课程简介

父母是孩子的第一任老师，父母的教养方式对孩子的方方面面都会有重要的影响，所以父母是否拥有健康的心理状态，是否掌握科学的教养方式，对孩子一生的发展都至关重要。本课程主要包括“原本的我”、生命中的影响事件、我的“心理按钮”、积极的自我评价、我的原生家庭、我与孩子职场中的我、问题所有权及“我讯息”等内容，通过教师讲解、小组活动、倾听练习、角色扮演、讨论、游戏等多种形式的学习体验活动，使父母们能够理解和倾听他人，最终达到能够接纳自己和他人、充分享受生活的目的。

课程性质和对象分析

本课程属于早教课程，在课程内容上既有知识性又有心理技能训练，是一门基础级的普及性较强的课程。

课程的学习对象主要是幼儿园、中小学学习者的父母，以及希望能掌握科学的教育理念与方法，与孩子建立更好的亲子关系，更好地陪伴孩子成长的家长。特别是有强烈的学习愿望和改变的动力，不把所有的亲子问题都归咎于孩子，希望通过改变自身、提升自我来帮助孩子的父母。

课程目标

1. 认知目标：通过对心理学相关基本知识的学习，了解原生家庭、心理按钮、马斯洛需要层次理论等内容，掌握孩子的行为目的、问题所有权及“我讯息”等知识。

2. 技能目标：通过一对一及多人小组的倾听训练，掌握有效倾听的方法；通

过“优点轰炸”等活动，使父母体会到被赞赏的感觉，从而也学会赞赏他人；通过对行为目的、问题所有权及“我讯息”的分析与演练，学会与人沟通的科学方法。

3. 情感态度目标：在小组学习与互动的过程中，体验与人交往、合作的快乐，并通过学习与练习，更加自信、感恩，并体会由此带来的和谐、幸福的家庭及人际关系。

课程内容与设计

第一节　原本的我	
教学目标	知道并认同孩子的大部分问题来自父母的观点，了解课程的主要内容及形式，知道倾听的重要性及作用，掌握每个人出生时最原本的状态；通过小组互动及游戏，初步形成小组动力；通过训练，初步掌握倾听的基本方法；通过对“原本的我”的学习，使学习者学会理解他人；通过小组互动与分享，使学习者之间建立互信与支持的氛围
教学内容	1.建立小组（自我介绍、期待、团体建立游戏）。2.课程内容及形式介绍。3.“原本的我”。4.如何倾听。5.参与课程的要求
教学方法	讲授法、讨论法、活动法
教学形式	面授学习、小组讨论、团体游戏、一对一倾听练习
计划课时	3 课时，45 分钟/课时
第二节　生命中的影响事件	
教学目标	本章教学目标：通过学习理解生命中的重要事件如何影响我们的生活，从而进一步掌握错储的概念；了解倾听为什么会对我们有帮助；学会消除错储的基本方法，学会如何做一名好的倾听者；使学习者们更能理解自己和他人为什么会有不良情绪；通过倾听的练习及作业，宣泄不良情绪，从而与学习伙伴建立信任的关系
教学内容	1.重要事件如何影响我们。2.错储的概念。3.如何消除错储。4.怎样做一名好的倾听者
教学方法	讲授法、讨论法、活动法、示范法
教学形式	面授学习、小组讨论、团体游戏、示范、倾听训练
计划课时	3 课时，45 分钟/课时
第三节　我的“心理按钮”	
教学目标	了解错储如何演化成了“心理按钮”，理解“心理按钮”被触发及工作的机制；学会识别自己及他人身上的“心理按钮”，学会利用倾听的方法，帮助自己和他人冲击形成的“心理按钮”；理解情绪背后的深层原因，从而学会接纳情绪，理解他人

续表

教学内容	1.复习前两节的内容。2.“心理按钮”的形成。3.我与他人的“心理按”。4.如何冲击自己及他人的“心理按钮”
教学方法	讲授法、讨论法、活动法
教学形式	面授学习、小组讨论、团体活动、倾听练习
计划课时	3课时，45分钟/课时
第四节　积极的自我评价	
教学目标	通过学习及团体活动，使学习者了解自信的重要性；使学习者理解对自己的各种负面评价的来源；通过心理活动，使学习者学会赞赏他人；使学习者建立自信，并通过学习赞赏他人，使其在生活中与他人建立良好的关系
教学内容	1.作业分享及答疑。2.负面的自我评价的由来。3.心理活动：优点轰炸。4.支持小组：被赞赏的感觉
教学方法	讲授法、讨论法、活动法
教学形式	面授学习、小组讨论、团体活动、支持小组
计划课时	3课时，45分钟/课时
第五节　我的原生家庭	
教学目标	通过学习，了解家庭系统的基本知识，理解原生家庭对人的影响；学会澄清每个人行为背后的家庭因素，通过支持小组，学会帮助他人的方法；通过学习原生家庭的影响，使学习者更加理解自己和爱人
教学内容	1.分享作业及答疑。2.原生家庭对人的影响。3.如何打破相互伤害的怪圈。4.支持小组。5.欣赏自己的父母
教学方法	讲授法、讨论法、活动法
教学形式	面授学习、小组讨论、团体活动、支持小组
计划课时	3课时，45分钟/课时
第六节　我与孩子	
教学目标	通过学习，使学习者了解自己的教养模式对孩子的影响；理解马斯洛需要层次理论及孩子的行为目的；学会家庭咨询的方法；学会分析孩子的行为目的；通过学习，使学习者更能理解和接纳孩子的各种行为和情绪
教学内容	1.作业分享与答疑。2.我们的模式对孩子的影响。3.马斯洛的需要层次理论。4.孩子的行为目的。5.家庭咨询的方法。6.做父母的快乐
教学方法	讲授法、讨论法、活动法

续表

教学形式	面授学习、小组讨论、团体活动、支持小组
计划课时	3课时，45分钟/课时
第七节　职场中的我	
教学目标	通过学习，使学习者了解职场及生活中各种人际冲突产生的原因，理解冲突中也有积极的因素及建立新关系的可能性；学会分析人际冲突的原因，学会管理自己的情绪，以及学习建立新的关系的方法；使学习者学会用积极的态度面对冲突
教学内容	1.作业分享及答疑。2.人际冲突的产生原因。3.人际冲突的解决。4.支持小组
教学方法	讲授法、讨论法、活动法
教学形式	面授学习、小组讨论、团体活动、支持小组
计划课时	3课时，45分钟/课时
第八节　问题所有权及“我讯息”	
教学目标	通过学习，掌握问题所有权的概念，以及“我讯息”的基本形式及内容；学会分析问题所有权，通过演练，学会“我讯息”的表达，使学习者掌握与人沟通的基本方法；促使学习者与他人建立良好的关系
教学内容	1.作业分享与答疑。2.问题所有权。3.“我讯息”。4.案例演练
教学方法	讲授法、讨论法、活动法
教学形式	面授学习、小组讨论、团体活动、角色演练
计划课时	3课时，45分钟/课时

课程评估

1. 课堂练习：通过课堂练习与演练，观察学习者的参与程度。

2. 作业：每次课程会布置学习者间的练习作业，以及与孩子及家人互动的亲子作业，每次课会有上次作业的反馈环节。

3. 通过学习者自编的情景模拟表演，评价学习者对学习内容的理解与掌握情况。

九、“生活安全——生活中的安全教育”课程大纲

课程名称：“生活安全——生活中的安全教育”。总课时：6课时。

课程简介

生活中的安全是一门普及性的教育课程。安全隐患在我们的生活中无处不在，对我们的人身安全有着巨大的威胁。因此，树立每个人的安全意识是十分有必要的。无论是儿童还是老人都需要根据年龄情况、认知水平了解必要的安全知识以及知道如何保护自己的人身安全。本课程内容主要包括交通安全、公共安全、家庭安全、逃生安全、灾害逃生。

课程性质和对象分析

本课程在课程内容上既有知识的掌握，也有技能的掌握，是一门基础级的普及性较强的课程。

课程的学习对象主要是需要掌握安全知识的各个年龄段的人群。通过学习，不同年龄段的人能够了解安全知识，知道安全的重要性，并学会一些保护自己的技能。

课程目标

认知目标：通过对安全知识的学习，了解时刻注意安全在我们生活中的重要性，提高安全意识。

技能目标：通过学习，使学习者掌握一些自我保护的技能，在课程中可以通过实际的演练来达到掌握技能的目的。

情感态度目标：不仅培养学习者自我保护的能力，而且帮助学习者树立热爱生活、热爱身边的人的态度，使他们感到人与人之间的真情与关爱。

课程内容与设计

第一节　家庭安全——小手不摸缝	
教学目标	通过观察“手指”被割伤的图片及案例分析，知道它的危害性，增强幼儿的安全意识；通过教师的讲解和演示，教授幼儿掌握小手不被割伤的方法，使儿童学会自我保护；培养家长和儿童做事要认真细心的态度，帮助儿童树立遇到困难时人与人之间相互帮助、相互关爱的思想意识
教学内容	1.知道手对人生活的重要。2.如何保护好自己的小手。3.参与互动：在门缝、桌缝、椅缝、抽屉缝、柜门、钢琴盖等地方如何保护自己
教学方法	讲授法、演示法、讨论法
教学形式	面授法
计划课时	1 课时，45 分钟/课时

续表

第二节　生活安全教育	
教学目标	通过学习，使学习者能够记住生活中特殊的电话号码（110、119、122、120），意识到四个特殊的电话号码与人们生活的密切关系；学会拨打特殊电话并正确描述情境，初步积累在紧急情况下报警求救保护生命的经验；树立安全意识，以及遇到紧急情况不慌张、冷静处理的思想状态
教学内容	1.感知辨别特殊的电话号码（110、119、120、122）。2.了解四个电话号码的不同的用途。3.解释它们的特殊性。4.四个电话号码与人们的关系
教学方法	面授法、讲解法、演示法
教学形式	面授学习、小组讨论
计划课时	2课时，45分钟/课时
第三节　生活安全教育——身边的标志	
教学目标	通过学习，使学习者能够发现身边的安全标志，认识并记忆这些安全标志，知道这些安全标志的作用；能够在生活中辨识这些安全标志，并能够按照安全标志的指引，做出正确的行为；了解生活中的各种标志，遵守这些标志，做个遵守社会规则的人
教学内容	1.收集身边的安全标志（注意安全、人行横道、步行、禁止通行、严禁烟火、当心触电、禁止触摸）。2.通过观看一段段视频认识这些安全标志（生活中常见的安全标志）。3.用准备好的安全标志图片，说说它们的作用，4.安全标志与人们生活的关系
教学方法	讲授法、演示法
教学形式	面授学习、视频学习
计划课时	1课时，45分钟/课时
第四节　逃生知识——火灾逃生	
教学目标	通过学习，使学习者树立火灾避险的安全意识，并能够形成在遇到火灾险情时正确处理的基本思维；通过教师讲解、案例分析以及学习者的体验，使学习者掌握火灾避险的正确自救方法；帮助学习者做到遇到事情要冷静，想办法解决困难，遇事还要动脑筋，做事要充满自信
教学内容	1.发现起火马上拨打报警电话。2.火灾发生时保护好自身安全，知道应该如何去做。3.讨论：在火灾中几种自救的方法（躲避在卫生间里、用湿毛巾捂住鼻匍匐行进、用床单结成绳子从窗户出去）。4.在火灾时不应该怎样做（不应该乘坐电梯、不要跳楼）

续表

教学方法	面授法、视频观看
教学形式	面授法、练习法
计划课时	1课时，45分钟/课时
第五节　旅游安全	
教学目标	通过学习，使学习者意识到旅游中可能出现的安全隐患，树立旅游安全意识，知道一些相关的旅游安全知识，注意自己的身体安全、旅游地点的安全、食品安全等；能够根据自身情况选择安全的旅游线路，并掌握自我安全保护、财产保护的基本方法；在旅游时要加强自身的保护意识，同时要与同行者保持好关系，在旅途中相互照顾，增进人与人之间的感情
教学内容	1.不同年龄段的人应选择的旅游地点，了解当地的一些情况（天气、地理情况、风土人情）选择适合的旅游方式。2.旅游公司的选择，要有合法的手续。3.旅游伙伴的选择（家人、亲戚、朋友、同事等）。4.旅游中会出现哪些情况（身体上、食物上、当地的情况等）。5.保护好自己的人身和财产安全
教学方法	面授法、讲解法
教学形式	面授学习、小组讨论
计划课时	1课时，45分钟/课时

课程评估

1. 通过交流的形式，使学习者对安全知识了解得更加深刻，让安全存在每个人的心中。

2. 学习制作安全标志，进行模拟演示。

3. 创编有关安全方面的诗歌，组织学习者进行交流。

课程配套资源

1. 图片：交通安全图片、安全标志、学校提供安全挂图。

2. 视频：网络下载。

3. 制作相关图片，设置相关的情节。

十、“心理健康教育”课程大纲

课程名称：“心理健康教育”。总课时：11课时。

课程简介

心理健康教育又称心理素质教育，简称心理教育或心育，是教育者运用心理科学的方法，对教育对象心理的各层面施加积极的影响，以促进其心理发展与适应、维护其心理健康的教育实践活动。心理健康教育的重点首先在于开发个体的潜能，优化其心理素质，增强适应能力，预防心理障碍的产生，促进学习者的健康发展。本课程的主要目的是了解市民群体的现状，通过游戏、活动等形式的心理健康群体性活动，渗透心理健康教育，普及心理健康知识，提高市民群体的心理健康水平，并针对个人问题采取个别化教育和个别辅导措施，促进广大市民的发展。

课程性质和对象分析

本课程以心理学理论为指导，讲授浅显的心理学知识，在课程内容上偏重于活动，注重参与者的合作与交流、觉察与感悟，是一门基础级的普及性、趣味性较强的课程。

课程的学习对象主要是热爱生活、希望调节自身情绪、促进人际交往以及提高自身心理健康水平的社区中老年学习者，尤其是对被失眠、情绪不稳定、人际关系紧张等困扰的社区学习者有较大的帮助。

课程目标

认知目标：普及心理学知识，了解情绪相关理论和积极心理学，能正确认识自我。

技能目标：使受教育者掌握应对心理危机的方法，增强调控自我、承受挫折、适应环境的能力，帮助他们顺利地解决生活中的各种困难，勇敢地面对生活中的各种挫折和考验。

情感态度目标：通过团体心理辅导，满足学习者的心理需求，提升学习者心理素质，帮助他们提高安全感，得到他人的承认和接纳，培养他们健全的人格和良好的心理品质。

课程内容与设计

第一节　我的情绪我做主	
教学目标	了解情绪的特征，认识与压力密切相关的几种情绪。改善人际交流的模式，令生活更愉快、人际关系更和谐；学习和掌握情绪调控的方法，能够较妥善处理自己的负面情绪，化阻力为动力；能灵活运用自我激励和激励他人的方法；保持积极正面的心态，树立明确的人生目标，快乐生活

续表

教学内容	1.“知”情：认识情绪，了解情绪的三个特征（内心体验、外在表现、生理反应）及个体在压力下的情绪反应。2.“解”情：能解读自己的情绪以及情绪与工作、生活的关系，随时随地觉察自己的情绪，先处理心情，再处理事情。3.“移”情：有效管理与压力密切相关的几种情绪，了解自己的愤怒类型，创造性地管理愤怒、焦虑情绪，瞬间突破情绪困境，帮助自己和他人走出负面情绪
教学方法	讲授法、讨论法、体验法
教学形式	团体心理辅导（交流感悟分享）
计划课时	3课时，45分钟/课时
第二节　积极心理学	
教学目标	初步了解积极心理学的概念、产生的背景、内容、意义，懂得幸福与财富无关；从消极中发现积极因素，学习用积极的眼光看待生活，能够灵活运用一些基本的心理辅导技术；使学习者通过自我调节产生积极的主观体验，如幸福感、满足感、满意感；形成积极的个体心理特征，如付出爱和承担责任、勇气、坚韧、宽恕、创意、远见、信仰；培养个体优秀的公民品质，如责任感、利他精神、礼貌、谦虚、宽容以及职业道德
教学内容	1.积极心理学背景介绍。2.积极心理学的意义。3.开发心理资本的基本心理辅导技术
教学方法	讲授法、讨论法、体验法
教学形式	团体心理辅导（体验感悟分享）
计划课时	3课时，45分钟/课时
第三节　沙盘	
教学目标	初步认识沙盘游戏，了解沙盘游戏的作用；能够通过沙盘缓解自身的心理困扰，解决心理问题；在沙盘游戏中学会合作、交流；感受童趣，体验合作的快乐；培养学习者乐观向上的人生态度，形成合作自信的人格
教学内容	1.沙盘游戏简介。2.个体沙盘和团体沙盘。3.团体心理辅导
教学方法	讲授法、讨论法、体验法
教学形式	团体心理辅导
计划课时	2课时，45分钟/课时

续表

第四节 心理游戏	
教学目标	初步认识心理游戏，了解心理游戏的作用；通过游戏、讨论、辨析、观察、训练等方式方法进行心理训练，认识自我、探讨自我、接纳自我，调整和改善与他人的关系，学习新的处事态度和行为方式，提高学习者的心理调控能力；通过游戏中团体内人际交互作用，使学习者形成积极的情绪体验，提高意志品质，学会感恩、责任、合作、分享
教学内容	1.同心鼓。2.挑棍、积木。3.多米诺骨牌。4.T字之谜
教学方法	讲授法、游戏法、讨论法
教学形式	团体心理辅导
计划课时	3课时，45分钟/课时

课程评估

1. 评价方式：自我评价、小组评价、教师评价。

2. 评价内容：对自己完成目标的情况进行评价，包括对活动目的的理解、参与活动的积极性、活动前的准备、活动中的语言表达能力、活动中的合作能力、活动中的表演才能、活动中的创新能力、活动中评价他人的能力以及活动目标的达成等。

课程配套资源

1. 图书：《心理学导论》《中小学心理教师培训课程——学习者团体心理训练》《沙盘游戏中的治愈与转化：创造过程的呈现》。

2. 网络资源：视频、图像、影碟等。

3. 心理拓展训练用具。

十一、“婚姻法”课程大纲

课程名称：“婚姻法”。总课时：4课时。

课程简介

我国婚姻法是调整人们婚姻、家庭关系的法规，是人们正确处理婚姻家庭关系的行动指南。它确定婚姻的原则、结婚的条件、夫妻之间的权利和义务以及离婚及离婚后子女抚养等规则。本课程以我国婚姻法为主要学习对象，通俗易懂地阐释婚姻家庭关系的现行法律制度。通过对课程的学习，学习者能够掌握我国婚姻法的主要内容和基本特征，并能运用所学知识解决实际生活中的婚姻家庭问题，通过本课程学习，学习者能够了解婚姻家庭法学的基本理论，充分理解法律规则，本课程以讲授为主，同时引入实践教学的理念与方法，引导学习者关注婚姻家庭领域的热点问题与疑难问题，关注民生，从科学与严谨的视角探讨婚姻家庭问题。

课程性质及对象分析

本课程在内容上既有对知识的理解和掌握，也有对明辨是非能力和思想认识水平的培养，是一门基础级的普及性较强的课程。

课程的学习对象是全体社区学习者，主要是对婚姻家庭法律感兴趣、对婚姻家庭热点问题比较关心、希望提升自身法律修养的学习者。

课程目标

认知目标：掌握我国婚姻法的立法宗旨和各项基本原则；理解婚姻自由，一夫一妻，男女平等，保护妇女、儿童和老人的合法权益，实行计划生育等原则的立法精神和基本要求；了解这些原则在适用应用中的情况和问题，以及为保障婚姻家庭法诸多原则实施的各项禁止性规定。

技能目标：灵活运用法律规则分析解决实际生活中常见的婚姻家庭纠纷，同时培训学习者理性思考精神和法律思维能力。学习者通过了解婚姻家庭法的常识，具有处理婚姻家庭法律实务的基本能力，实现设置本课程的目的与教学目标。

情感态度目标：我国婚姻法是调整婚姻家庭关系的基本准则，通过学习，达到巩固社会主义婚姻制度，维护家庭和睦，促进社会安定团结，促进社会主义精神文明建设的目标。

课程内容与设计

第一节　概述	
教学目标	通过本章授课，使学习者了解婚姻自由的具体内容；了解一夫一妻、男女平等的婚姻制度；掌握我国在婚姻法中明确禁止的行为，帮助学习者树立在家庭中应该形成的平等、自由、和睦和互相尊重的夫妻关系
教学内容	1.实行婚姻自由、一夫一妻、男女平等的婚姻制度。2.保护妇女、儿童和老人的合法权益。3.实行计划生育。4.禁止包办、买卖婚姻和其他干涉婚姻自由的行为。5.禁止借婚姻索取财物。6.禁止重婚。7.禁止有配偶者与他人同居。8.禁止家庭暴力。9.禁止家庭成员间的虐待和遗弃。10.家庭成员间应当敬老爱幼，互相帮助，维护平等、和睦、文明的婚姻家庭关系
教学方法	讨论法、讲授法
教学形式	面授学习、开展座谈、观看视频
计划课时	1 课时，60 分钟/课时

续表

第二节　结婚	
教学目标	通过本章授课，使学习者了解结婚必须男女双方完全自愿，这是婚姻自由原则在结婚上的具体体现；明确男女双方是否结婚、与谁结婚，应当由当事者本人决定的意识；加深对晚婚晚育的了解，明白法律是倡导晚婚，而不是强制晚婚，不是说结婚越晚越好
教学内容	1.结婚必须男女双方完全自愿，不许任何一方对他方加以强迫或任何第三者加以干涉。2.结婚年龄，男不得早于二十二周岁，女不得早于二十周岁。3.晚婚晚育应予鼓励。4.要求结婚的男女双方必须亲自到婚姻登记机关进行结婚登记
教学方法	讨论法、讲授法
教学形式	面授学习、开展座谈
计划课时	1课时，60分钟/课时
第三节　家庭关系	
教学目标	通过本章授课，使学习者了解夫妻关系在家庭关系中的核心地位和重要性；了解家庭的稳定对社会稳定的基础意义；了解家庭不和睦、子女教育出现问题会带来的社会问题，帮助学习者树立建立稳定、和睦的夫妻关系、家庭关系的意识
教学内容	夫妻在家庭中地位平等；夫妻双方都有实行计划生育的义务；夫妻在婚姻关系存续期间所得的财产，归夫妻共同所有；夫妻有互相扶养的义务；夫妻有相互继承遗产的权利；父母和子女有相互继承遗产的权利
教学方法	讨论法、讲授法
教学形式	面授学习、开展座谈
计划课时	1课时，60分钟/课时
第四节　离婚	
教学目标	通过本章授课，使学习者了解我国的离婚制度及其种类；知晓离婚的处理程序与婚姻关系当事人所持态度的相关性；了解协议离婚制度及其规定，并明白实行协议离婚制度是婚姻自由原则的重要体现
教学内容	1.自愿离婚及相关处理程序。2.人民法院对待离婚案件的审理及协调。3.离婚后，父母对子女进行抚养和教育的权利和义务
教学方法	讨论法、讲授法
教学形式	面授学习、开展座谈
计划课时	1课时，60分钟/课时

课程评估

1. 座谈讨论：结合学习内容，发表观点见解。

2. 案例分析：结合学习内容，分析并解决问题。

课程配套资源

1.《婚姻法》相关视频。

2.《婚姻法》相关案例。

十二、“礼仪修养”课程大纲

课程名称：“礼仪修养”。总课时：14 课时。

课程简介

礼仪是指人们在社会交往活动中形成的行为规范和准则，是人类社会为维系社会正常生活而共同遵循的最简单、最起码的道德行为规范。中国是礼仪之邦，礼仪文化是中国传统文化的核心内容之一，蕴含着中国传统文化的思想和道德精髓。学习传统礼仪是继承发扬民族文化的需要。随着社会的发展，中国与世界各国政治经济文化的交流日益频繁，学习现代礼仪有助于推动中国国际化、现代化，提高国家软实力，提升国民素质。传统与现代礼仪的共同之处是倡导尊重、友善、和谐、秩序，强调适度与自律的原则，契合了社会主义核心价值观的基本精神。本课程主要涉及礼仪概述、家庭礼仪、出行礼仪、商务礼仪、社交礼仪、涉外礼仪等内容，开设的目的就是要通过课堂教学，传播传统与现代礼仪知识，进而使之变为礼仪行为和礼仪习惯，提高社区居民的综合素质，构建和谐、友善、互相尊重的人际关系，促进和谐社区的形成，推动社会主义精神文明的建设。

课程性质和对象分析

本课程既有理论讲解，又有实际操作训练，是一门基础级的普及性的课程。

课程的学习对象主要是对礼仪文化感兴趣，希望提升自身素质、提高人际交往能力、构建和谐人际关系的社区居民，课程难度不大，容易理解，适宜各种文化基础的听众。

课程目标

认知目标：通过学习，使学习者了解礼仪的概念、内涵，理解礼仪的功能和作用、原则，掌握居家礼仪、出行礼仪、商务礼仪、社交礼仪、涉外礼仪的基础知识。

技能目标：通过学习，使学习者能运用礼仪知识与人交往、相处，举手投足符合礼仪规范。

情感态度目标：以学习礼仪知识为乐，以具备礼仪修养为荣，以提高自身道德修养为目的，以提高与人交往能力为目标，做严于律己宽以待人、追求内心和谐及人际关系和谐的人。

课程内容与设计

第一节　礼仪概述	
教学目标	通过对本章的学习，使学习者初步掌握礼仪的含义和内容，理解并掌握礼仪的原则，理解学习礼仪的意义；通过本章的学习，使学习者能运用所学，提高自律意识和能力，自觉遵守礼仪规范、践行礼仪规则；通过礼仪原则的学习，培养自尊和尊重他人的美好情感，以尊重他人、遵守秩序、自律和适度得体的言行为美
教学内容	1.礼仪的起源与发展。2.礼仪的本质。3.礼仪的功能和作用。4.礼仪的原则。5.学习礼仪的意义
教学方法	讲授法、讨论法
教学形式	面授学习、小组讨论
计划课时	2课时，45分钟/课时
第二节　家庭礼仪	
教学目标	了解居家礼仪、待客与做客、餐桌礼仪的基本常识，懂得长幼有序、尊老爱幼的基本原则，树立邻里相处以和为贵的基本思想；通过本章学习，使学习者学会遵守与家人相处、待客做客、邻里相处的礼仪规范，能够按照家庭礼仪要求规范自己的行为，如，如何斟茶、怎样迎客、如何给长辈盛饭等；树立尊重他人、方便他人、无碍他人的意识，树立长幼有序、尊老爱幼、“老吾老以及人之老，幼吾幼以及人之幼”的美德
教学内容	1.居家礼仪。2.待客与做客礼仪。3.邻里相处礼仪。4 餐桌礼仪
教学方法	讲授法、讨论法
教学形式	面授学习、小组讨论
计划课时	4课时，45分钟/课时
第三节　出行礼仪	
教学目标	通过本章学习，使学习者掌握走路、上下楼梯、出入电梯、乘坐各种交通工具、入住宾馆酒店的基本礼仪知识，懂得长幼尊卑、知道与妇女儿童老人同行时的礼仪规范，遵守公共场合的秩序；运用上述各种场合的礼仪规范自身的行为；以掌握出行礼仪、懂得长幼尊卑、无碍他人、遵守公共秩序为荣

续表

教学内容	1.走路礼仪。2.乘车礼仪。3.乘船礼仪。4.乘飞机礼仪。5.入住宾馆礼仪
教学方法	讲授法、演示法、讨论法
教学形式	面授学习、小组讨论、团体活动（诵读比赛）
计划课时	2 课时，45 分钟/课时
第四节　商务礼仪	
教学目标	通过本章学习，使学习者理解商务礼仪的重要性，了解商务接洽和商务营销的基本礼仪，掌握商务接洽和商务营销对工作人员的形象和素质要求以及注意事项；使学习者掌握商务礼仪的技巧，并能够按照商务礼仪要领在商务活动中规范自己的行为，以行动赢得商务合作对象的尊重；培养重视商务礼仪的意识，树立良好的服务意识和尊重理念
教学内容	1.商务接洽礼仪。2.商务营销礼仪。3.商务工作中的仪表礼仪
教学方法	讲授法、演示法、讨论法
教学形式	面授学习、小组讨论
计划课时	1 课时，45 分钟/课时
第五节　社交礼仪	
教学目标	通过学习，使学习者理解社交礼仪的本质，原则与目的，掌握社交场合的握手、致敬、介绍、接递、宴会、致敬、电话、仪表礼仪知识，理解女士优先的原则，懂得社交距离；使学习者掌握社交礼仪的技巧，并能够按照社交礼仪的要求规范自身的行为；懂得社交礼仪，并乐于将知识转化为行为和习惯，做个举止得体适度、彬彬有礼的人
教学内容	1.握手礼仪。2.致敬礼仪。3.介绍礼仪。4.接递名片。5.宴会礼仪。6.电话礼仪。7.仪表礼仪
教学方法	讲授法、讨论法
教学形式	面授学习、小组讨论
计划课时	4 课时，45 分钟/课时
第六节　涉外礼仪	
教学目标	通过学习，使学习者认识不同国家礼仪的差异性，了解所交往国家的礼仪规范和禁忌，掌握涉外接待的礼仪规范和注意事项；通过学习不同国家和地区的礼仪差异，灵活运用所学礼仪知识规范自身行为，促进涉外的人际交往；增强国际交往中学习和遵守涉外礼仪的意识，掌握不同国家礼仪要求和禁忌，促进国际交往

续表

教学内容	1.不同民族国家礼仪的相同与差异。2.学习涉外礼仪的重要意义。3.涉外活动中的礼仪注意事项
教学方法	讲授法、演示法、讨论法
教学形式	面授学习
计划课时	1课时，45分钟/课时

课程评估

1. 课堂提问：鉴于学习者主要是中年以上社区居民，课程评价主要以课堂提问、活动、操练为主，借此了解课堂授课效果和学习者掌握情况。

2. 问卷调查：通过简单的问卷调查，了解学习者日常生活中礼仪知识的运用情况，以便有针对性地调整授课内容，提高教学实效。

【课后任务】

1. 到社区调查了解社区居民对社区教育学习的需求。
2. 到社区了解现行社区教育课程内容及形式。
3. 到社区了解社区教育课程实施效果。

第六章　社区心理教育

【本章概览】

社区心理教育是社区教育的基本内容之一。我国经济社会的急剧转型，给人们的心态也带来了巨大冲击。少数人面对利益的博弈、竞争的压力、家庭生活困扰以及贫富差距等问题而产生了心态失衡和心理困扰问题。目前社区的矛盾大体可以分为两类：家庭邻里纠纷；个人需求与社会需要的冲突。这些矛盾除了利益冲突，很多问题也是由于心理不健康所导致和加重的。所以开展社区心理教育，从发展性教育、补救性教育、心理专业救助等三个方面帮助社区居民解决心理问题，既有利于个人、家庭和社区的和谐发展，也有利于实现建成全面小康社会的伟大目标。本章从社区心理教育的含义和任务出发，介绍了社区教育的原则、目标和内容，帮助社区工作者认识到社区不同人群的心理特征，明确技术性工作方法，可使初次接触社区心理问题的社区工作者迅速获得实践能力。

【学习目标】

1. 认识社区心理教育的含义与原则。
2. 理解社区心理教育的任务与功能。
3. 掌握社区心理教育的内容及技术性方法。
4. 思考我国社区心理教育的不足方面及改进方法。

随着经济和社会的发展，生活节奏加快和压力增大，人们迫切需要心理健康服务。社区作为现代社会生活的基本单元，是整个社会的一个缩影，反映了各个领域存在的问题。社区和谐是社会和谐的基础，而社区心理教育是维护社区和谐发展的重要手段。运用科学合理的方法，帮助社区居民适应经济社会大转型期的心理困扰是对社会主义建设的有力支撑。[①]

---

① 本章编写主要汇编了黄远春在其主编的《社区心理教育》中的有关论述。

第一节　社区心理教育概述

一、社区心理教育的含义

社区心理教育，是以社区为单位，对社区内的居民提供保障和促进人群心理健康为主要内容的心理健康教育与服务。作为社区服务的重要实务领域，它是将心理学，社会学、教育学等学科的价值理念、理论、方法运用于社区工作，从而为社区居民提供各种专业心理服务的工作机制。[①]

在西方国家，社区心理教育作为一项成熟的专业服务，强调服务理念、行动理念，主张从社区居民的实际需要出发，运用专业的方法和技巧激发居民的心理动力和生命潜能，调动居民个人、家庭以及社会的相关资源来解决社区成员面临的各种心理困境。

已有的经验告诉我们，中国的社区心理教育，具有得天独厚的有利条件——一直延伸到居民区的街居组织。所以，社区心理教育也只有切实结合现行的城市社会建设以及社区管理体制，以小区（社区）为基本服务单位，让社区心理教育落实在街道这个具有地域性的行政管理单位上，就可以成功开展具有我国本土化特色的社区心理教育服务，才能构建我们和谐的新社区。

具体来说，社区心理教育包括以下几方面：

（1）就社区心理教育的概念而言，其形式是“教育”，其目的是促进居民的心理健康。

（2）就社区心理教育本身所包含的意义而言，社区心理教育应该是一种以居民心理发展为目的的普及教育，它应该像基本的道德教育或健康教育那样，是一种基本的文化教育和生活训练。因此，社区心理教育应作为一个有机组成部分，纳入社区服务和社区发展规划之中。

（3）就社区心理教育的宗旨而言，社区心理教育旨在保持与促进居民的心理健康，培养居民的健康人格，预防居民的各种心理障碍，帮助居民妥善处理好尚处于萌芽状态的心理问题，消除引起他们心理压力的各种不良环境因素，尽力避

① 黄远春. 社区心理教育[M]. 北京：人民日报出版社，2016：24.

免由居民心理问题所引发的各种行为的发生。

二、社区心理教育的目标和任务

（一）社区心理教育的目标

根据我国进行社会主义建设的总要求及新时期社区服务的新理念，我国社区心理教育与服务的目标，可以概括为总体目标和具体目标。

总体目标：促进居民的心理健康，即以积极的有效的心理活动，平稳、正常的心理状态，对当前和发展着的社会和自然环境作出良好的反应，最终目标是实现人的发展与社会的和谐。

具体目标：培养社区居民正确认识自我，增强调控自我、承受挫折、适应环境的能力；培养居民健全的人格和良好的个性；对少数有心理困扰或心理障碍的居民，给予科学有效的心理咨询和辅导，培养居民尽快摆脱心理障碍，调节自我，提高心理健康水平，增强自我教育能力。

（二）社区心理教育的任务

社区心理教育的任务就是社区心理教育的工作项目，以发展的观点来看，在不同的社会历史时期，社区心理教育的具体内容是有所不同的。同时，由于社会、文化、历史等方面的差异，在不同的国家和地区、社区心理教育的标准也并非完全一致。但总体而言，社区心理教育的基本任务是大致相同的。一般来说，社区心理教育包括三方面的任务。

一是发展性教育（或称积极方面），即面向全体居民开展的预防性和发展性心理健康教育，目的是使社区居民能够正确认识自我，增强其调控自我、承受挫折、适应环境的能力，培养健全的人格和良好的个性。

二是补救性教育（或称消极方面），即面向社区中少数有心理困扰和心理障碍的个体开展的补救性和矫治性心理咨询与辅导，目的是帮助其尽快摆脱障碍，调节自我，恢复和提高心理健康水平，增强其发展自我的能力。

三是对于极少数有严重心理疾患的个体，工作人员要及时识别，并转介到专业心理治疗机构，帮助他们尽快重返社会并回归正常生活。

三、社区心理教育的基本原则

社区心理教育的基本原则是指在开展具体工作时所要遵循的工作准则，它是由社区心理教育的客观要求和基本目标所决定的。在着手开展实际工作之前，专业工作者需要根据基本的原则来选择或制定具体的社区心理教育工作方法。由于当前关于社区心理教育的工作原则在理论界尚未达成统一的共识，因此，本书参照联合国关于社区发展的基本要求以及《民政部关于在全国推进城市社区建设的意见》（中办发〔2000〕23号）中所提出的社区建设的基本原则，简要归纳出作为专业工作者在社区心理教育过程中所要遵守的工作原则。

（一）社区需要本位原则

作为着眼于社区全体居民心理教育的工作机制，社区心理教育必须以整个社区及社区中的居民为服务对象，必须充分考虑社区的利益主体——社区居民自身的权利和需求，积极促进社区发展，提高社区福利水平。换言之，社区需要本位原则要求工作者要以社区居民的自身需要而不是其他群体或组织的需要来制定工作方案，以能否推动社区的全面进步作为评价工作成效的唯一标准。

（二）以居民为本原则

居民是社区心理教育的主体，一切心理健康教育最终都要落实到社区居民身上，离开了居民就无所谓工作成效。因此，在社区心理教育中，工作者自始至终都要把满足居民的需要、实现居民的价值放在第一位，以居民为主体，让居民主动参与，坚持依靠社区居民、为了社区居民的原则。

（三）助人自助原则

助人自助是社会工作的基本原则之一，也是社区心理教育的基本原则。在具体工作过程中，社区心理教育要以居民自助为目的，工作人员不能代替居民解决心理问题，而是在旁协助他们学会处理问题的方法，并使其内化成自己的人生技能，从而充分发挥自身潜能，迈向自我完善。

（四）多形式教育原则

人的任何心理活动都是在一定的环境中产生的，居民生活在复杂的社会环境中，影响居民心理健康的因素也是多种多样的。因此，对居民进行心理教育应该采取多形式的专业教育和辅导，同时要以生动活泼的、居民喜闻乐见的多形式活动与之相配合。具体而言，工作者既可以充分利用社区的宣传栏、集体活动等方式普及心理健康教育知识，又可以针对某些居民的心理疾患，进行专业的心理治疗。

四、社区心理教育的对象和方式

（一）社区心理教育的对象

社区心理教育是指对社区人进行的心理教育。若在某个社区进行心理教育，那么它应该是面向该社区的全体成员。但在实际操作中，并不这么简单。有的人认为心理教育针对的是有心理问题的人，有的人认为心理教育就是对居民进行心理教育，也有的人认为社区搞不搞心理教育与自己没有什么关系的。本书中，社区心理教育对象主要包括以下人员。

1. 受聘或当选的社区工作者

社区工作者直接接触居民，终日事务缠身，常常会受到工作的高负荷和不被居民理解等因素的困扰，因此社区工作者本身也有心理健康问题。对社区工作者进行心理教育，既可以帮助他们促进工作开展又可以使他们保持自身的身心健康，如果再扩大一点，街道的干部也可以算进来。街道干部虽然也属于党政“官员”，但由于他们长期工作在基层，与群众面对面，其工作状态与社区群众的民生感受息息相关，任务杂、压力大、矛盾多，常常需要在对上级和有关部门负责与对居民百姓负责之间寻找法理和情理的统一。这种工作特点使他们产生心理矛盾或心理困扰的概率比较大，心理健康亮红灯的概率也比较大，因此受聘或当选的社区工作者也需要心理教育的指导和帮助。

2. 讲究自我修养的人员

这类人员之所以乐意接受心理教育，是由于他们知道心理学是一门打开人心智的科学，可以提高人的心理素养，使人具有更多的心理助人和心理自助的能力，使人心理充实、受人欢迎。这类成员面广量大，但由于通常没有特定的心理困扰或心理问题而容易被忽视，他们虽无急切的心理困苦之干扰，但许多人有自我修养完善的需求，因此可以是社区心理教育的积极参与对象。

3. 准父母或初为父母者

准备生孩子或刚有了孩子的年轻夫妇，一般都比较迫切地得到科学育儿的心理指导，得到如何形成互动关系的指导以及如何掌握儿童心理教育的知识指导，这些居民也会成为社区心理教育的积极参与者。

4. 外来务工人员

外来务工人员基本上属于户籍不在社区的流动人口，但他们可能在所在社区从事经商、保安、建筑或保洁员等工作，已成为社区生活中不可或缺的一部分。他们也希望融入社区，得到社区的尊重，获得归属感，因此也会希望得到社区心理教育的指导。

5. 各类学校毕业后的待业人员

大中专毕业生离校后尚未找到工作时，会回到自己所在的社区，在毕业后的待业和择业过程中，容易产生挫折感或其他心理问题，社区应关心他们并给予他们必要的心理教育指导。

6. 贫困家庭和下岗失业人员

贫困群体也需要心理服务，因为生活贫困造成心理压力过大容易诱发心理疾病，主要是下岗职工。由于下岗，尤其是夫妻双下岗，他们承受的生活开销增加，心理压力也是巨大的。如果一时找不到合适的工作，极有可能产生心理问题，所以在物质帮扶的基础上更要加强对其的心理援助。

对于这类人员，政府或社区会给予有助于失业人员重新择业就业的技能培训，但光有技能培训还不够，还要有心理健康教育。因为有些人可能会由于心态问题不能改变自己以适应新的生存环境而抓不住就业机会，错失良机，因此这类人员也需要社区心理教育。

7. 新老离退休人员

社区的特点之一就是老年人口占很大的比例，企业离退休人员都划归社区管理。这些老人遇到的心理困扰和心理问题可能更多一些，如因生理衰老带来的身心困扰，因“空巢”问题产生的孤独感和无助感等，这些都需要社区心理教育的辅导。

8. 长年患病人员

长年患病甚至卧床的人容易心态消极，严重的话可能产生轻生的念头。由于人的生理和心理是相互联系又相互制约的，因此身体长期患病的人，需要有乐观的心态与顽强的毅力，才有希望得到康复或缓解，治病通常要同时治心。因此这类人员也需要社区心理教育指导。

9. 各类残疾人员

残疾人是社区内一种特定的弱势群体，自身的残疾和不利的处境常常使他们既渴望自强自立、平等参与社会生活，又容易使他们被心理阴影所折磨，出现自卑自闭或过度自尊等消极心理和行为，因此特别需要得到社区心理教育的帮助。

10. 刑释解教和回归社区矫正的人员

每个社区都可能有一定数量的刑满释放、解除劳教或放到社区矫正的人员。他们回归社会后能否就业、成家或能否被家人和原单位接纳，都可能成为他们是否能抑制各种诱惑，预防再度触犯刑律的不确定因素。这些人最担心的是被歧视或被家庭和社会抛弃，需要得到社区心理教育的指导帮助。

11. 家庭关系不和人员

家庭关系包括夫妻关系、父子关系、婆媳关系以及单亲家庭和重组家庭的人际关系的处理等。其中尤为突出的是婚姻失败家庭，双方关系如何妥善处理，关系到千家万户的和睦幸福。更有许多家庭因家人不和不惜承受“家丑外扬”的心理压力，到社区来诉苦或请求调解，可见他们对心理健康教育所能提供的帮助有很高的期待，这些人员也需要得到社区心理教育的指导和帮助。

12. 邻里关系不和人员

社区中，邻居关系冷淡甚至对立的现象并不少见，而人们又并不愿意整天生活在这种冷淡的邻里氛围中，到社区投诉或寻求解决的也不少。因此这些人员也需要社区心理教育的指导。

13. 在单位与领导或同事关系相处不好、在学校与老师同学关系相处不好的人员

在单位与领导或同事关系相处不好的人不少，在学校与老师同学关系相处不好的学生也不少，但他们往往碍于面子，不愿意到自己单位或学校去说。他们很需要口头上的倾诉和心理上的宣泄，因而社区心理教育可以为这些人提供一个指导和宣泄的平台。

14. 留守儿童

由于地理和历史等因素，我国不同区域的经济发展很不平衡，在我国农村及一些内陆城市存在一个特殊群体，他们的父母为了生计外出打工，用勤劳获取家庭收入，为经济发展和社会稳定做出了贡献，但他们却留在了家里，与父母相伴的时间微乎其微，这些本应是父母掌上明珠的儿童集中起来便成了一个特殊的弱势群体——留守儿童。

由于留守儿童多由祖辈照顾，父母监护教育角色的缺失对留守儿童的健康成长造成不良影响，“隔代教育”问题在“留守儿童”群体中尤为突出。调查显示，父母外出打工后，与留守儿童聚少离多，沟通少，远远达不到其作为监护人的角色要求，而占绝对大比例的隔代教育又有诸多不尽如人意之处，这种状况容易导致留守儿童“亲情饥渴”，心理健康、性格等方面出现偏差，学习方面受到影响。留守儿童由于亲情缺失，心理健康方面存在阴影，很大一部分表现为内心封闭、情感冷漠、自卑懦弱、行为孤僻、缺乏爱心和交流的主动性，还有的会脾气暴躁、冲动易怒，常常将无端小事升级为打架斗殴。所以，社区心理教育需要加大对这一特殊群体的关注。

15. 独居老人

独居老人不仅子女离家，而且丧偶，是比空巢老人更弱势的群体，平时连个说话的人都没有，难免会产生空虚、寂寞、焦虑、忧郁等负面情绪。

一般独居老人的心理问题可归结为三个方面：一是行为偏离，缺乏交流沟通使其性格脱离常态，比如，处事认真的变成固执生硬、急躁、乖僻；文雅清高的变得不爱交际；性格随和的发展成任性粗野等。二是孤独抑郁，独居老人有可能会出现孤独、压抑之感，情感日渐脆弱，会产生衰老和死亡的联想，导致自卑、烦躁、焦虑、多疑。三是失落依赖，生活单调，注意力无法转移时会产生内疚、负罪、失落和依赖的情感，常常因为小事而抱憾终身。所以独居老人需要心理服务。

16. 精神病患者及家属

调查显示，我国有精神障碍者1600多万人，社会大多数人对于精神疾病的概念十分模糊，有些人甚至歧视精神病患者。如果谁家有精神病患者，就像得了传染病一样，别人都会避而远之。精神病患者人在社会上抬不起头，生活圈子十分狭窄，心里感到自卑，逐渐与人群疏远，即使病情好转也难回归社会。

由于病人需要长期服药，发病后又无法工作，生活拮据，给家庭造成很大的思想压力和经济负担，往往是一人生病，全家都笼罩在阴影里，有时病人和家庭都对生活失去了信心，感到前途渺茫。这类人群更需要社区心理服务的帮扶。

17. 孕产期妈妈和婴幼儿

孕期妈妈因为身体上的不适、家庭成员的变化，容易引起焦虑、抑郁情绪，这些情绪如果得不到缓解，多会引发产后抑郁。在孕期对怀孕的女性进行孕期心理指导，有助于缓解孕期的不良心理情绪，创建和谐的家庭氛围。研究表明，早期婴幼儿教育对婴儿的智商发育起到促进作用，因此需要对这个群体提供心理帮助，对婴幼儿进行感统训练。

18. 失去亲人和失独家庭

育儿养老是我国的传统观念，然而有这么一群人，他们的年龄大都50岁开外，一直和唯一的子女快乐地生活，一场意外却夺走了孩子年轻的生命，而自己也很难再生养孩子。被称为“失独者”的他们，除了情感的煎熬，还要面临养老的窘迫，亟待社会更多的关爱。特别是一些出现亲人自杀情况的家庭，自杀者的亲人内心留下巨大的创伤，需要专业人士的陪伴来走出哀伤。

19. 吸毒人员

这些人员多存在心理问题，不会合理控制情绪，家庭关系紧张，戒毒过程中如果得不到家人的理解和支持，很容易重新吸毒。社区心理教育可通过疏导这些人的紧张情绪，帮助他们增强戒毒的信心，增进和家人的感情，从而重新融入社会。

20. 中小学生

学生的学习一直是家长和学校关注的重点，在这种教育背景下，学生压力巨大，尤其是毕业班考生。繁重的学习任务、家长老师的殷切期盼、一举成名的梦想，给广大考生巨大的压力，他们极易诱发心理问题和疾病，主要表现有反应迟钝、过激、焦虑不安、恐惧症、强迫症等。因此，需要对他们进行心理教育。

21. 离婚和再婚人群

现代社会离婚率越来越高，而离婚后的某方，尤其是女性，往往经不起离婚的打击，造成身心的极大伤害，如得不到及时调适，极有可能因心理负荷过重而诱发心理疾病。一项调查表明，目前我国离婚人群中，因种种原因心理压力过大的约占70%，这类人需要寻找倾诉对象并应得到心理帮助。

离婚者结束了痛苦的婚姻，对未来婚姻有新的憧憬和目标，也从中接受教训成长起来，努力寻找新的幸福，但有不少人经多次寻找受挫，感到愿望与现实难以吻合，会出现系列问题，比如对异性、对婚姻产生了不信任和恐惧感，怀疑自己的判断能力，怀疑他人的诚意，即使有再婚的愿望和机会，也迟迟不敢再次走进婚姻，长期徘徊在婚姻之外。这类人也需要寻找倾诉对象并得到心理帮助。

22. 商业精英群体

在生意场上，一些商业精英为追求事业上的成功往往拼命地工作，不断自我加压，尽管非自身能力所及仍苛求自己，从而造成心有余而力不足，不能自我满足，导致心理失衡，经常失败，事业大起大落。他们因失败的打击长期处于一种失衡的心理状态，如果不能自我调适，极有可能诱发精神障碍、抑郁症、自闭症等心理疾病。

23. 酒精滥用人员

有研究者用跨文化的研究方法研究了饮酒的行为，认为饮酒最主要的功用是减轻焦虑，但是，长期过度摄入酒精，会产生“酒精依赖综合征”。酒精会对大脑产生影响，导致记忆力、理解力等减退，导致思维、情感、智能、行为等方面异常。

大量研究表明，酗酒不仅是造成家庭贫困、不和、暴力冲突和离婚的重要原因，也是发生意外伤害、失职、妨害社会治安、交通肇事和自杀的重要原因。慢性酒精中毒会导致自我控制能力减退，易发生挑衅性、攻击性和危害性行为。酒精依赖者具有过于敏感、耐受力差、容易冲动、不顾及社会关系和社会义务等性格特征。酒精中毒者们常伴有性功能障碍，使夫妻之间出现感情危机。在少数民族地区由于文化和传统习俗，这类问题更加突出。

当然，上述对象并不等于社区心理健康教育对象的全部，比如外来人员在少数民族地区对生活习惯和工作场所文化的适应问题。同时，列出的对象也不一定都会到社区来接受教育和求助，但可以作为我们社区心理教育和工作中的重点对象来关注。

（二）社区心理教育方式

社区是由各种人群组成的社会共同体，儿童、青少年、妇女、老人及各种社会边缘群体或弱势群体都在社区中存在，许多社会问题也是在社区中发生，由此决定了社区需要的多样性和工作内容的复杂性。总体来看，社区心理教育的教育方式可以分为针对全体居民的心理健康教育普及服务以及针对特殊群体的心理疏导服务。

关于心理健康教育普及服务，主要是工作者通过社区标语、心理健康宣传手册、普及性的培训讲座等方式向社区所有居民宣传心理健康方面的基本知识，目的是帮助居民树立正确的心理、意识和观念，初步掌握一些心理健康方面的保健常识，学会辨识常见的心理异常现象，正确处理来自成长、学习、工作、人际交往以及社会适应等方面的心理压力。

关于心理疏导服务，主要是要求工作者面对社区中的特殊群体采取有针对性的服务内容，比如为“越轨”者提供社区心理矫正服务，即工作者应帮助他们顺利地进行再社会化，使其重新融入社会；为“问题”儿童提供社区心理服务，即工作者应充分挖掘这些儿童的心理潜能，帮助他们发展自助能力和社会适应能力。

第二节　社区老年人的心理教育

我国是世界上老龄化速度最快的国家之一。2010 年，我国 60 岁以上老人占总人口的 13.269%，且每年以 3.2%的速度递增。社区的特点之一是老年人口占很大比例，这些老年人或刚刚离退休，或早就离退休。很多老干部离退休之后，社会联系减少，社会地位降低，这使他们感到不习惯和不适应，很多“空巢”老人会有孤独感和无助感。随着年纪的增长，老年人的身体状况会逐渐下降，一定程度上会引起心理方面的改变。因此，如何帮助离退休的老年人适应离退休生活以及从容应对生理衰老，是社区心理健康教育关注的重点之一。

我们一般将老年群体划分为三段：60～69 岁的划为低龄老人，70～79 岁的为中龄老人，80 岁以上的为高龄老人，不同年龄段的老年人在身体健康状况、生活自理能力、参与社会活动、婚姻状况、家庭关系、心理需求等方面都有不一样的特点。

一、老年人的生理心理特点

（一）老年人的生理特点

1．整体外观的变化

（1）头发，在 60 岁以后，头发会变白，还会出现脱发甚至秃顶等情况。

（2）皮肤，出现褶皱，变得粗糙，弹性减弱，出现老年疣、色素斑等。

（3）身高，逐渐变短，出现弯腰驼背等体征。

（4）体重，逐渐减轻，变得消瘦，也有老年人体重逐渐增加。

（5）其他，肌肉松池、牙齿松动脱落、语言缓慢、耳聋眼花、手指哆嗦、运动障碍等。

需要指出的是，上述这些变化的个体差异很大，毛发的变白和脱落程度往往也和家族遗传有关。

2. 感觉系统

（1）视觉，通常会有老花眼，眼睛需要较多的光才能聚焦，并且对强光反应敏感；老年人分辨颜色的能力可能会下降；有此老人会出现白内障、青光眼或黄斑变性（一种渐进性的丧失中央视觉）。

（2）听觉，灵敏度可能会减少 50%，难以分辨不同的声音。

（3）味觉/嗅觉，嗅觉可能会严重受损，可能闻不出天然气、烟雾或变质的饭菜的气味。味觉会受嗅觉的影响，逐渐退化。

（4）皮肤感觉，包括触觉、温度觉和痛觉。由于皮肤内的细胞退化，老年人的触觉和温度觉减退，容易造成烫伤或冻伤。另外，痛觉也会变得相对迟钝，以致难以及时躲避危害。

（5）平衡感觉，老年人维持身体平衡的器官也出现功能减退，容易因失去平衡或姿势不协调而跌撞，造成意外事故。

总之，所有以上变化都标志着老年人感觉器官系统的老化，各种感觉能力和功能的衰退，他们对外界各种刺激往往表现出感受性较弱、反应迟钝等状况。

3. 呼吸系统

肺功能减弱，在用力的时候更容易呼吸困难，也可能更容易患肺炎。

4. 肌肉骨骼系统

可能会变矮，失去肌肉力量和肌肉块，较容易出现关节炎，可能会出现骨质疏松，导致骨折、驼背或脊椎侧凸。

5. 神经系统

对刺激做出反应的时间延长，睡眠质量不高，老年人更容易患心脑血管疾病。

6. 心血管系统

如果有动脉硬化或动脉粥样硬化，心脏可能难以有效地发挥功能，老年人更容易患高血压。

7. 经尿道系统

肾脏不能有效地过滤毒素和恢复血液中离子的平衡，膀胱丧失了紧张性，更容易出现没有任何症状的感染。有些老人会出现尿失禁。

8. 内分泌系统与生殖系统

有些老人葡萄糖代谢不良，可能会发展成老年糖尿病，绝经后雌性激素的丧失可能会加重骨质疏松。

（二）老年人的心理特点

人每到一个年龄段，心理都是不一样的，特别是老年人。一般老年人心理承受能力会出现很大程度的降低，遇到困难或挫折时，情绪反应更为激烈，对身心健康的影响也更为明显。

1. 健忘

随着脑细胞功能的减退，记忆力减退是正常的生理现象，但老年人要注意进行适当的思维和记忆锻炼。

2. 固执

老年人的很多习惯存在了几十年，很难改变，处理事情时往往从过去的经验出发做出判断，表现出固执的特点。此外，随着生理方面的衰老和社会地位的变化，他们从心理上渴求别人的尊重和关注。

3. 爱回忆

老年人一般阅历丰富，大多曾经取得过一些成绩，甚至辉煌的功绩，老年的时候喜欢回忆，喜欢把这些事情一遍又一遍地向别人诉说。

4. 不易接受新鲜事物

经过几十年的人生，老年人头脑里形成了自己的价值观，并且系统熟悉的经验已经根深蒂固，新的东西和头脑里原有的内容很难联系上，所以他们对很多东西不知道如何去把握，于是就拒绝，这是老年人心理活动的重要特点。

5. 敏感多疑

衰老给老年人带来许多不适，使他们对现实的自我评价降低。这种不满意感挫伤了老年人的自尊心，增加了对他人负面情绪的敏感度，经常导致“说者无心，听者有意”的心理现象。

60岁以上的老年人，容易出现疑病情况，有时会过分在意报刊书籍上的一些医学常识并对照自己的不适感，常为此心神不定、惶惶不安，甚至多次求医就诊。

6. 愿意自己过，不愿麻烦别人

很多老年人虽然腿脚不利索，行动不方便，但是不愿让人搀扶，甚至连拐杖都不用，不愿意麻烦别人。

二、老年人心理问题评估

在心理服务中常常通过观察法、会谈法、心理测验等方法对老年人进行评估，一般包括四个方面的内容。

1. 身体健康

评估工具一般包括疾病诊断、治疗和用药情况筛查表，其中老年人常见病、慢性病是关注的重点。

2. 情绪状况

评估的重点是认知功能和情绪状况，常用福尔斯坦简易精神状态检查（MIMSE）作为筛选老年痴呆的初步工具。情绪状况的评估包括抑郁症状、焦虑症状和自杀意念等。常用的甄别检测工具是老年抑郁量表（GDS）。

3. 日常生活能力

评估的重点是独立生活能力，包括日常生活自理能力和生活中使用工具等基本技能。

4. 社会功能

（1）要确定老人参与了哪些社会活动或者想多参与哪些社会活动；

（2）要确定老人是否有自认为能够调动的社会支持资源，可以使用社会支持评定量表。

三、老年人常见心理问题的处理

（一）个案处理的方法

老年人心理问题个案处理的方法，是以个别化的方式帮助其个人和家庭减轻压力，调动家庭和社会资源，从而调适社会关系、恢复社会功能，推动老人参与社会生活，提高其生活质量。

从过程上个案处理可分为接案、预估、计划、介入、评估、结案等几个步骤，这与传统的个案工作差异不大但在具体操作中要注意针对老年人的特点做好以下三个环节。

第一，充分尊重老年人的自主权，由老年人自己来识别问题，耐心倾听老年人对其需求的诉说，放慢节奏，放弃对咨询过程和结果的控制，相信老人有解决问题的潜能。

第二，客观对待老年人所处的环境。一是联系家庭背景和社会环境，二是帮助老人以更开阔的视野来看待所面临的问题。

第三，咨询中常用的技巧。怀旧和生命回顾是常用的两个方法。怀旧是指让老年人回顾过往生活中最重要最难忘的事件和时刻，重新体验快乐、成就、尊严等多种有利于身心健康的情绪；生命回顾则指通过生动地缅怀过去成功或失败的经历，让老年人重建完整的自我的一种手法。

（二）团体辅导的方法

团体辅导对帮助老年人有特别重要的意义，尤其是对一些因为种种原因不便于进行个案咨询的老人。不同形式的团体辅导活动可以帮助他们参与社会生活，获得归属感，得到社公网络支持等。常见的团体辅导模式有教育型、支持型、治疗型等。团体辅导活动形式丰富多样，除了讨论性活动、缅怀性活动、教育性活动，还可以有身体锻炼活动、表演性活动、季节性活动或游戏性活动。老年团体辅导活动要注意的事项有以下几点。

1. 符合老年人的生理特征

关注老年人身体上的不便，设置相应的辅助工具，还要特别注意身体虚弱者的特殊需求。

2. 团体带领者要保持积极的思想状态

带领者始终要保持积极的状态以适应老年人的被动情况，与在成员沟通中要实时控制一些主观敌意或攻击性信息，加强对沟通的把握，沟通的重点尽可能多地集中于促进老人潜能发挥、正面的经历和有效增强适应力方面。

3. 循序渐进及时激励

老年人节奏比较慢，注意其点滴进步很重要，不要为迟迟看不到成效而气馁。

（三）社区参与的方法

社区是老年人熟悉的、主要的生活场所，以社区为载体，充分利用社区资源，改善老人与社区的关系，促进老人的社区参与，培育老人的社区归属感，可有效地解决社会隔离，树立老年人自助、互助和自觉精神，从更宽广的层面上为老年人提供有益的帮助。咨询师除了鼓励老年人积极参与社区活动、融入社区生活，必要时还可以通过转介，让来访者获得社区工作人员、社工、志愿者的主动帮助。

除了上述专业手段，在实际生活中，咨询师、老年人的子女或看护人在处理老年人心理问题时，还可以参照以下技巧。

1. 保持与外界环境的接触

与自然、社会和人的接触既可以丰富老年人的精神生活，愉悦心情，又可以及时调整老年人的行为，以便更好地适应环境。老年人退休后多参加些力所能及的社会公益活动，可以发挥余热，另外，多培养一些兴趣爱好，使其生活丰富多彩。

2. 生活规律，适度的脑力和体力劳动

让老年人学会安排规律的生活与合理的作息时间，根据自己的兴趣、爱好、体质状况有选择、有规律地进行运动，包括跑步、打球、爬山、练太极拳等体力运动，下棋、打牌等脑力运动，不仅能增强体质，还能延缓大脑功能的衰退。

3. 适当地多与老人进行肢体接触

如捶捶背、揉揉肩、拥抱等肢体接触，会让老人感觉到自己受人欢迎。

4. 适当放大说话音量，但是声调要柔和，语气要轻柔

让老人能听清楚，老人就不会误认为别人在窃窃私语。

5. 消除老人的寿命疑虑

可以多找些老寿星、百岁老人的话题去跟老人聊，改变老人时日不多的想法，消除老人的疑虑。

6. 风险防范的护理

个别老人因各种原因，固执己见，情绪及思想非常偏激，可能会做出一些极端的事情，如自杀、伤人或自伤等。在护理中咨询师要善于发现一些危险信号，对老人及时进行开导和劝解，化解老人的危险意念，防患于未然。

7. 陪伴老人

最重要的一点就是陪伴老人，不要打断、否认或者缩短他正在说的话；如果他和你说话，静静地听完他的话后再发言；如果他不说话，不见得是他不想说话，可能是他累了，你可以看情况和他说说话，说一些他感兴趣的话；如果他睡着了，不要轻易叫醒他；如果他问你在干什么，来了什么客人，客人是做什么的，陪伴者都要耐心回答，不要说“别管了，养好身体就行”这样的话，也可以请教他的专业，请教他一些常识问题；如果无事，可以坐在他身边，捧着他的手抚摸；如果累了，可以在他身边躺下休息，有事能够及时醒来，无事也令他有安全感；赞叹他的勇气，时时刻刻鼓励他，让他感觉到他的一生不是无意义的；用他能接受的方式，和他谈论即将面临的死亡，最后告诉他，你从陪伴他中获得了最珍贵的东西，从陪伴他中得到爱，并懂得怎么更好地爱人，了解更广大的生命，对必然来临的死亡有所准备，没有恐惧，并感谢他给予的机会。

四、社区老年人心理健康教育的内容

人总是要老的，这是不可抗拒的自然规律。面对这一规律，步入老年的人们该怎么办？比较合适的态度是：在承认规律、尊重规律的基础上善待自己，谋求个人的新发展。那么，我们每个人对老之将至或年已垂事也不足为惧，可以坦然面对。事实上也有许多老年人是这方面的成功者，他们生活得很愉快，心理很健康，尽管他们的物质生活不一定十分富足，身体也并非没有一点病痛，但是他们有很强的主观幸福感。

对社区老年人的心理教育，无论是采用个别辅导的形式，还是团体活动的方法，抑或是心理养生工作坊，关键是要根据老年人的身心状况和可接受程度，从文化适宜性出发做好五个方面的内容。

（一）正确认识生理上的老化

进入老年期，难免出现一些老化观象，如头发脱落、皮肤失润、视觉模糊、听力下降等。同时，一些潜藏着的老年病，如心脑血管疾病、呼吸系统疾病、泌尿系统疾病等也在渐渐地向老年人袭来。所以，如何应对生理老化，是老年人必须处理的一个难题。处理得好，延年益寿；处理不好，烦恼丛生。我们提倡的是对自己身上出现的生理老化现象给予适当的关注。所谓适当关注，就是留意身上的变化，该求诊时求诊，该求救时求救，以便获得对这些变化的科学认识和正确对策。与此同时，理性地处理好治病与个人正常生活的关系，继续充分享受人生乐趣。总之，要承认自己老了，要识老、服老、不惧老、不怕老。老年是人生美好的时光，有知识，有经验，有时间，可以充分地享受人生，而不应恐惧衰老。

（二）应对角色变化，参与社会活动

许多老年人刚退休时很不适应，这是因为社会角色发生了改变。老年人原来担任的那个角色是在长期的工作、生活中形成的。角色改变，不仅意味着失去了某种权利，更为重要的是丧失了原来所担当的角色的感情，丢掉了几十年来形成的行为方式，因而感到失落、茫然和不知所措。因此，老年人退休后，需要参与到社会活动中去，根据社会的需要和本人的能力、兴趣、意愿，通过不同的途径选择适当而有意义的工作，继续为社会做贡献，充当一个新的角色，建立新的感情，以适应角色的改变。此外，退休后老年人的生活规律发生了很大变化，如果能够走出家庭，多与外界接触，扩大交往面，可以应对长时间空巢环境所带来的孤寂、失落、悲观等心境。如上老年大学、参加晨练社团等活动，适当分配体力和转移注意力。多参加一些社区活动，如老年合唱团、音乐团、钓鱼、爬山等。这些活动既能多结交朋友，也能使老年人获得成就感。

（三）保持与年轻人共同成长的态度

老年人对于很多新事物不熟悉，很多新问题也没遇到过，所以继续学习、与年轻一代共同成长是客观上的需要。保持与年轻一代共同成长的态度，不是故作谦虚的自我贬低，而是长者用行动给生命之树以养分以确保生命之树常青的积极人生态度。老年人要做到与年轻一代共同成长，首先要能客观全面地认识自己，承认自己的缺点和不足，即有自知之明；其次为了不被信息化时代边缘化，丰富自己的精神生活，享受现代文明的乐趣，老年人需要以年轻人为师，在某些方面向他们学习，包括向子女学习，甚至向孙辈学习。那些不怕被孩子们说成“菜鸟”的老年人，不仅体验了与时代一起前进的快慰，而且获得了与儿孙共同成长的欢乐，成了年轻人眼中的快乐老人、时尚老人。现在，这样的老年人越来越多了，在老年大学、市民学堂、社区中心和一些家庭里，都可以看到他们在为自己的新发展忙碌着，在为自己潜能的新发现而快乐着。

（四）保持家庭气氛的和谐

老年人离退休之后，有了更多的时间待在家里，因而有机会重温以前的岁月，享受儿孙绕膝之乐。这种温馨和谐的氛围是很多人所向往的，因为它能使人心情舒畅、乐而忘忧。但这种氛围也是需要精心营造的，要保持家庭气氛的和谐，至少有三种关系必须处理好。

第一种关系是与老伴之间的关系。进入老年期之后，有些人的性格会发生一些消极变化，有的会变得不像过去的“他”或“她”。

第二种关系是与子女之间的关系。一般来说，老年人的子女已是成年人，而且多半是已成家的人，因此老年人同已成年成家的子女的关系还涉及同子女配偶的关系。如果老年人关爱子女及其配偶，那么一般来说是能得到爱的回报的，这样，家庭气氛就会比较和谐。

第三种关系是与孙辈之间的关系。

幸福的家庭并不是没有矛盾、没有分歧的家庭，而是能理智处事、不感情用事的家庭。和谐的家庭氛围有助于老年人保持心理健康。

（五）保持自我反省和对生活的新鲜感

按照心理学家埃里克森的观点，人一生的心理发展可以分为 8 个阶段。50 岁以后属于第 8 阶段，每个阶段有每个阶段的发展任务。人在 50 岁以后的人生阶段的发展任务是对自己一生进行整合，从中获得完善感，避免失望感和厌恶感，形成对生命的一种超然的哲学智慧。显然，这就涉及对个人既往所思、所想、所作、所为的反省。这里所说的反省，是指回过头去想一想，对自己的一切言行包括外显的与内隐的，做出理性的判断，借此认清自己、鞭策自己。自我反省贵在自觉，但毋庸讳言，老年人通常对自己的脸面问题比较敏感，年岁大了仍能保持自我反省的清醒感并非易事，年岁大且地位高的仍能保持自我反省的清醒感就更为不易。与此同时，生活的新鲜感是心理健康的重要养分，我们必须通过调整和拓宽生活思路来解决这个养分的吸收问题。老年人可以找一份力所能及的工作，或者当一名志愿者，又或者上老年大学、外出旅游等。所有这些都能增加生活乐趣，减少锐气，焕发朝气，使人感受到生活的新鲜和美。

第三节　未成年人社区心理教育

一、未成年人的生理心理特点

本章节的未成年人主要指儿童期到青春期阶段的未成年，即 6 岁到 18 岁的未成年人。

（一）未成年人的生理特点

儿童期生理发育较为平稳，女性要比男性早 1～2 年开始发育，因此，10 岁左右的儿童中，女孩要比男孩长得高一些。但到了 13 岁左右，男孩无论是身高还是体重都明显的超过女孩。

除了身高和体重外，儿童在整个躯体的构成上发生了明显变化。头与身体的比例开始从儿童的 1∶4 向成年人的 1∶7 方向发展，骨骼结构也开始变得宽大，并且心肺功能增强，大脑和神经系统发育趋于完善，孩子的思维和活动能力有了大幅提升。这一过程将延续至青春期逐步成为成年人。

青春期是身体的第二次发育期，包括了身体的变化和性成熟。在这期间，身高会以每年 6～8 厘米的速度快速增长，体重也会随之增加，心、肺和脑的功能逐步达到成年人水平，特别是第二性特征开始出现，如男性表现为喉结突出、声音变粗、长胡须等，而女性则为声音高亢、乳房发达、盆骨变宽、臀部变大等。这些性特征和身体的变化进而也影响到了未成年人的心理活动。

目前，有迹象表明，大量摄入带有激素的食物，造成了未成年人性成熟提前的问题。性早熟会导致男孩和女孩的生理、心理、情绪以及社会适应等诸多问题。

（二）未成年人的心理特点

1. 反抗性与依赖性

由于未成年人产生了一种强烈的成人感，进而产生了强烈的独立意识，他们对一切都不愿顺从，不愿听取父母、教师及其他成人的意见，在生活中，从穿衣戴帽到对人对事的看法，常处于一种与成人相抵触的情绪状态中。

但是，在未成年人的内心中并没有完全摆脱对父母的依赖，而是依赖的方式较之过去有所变化。童年时对父母的依赖更多的是在情感和生活上，至青春期对父母的依赖则表现为希望从父母处得到精神上的理解、支持和保护。

存在于少年身上的反抗性也带有较复杂的性质，有时是想通过这种途径向外人表明，他已具有了独立人格，有时又是为了面子，以掩饰自己的软弱。实际上，在生活中的许多方面，他们还是需要成人帮助的，尤其是在遭受挫折的时候。

2. 闭锁性与开放性

进入青春期后，他们渐渐地将自己的内心封闭起来，他们的心理生活丰富了，但表露于外的东西却少了，加之对外界的不信任和不满意，又增加了这种闭锁性的程度。与此同时，他们又感到非常孤独和寂寞，希望能有人来关心和理解他们，他们不断地寻找朋友，一旦找到，就会推心置腹，毫不保留。因此，未成年人在闭锁的同时，又表现出很明显的开放性。

3. 勇敢和怯懦

在某些情况下，未成年人似乎能表现出很强的勇敢精神，但这时的勇敢带有莽撞和冒失的成分，具有“初生牛犊不怕虎”的特点。这是因为，首先他们在思想上很少受条条框框的限制和束缚，在主观意识中不存在过多的顾虑，常能果断地采取某种行动；其次他们在认识能力上的局限性，使其经常不能立刻辨析出某一危险情景。

但在另外一些情况下，未成年人也常常表现得比较怯懦。例如，他们在公众场合，常羞羞答答，不够坦然和从容，未说话先脸红的情况在少男少女中都是常见的。这种行为上的局促是与他们缺少生活经验以及与这个年龄阶段所特有的心理状态分不开的。

4. 骄傲和自卑

由于未成年人尚不能确切地评价和认识自己的智力潜能和性格特征，很难对自己做出一个全面而恰当的估价，而是凭借一时的感觉对自己轻下结论，这样就导致他们对自己的自信程度把握不当。几次甚至一次偶然的成功，就可以使他们认为自己是一个非常优秀的人才而沾沾自喜。几次偶然的失利，就会使他们认为自己无能透顶而极度自卑。这两种情绪往往交替地出现于同一个未成年人身上。

5. 否定童年又眷恋童年

进入青春期后，随着身体的发育成熟，未成年的成人意识越发明显，他们认为自己的一切行为都应该与幼小儿童的表现区分开来，力图从各个方面对自己的童年加以否定，从兴趣爱好到人际交往方式，再到对问题的看法，他们都想抹去过去的痕迹，期望以一种全新的姿态出现于生活的各个方面。

但在否定童年的同时，在未成年人的内心中又留有几分对自己童年的眷恋。他们留恋童年时那种无忧无虑，留恋童年时那种简单明了的行为方式及宣泄情绪的方法，尤其当他们在各种新的生活和学习任务面前感到惶惑的时候，特别希望仍能像小时候一样，得到父母的关照。

二、未成年人的主要心理健康问题及影响因素

（一）未成年人的主要心理健康问题

由于未成年人的特殊生理和心理变化，以及他们所处的社会状况，未成年人主要有以下几种心理健康问题。

1. 学习适应问题

学习是未成年人的主要任务，也是未成年人发展成才的主要途径。未成年人面临的学习心理问题主要包括学习适应性问题及其与之密切相关的时间管理问题、学习策略问题、考试心理问题等，导致未成年人学习适应问题，主观上与其学习动力不足、学习策略不当等有关，客观上则与学业负担过重、传统课程教学、应试教育下的升学压力、父母师长的高期望等密切联系。

2. 人际交往问题

人际交往是未成年人社会化的重要途径。未成年人的人际交往问题主要表现在师生交往、同伴交往、异性同伴交往、不同人群之间等人际交往形式中，其中未成年人同伴竞争引发人际问题是整个人际交往问题中最具现实性和影响力的心

理问题。未成年人人际交往中的退缩性人格、交往失调、偏执、过度防卫等是其产生心理问题的主观原因，缺乏社会人际信任、交往技能缺失、沟通障碍、不同民族语言及文化上的差异、个人主义、社会邻里不和谐等是导致未成年人人际交往问题的重要客观原因。

3. 情绪困扰问题

未成年人是人生中情绪波动变化最大的时期，情绪困扰是未成年人最常见的心理问题，主要表现为焦虑、抑郁、强迫、神经质等情绪障碍问题。未成年人情绪困扰问题的频繁发生，主观上与未成年人身心正处在趋于成熟但尚未完全成熟的特殊阶段直接相关，客观上与社会过度竞争、人际关系紧张、学业或就业压力过重等密切联系。

4. 婚恋与性心理问题

性成熟是未成年人成熟的重要标志，未成年人性成熟既包括性生理的成熟又包括性心理的成熟。研究表明，一方面当代未成年人性生理较过去普遍提高 1～2 年，但性心理成熟又较过去延迟 1～2 年；另一方面现代化社会中西方性观念、性文化通过发达的网络、传媒等途径不断涌入并时刻诱惑着充满着性好奇、性冲动的未成年人，因而未成年人中早恋、非婚同居、性犯罪等性心理问题时有发生，已成为危害未成年人健康成长的严重问题。导致未成年人的婚恋与性心理问题的原因除了其身心发育不成熟，更重要的是现实中大众传媒、网络文化和成人世界中有关性与色情的信息大量泛滥，未成年人因恋爱或失恋产生的心理问题也多与性心理问题相关。

5. 职业心理问题

未成年人的职业心理发展还未成熟，未成年人职业心理主要表现为职业成熟度、职业规划、职业价值观、职业能力等多个方面。随着就业形势的日益严峻，未成年人的职业心理问题变得更为严重，主要表现为缺乏个人职业规划、职业成熟度低、职业价值观偏离、职业能力不强等。

6. 网络心理问题

网络成瘾问题是当前未成年人中十分严重的心理问题。研究表明，未成年人使用网络成瘾，轻者会造成注意力缺失、智力受损、孤独感、抑郁、动机冲突、双重人格、成瘾行为、适应不良、躯体症状等身心疾患，重者则可能沉溺于虚拟世界而模仿凶杀、色情游戏中的角色，造成违法犯罪或自毁等恶性后果。导致未成年人网络成瘾的主观原因是好奇、用虚拟世界弥补现实中不能满足的需要、无成就目标、人格缺陷、抗诱惑能力差等，客观上的原因主要是缺乏现实人际交往、网络文化中的不良刺激、家庭—学校—社区没有建立起目标一致的育人环境、监管不力不当等。

（二）影响未成年人心理健康的主要因素

未成年人心理健康主要受家庭、学校、社会环境及未成年人个体等因素的影响。

1. 家庭

家庭作为人类社会的基本单位，对未成年人的成长起着重要的作用。家庭类型、父母文化程度、家庭经济水平、父母教养方式等都是影响未成年人成长的重要因素。父母对子女的高期望和高要求给子女带来高压力，如要求子女每次考试得高分，要求子女进入重点学校或重点班等，父母主要是基于学习给子女造成过大的压力。除此之外，家庭中父母感情不和以及父母与子女在思想上的差距，也是造成未成年人心理问题的原因。

父母的文化程度也是影响子女心理健康的因素之一。学历较低的父母由于文化水平和认知水平有限，容易忽略孩子的心理情感需要，往往采取比较极端的教育方式如粗暴、放任自流，这不利于未成年人的心理健康发展。

有研究证实，在不完整家庭中成长起来的未成年人，不论在学习成绩、品德行为还是在性格特征方面，其消极因素和存在问题均高于完整家庭中的子女。隔代家庭中，孙辈们常常由老年人抚养，老年人凡事都会依着孙辈，迁就、溺爱他们，在这样的抚养方式中成长起来的孩子很可能会缺乏同情心，极易形成以自我为中心、为所欲为的性格，严重者可能产生心理障碍。隔代抚养下的孩子缺少血肉相连的父母之爱，他们的感情需求得不到满足，从而产生感情和人格的偏差以及心理和行为障碍。

2. 学校

学校中的学业压力、教师家长、学校同辈群体等因素对未成年人的心理健康状况同样有重大影响。第一，学校片面地追求升学率导致学习负担过重，从而带给学生过大的心理压力。这可能导致学生缺乏学习兴趣和动力甚至影响到他们在社会交往中的信心和适应程度，对学生的心理健康和人格完善造成障碍。第二，学校为了追求学生分数，忽略学生心理健康教育，民族地区很多学校虽然设立了心理健康服务机构，但并没有充分开展此项工作，对学生心理健康问题的监控不够，很多时候学生出现了心理问题得不到及时有效的干预。第三，民族地区个别教师在升学压力的影响下，教育方式简单、粗暴，特别是变相地体罚学生，这样会使学生精神压力增大，自信心受挫，从而使学生形成不健康的心理。另外，部分教师不能根据学生个性特点进行教育，教育方式不当，引起学生消极抵触心理，影响学生的心理健康。

3. 社区环境

鉴于人们对心理健康教育的不重视，对未成年人心理健康的服务几乎没有。研究表明，绝大多数未成年人在遇到自身无法化解的心理困扰时不曾想到过寻求社区机构的帮助，他们不知道社区是否能够提供这类帮助。有少量的未成年人反映，社区应该向未成年人提供心理健康服务，但认为社区并不能够给他们带来实质性的帮助。

社区心理健康服务的缺乏，使得未成年人遇到心理问题时缺乏及时有效的解决途径，影响未成年人心理健康问题的解决。

4. 个体因素

遗传因素和人格特征同样对未成年人的心理健康具有不可忽视的影响。遗传因素对未成年人身心发育的影响是显而易见的。

人格因素中的自尊、气质特点和归因风格等也会影响到未成年人的心理健康。在未成年人成熟期，当个体的自我概念逐渐清晰稳定时，他们会对自己形成一个特定的自我价值评价，这种特定的自我价值评价就是自尊。高自尊的未成年人对自己的满意度较高，他们不仅了解自己的长处，同时也知道自己的短处并希望改进，他们通常保持着积极的情绪，表现出高的胜任力，对自己的命运有主宰感。相反，低自尊的未成年人不能接纳自己，总认为自己无能，常常被焦虑和自我怀疑所困扰。

三、未成年人心理教育的主要内容

（一）培养学习能力

学习是青少年时期的主要任务之一，学习方式不但影响认知发展的方向与内容，还影响性格的发展，是否能够灵活且实用地学习，是否能广阔地去探索，都会影响一个人对人对事的处理与应对。对青少年的心理健康教育应包含以下几方面内容：

（1）练习整理资料、分析与综合。

（2）学习思考、推理与判断能力。

（3）养成灵活、广泛与实际学习的习惯。

（4）学会正确应对学习和考试压力。

（二）自我意识的教育

自我意识教育的内容主要包括自我认识、自我接受、自我协调三个方面。

1. 自我认识

自我认识即帮助青少年对自己的生理状况、心理特征及自己与他人的关系进行正确的认识，培育和发展青少年积极健康的自我意识和良好的自我概念。

2. 自我接受

自我接受即正面评价自己，正确分析、评价自己的优点和缺点，引导青少年认识自己的潜力与特长，了解自己的独特价值，最终达到愉快地接纳自己。

3. 自我协调

自我协调即引导青少年正确处理好积极自我与消极自我、现实自我与理想自我、主观自我与客观自我之间的关系，学习如何化解内心的冲动和矛盾，建立自我同一性并防止自我同一性混乱。

（三）提高交往能力

交往能力教育的内容主要包括交往意识、交往技能与竞争三个方面。

1. 交往意识

要着重训练青少年对人际关系有一种积极的、全面的认识，让青少年明白建立亲密人际关系及友谊的重大意义，树立正确的人际交往观。

2. 交往技能

要让青少年懂得人际交往的基本原则，掌握相关策略，从而与他人进行良好的沟通和交流，妥善地解决人际冲突。交往原则主要有平等、尊重、真诚、互助互利、信任宽容等。同时也要让青少年知晓和理解影响良好人际关系建立的因素（如首因效应、晕轮效应、刻板印象、近因效应、自我投资等）。指导他们运用正确的交往方式处理人际关系并教给他们一些具体的策略，例如克服怕羞的策略、消除同学间误会的策略、正确对待背后议论的策略、拒绝别人的策略等。

3. 学会合作与竞争

合作与竞争是当今社会的基本特征。既要引导青少年养成集体观念和合作精神，又要教育青少年正确认识竞争的两面性，鼓励他们在学习、生活中形成正当合理的竞争，避免因竞争而产生嫉妒、破坏等反社会行为。

（四）调节和控制情绪

情绪的调节和控制主要是让青少年学会排解、控制消极情绪，诸如自卑、紧张、急躁、嫉妒、悲观、愤怒等情绪。

情绪调节和控制的方法主要包括：第一，从认识上分析造成不良情绪的原因，看自己的反应是否合理、是否适度。第二，对消极情绪采取适当的方法进行宣泄，将消极情绪化为积极健康的行动，例如可以化嫉妒为动力、化悲痛为力量等。情绪疏导可以从身、心两个方面着手，如在适当的环境下放声大哭或大笑，向亲近和信任的人倾诉，以及剧烈的体力劳动、体育运动、大声歌唱、尽情舞蹈等。第三，培养和强化青少年积极、健康的情绪，诸如学会爱与被爱、自信、乐观、幽默等，要让这些正向情绪成为青少年的主导情绪。但不愉快的负向情绪是不可避免的，而且负向情绪也具有提示、警觉和适应的功能。因此，只有正向情绪而无负向情绪是不现实的，而且不利于青少年身心的健康发展，关键是要让正向情绪在青少年情绪中占主导地位。

（五）开展性教育

跨入青春期，伴随第二性征的出现、性意识的觉醒，未成年人开始关注自己身体上的变化，同时也增强了对异性的好奇心和兴趣。性教育的内容主要包括性生理和性心理两个方面。性生理教育主要是教给青少年性生理和卫生知识，使青少年正确了解生殖系统各器官的构造、生理功能和卫生保健常识，认识人类性发育的自然规律、两性生理差异及其发展的一般规律，克服在性问题上存在的神秘感和模糊观念，从而做到对自己体征的发展变化和由此引起的心理体验有心理准备，并养成良好的性卫生习惯。性心理教育的内容主要包括性心理发展常识和性心理健康知识，要教育青少年正确认识性，正确对待自身的性心理体验，培养自我控制、调节性心理的意识和能力，防止不良的性心理和性偏差行为的产生，养成良好的性心理和性行为习惯，进而增进性心理健康。性教育的开展不仅有利于青少年正确认识自己，还有利于青少年处理同异性的关系。

四、未成年人心理辅导多元一体化机制构建

（一）以政府为主导

开展未成年人心理辅导是一项系统工程，是全面实施素质教育、加强和改进未成年人思想道德建设工作的重要组成部分。政府工作需把心理卫生工作列入经济和社会发展计划，发挥主导作用，建立领导协调机制，成立未成年人心理健康工作领导小组，由领导小组协调宣传部，发改委、教育行政部门、地方高校、中小学校、民政、社区、妇联、残联、团委、精神性专科医院及司法部门、卫生系统相关部门共同参与，发挥各自优势，明确职责，密切配合，形成合力。

政府相关部门需积极拓展与地方高校合作，建立培养心理健康专门人才的机制；教育行政部门需积极推动并逐步在所有中小学配备专业的心理辅导教师，将心理健康教育纳入必修课，并建立考评机制；民政部门与司法部门要积极推动社区心理教育和社区心理矫正工作的开展；宣传部门要大力宣传未成年人心理健康教育的重要性和意义，呼吁和引导全社会的力量关注和支持未成年人心理健康教育工作，逐步消除社会人士对心理健康的各种错误认识，让人人都能关心自己和他人的心理健康，不断推动未成年人心理健康教育工作的发展。

（二）以专家团队为核心

心理辅导总会对人产生影响，不是好的影响，就是坏的影响。作为一项门专业性及实践性很强的工作，需要建立专家团队，由专家团队对工作的开展进行规划，对工作过程进行指导，对工作效果进行评估。人们常常以为通过了国家心理咨询师考试、获得了证书就可以进行心理辅导，实质上通过了资格考试还远远不够，还需要大量的实践和不断的学习。所以，专家团队也负责对各级心理辅导员进行培训和督导。

专家团队由政府主导的领导小组在所在区域的研究机构、高校、专科医院等部门通过自荐、主管部门推荐、行业协会推荐等方式进行选拔，人数 3～7 个即可，并在领导小组的带领下在心理辅导中心开展工作。

（三）以心理辅导中心为枢纽

成立一个心理辅导中心，辅导中心既是进行心理辅导的场所，也是领导小组和专家团队可以开展工作的场所。中心的基础设施建设包括网络心理咨询和跟踪云平台（与社区、学校的衔接）、心理健康网站、规范的个体心理辅导室、团体心理辅导室及办公场所。配备专职人员，使其在专家团队的指导下负责日常辅导及管理工作。同时，中心需组建心理服务志愿者组织，聘请更多的咨询师参与心理辅导工作。中心还负责对社区、学校的辅导员进行培训和督导，解决基层辅导站点、学校辅导室的疑难问题，并负责把基层及学校精神疾病患者转到有条件的精神专科医院。

（四）以社区为基础

社区是构成社会管理最基本的细胞，是老百姓的家。抓好社区的心理教育与服务，是建设和谐社区，构建民主法治、公平正义、诚信友爱、充满活力、安定有序、人与自然和谐相处的和谐社会的重要环节。研究认为，强调社区初级心理服务有两大优势：一是第一接触，是说居民接受社区心理服务最快捷，最方便；二是长期性，是说社区心理服务人员与求助者的帮扶关系可以长期存在，可以在日常情景下为求助者提供灵活实用的指导，使他们能更快融入社会生活。所以在社区对未成年人进行初级心理辅导是整个城市未成年人心理辅导多元一体化机制的基础。

目前，多数城市社区基本实现了网络化管理，一些社区还建设了心理咨询室，建设了社区网络，如果将社区网络与城市咨询中心云咨询平台连接，学校及城市咨询中心的专业人员就可以查询和使用社区建立的家庭档案和未成年人心理健康档案，但关键问题是如何在社区建立初级心理服务的机制。我国的社区建设的特点还是政府主导下的居民自治，所以，民政部门在社区建设中需要引导社区人员并充分利用社区资源，包括社区企业、学校、居民自治组织、社会团体的资源，同时政府部门在人员的配置、经费划拨方面给予支持。我们的研究认为，社区心理教育需要同社区文化建设、社区社会工作、社区纠纷调解相结合，同时与司法部门衔接，以及与涉罪未成年人社区心理矫正相结合。所以，加强社区心理健康知识的培训，在社区建立心理辅导站，同时配备一位社区副主任负责社区心理教育及涉罪未成年人社区矫正工作是必要的。

（五）以学校为主阵地

学校是未成年人学习、生活的主要场所，对于学生的发展，学校教育起了主导作用。同时，学校也是未成年人心理辅导的主要阵地。学校的心理辅导工作主要通过开设心理咨询室、心理热线、心理健康信息网，建立心理健康联络员制度等开展，构筑起一个反馈迅速且有效的预警体系，及时准确地把握学生的心理状态，帮助学生解决生活和学习中遇到的心理问题。有人认为，学校工作有两个轮子，其一是教学工作，其二是心理教育工作。全面地讲，学校的心理教育工作不仅局限于心理健康教育，也包括心理素质教育。

一方面，教育行政主管部门可以根据本地区的实际，在专家团队的协助下从人员要求、设施配置、工作职责、咨询管理、否定指标等方面建立适合本地区的“合格心理咨询室评估标准”及考核办法，对学校进行考评，推动学校心理辅导标准化建设。另一方面，加强教师对心理健康、心理辅导方面的知识学习，推动各学科教师在学科教学及班主任工作中融入心理健康教育。

在整个一体化机制中，学校心理辅导是学校心理教育工作者的主阵地，也是城市心理辅导中心心理学工作者心理健康知识宣传、心理辅导、心理培训的重要阵地。城市心理辅导中心同时负责解决学校心理辅导中的疑难问题和组织学校心理教育教师定期交流和转介会诊。

（六）以医疗机构为辅助

医疗机构主要是指精神卫生专科医院以及综合医院的精神科。心理辅导一般遵循无病假设，不以病态看待未成年人，而将未成年人的各种心理和行为问题认为是个体发展中的困扰。心理咨询师和心理辅导员没有精神药物的处方权，对于个别有精神疾病需要药物配合治疗的，心理咨询师需要及时转诊到精神卫生专科医院，虽然这类未成年人是极少数，但仅凭心理辅导是没办法解决的，而精神疾病又会给患者家人带来极大的痛苦，所以，城市心理辅导中心、学校、社区建立与精神卫生专科医院的联系机制是必需的。

（七）以家长学校、社区学校、心理健康网站、其他心理咨询机构为有力补充

未成年人心理辅导作为一项系统工程，关系到千家万户。未成年人的家长学习心理健康知识，一方面有利于家庭教育重视未成年人的心理健康，另一方面有利于家长主动配合城市心理辅导中心、社区、学校对未成年人的心理辅导。所以，不定期开办社区学校或家长学校并宣讲心理健康知识是整个一体化机制的有益补充。

目前，未成年人心理辅导中心工作的开展方式主要以现场指导与帮助为主，虽然面对面的辅导比其他间接的辅导效果好，但对于未成年人全方位的服务还是有限的，不能建立起学校、家庭和社会相结合的立体网络，而基于互联网的网站心理辅导能为这一立体网络的建立起到补充的作用。心理健康网站这一信息平台主要是给未成年人家长、老师提供一些必要的信息，如心理发展的内容、专家讲座、心理沙龙等，网站的预约平台是家长或监护人与心理辅导者首次面对面的心理辅导平台。心理健康网站的心理辅导平台也是心理辅导者就未成年人的一些常见的心理发展方面的问题进行答疑解惑的平台，这一过程可以通过电子邮件、留言板以及一些在线聊天工具进行，该平台仅对一般性的问题进行解答，如果发现有需要进行多次心理辅导者则应建议其进行面对面心理辅导。如果面对面心理辅导遇上实际困难时可在监护人签署知情同意书的情况下进行网上心理辅导。可见，心理健康网站的建设也是整个一体化机制的有益补充，在整个一体化机制中各层次（学校、社区）的心理健康网络都可以通过城市心理辅导中心的云平台进行链接。

目前，还有一些民办医院开设了心理教育中心，一些个体心理咨询师开设了心理诊所，这些也是对整个一体化机制的有益补充。

（八）建立各层次横向贯通纵向衔接的运行机制

未成年人心理辅导作为一项系统工程，在城市未成年人心理辅导中心、社区、学校都应建立五大运行机制：一是发现机制，通过心理普查，建立心理档案，以便发现心理问题，防患于未然；二是监控机制，在心理普查信息的基础上，对有心理困扰的未成年人进行深入的心理评估和跟踪；三是干预机制，对不同年龄阶段的未成年人开展有针对性的心理健康教育，解决其发展中的心理问题，同时对有心理危机的未成年人进行有效干预；四是治疗机制，对于有精神疾病的未成年

人，要及时通知家长，将他们转介到精神卫生专科医院进行药物治疗；五是跟踪机制，对出现心理问题的未成年人进行跟踪帮助，尽量减少由于心理危机造成的负面影响。

五项运行机制，在每一个层次（中心、社区学校）都需建立，同时，所有的运行信息都可以通过城市辅导中心的云平台进行查阅和监管。

总之，随着我国社会转型的不断加快，多元化的趋势已经成为社会发展的主要特点，当前未成年人学业负担重、升学压力大、身处的社会环境较复杂，而他们抗挫折能力较弱，容易产生心理困惑、心理障碍，我们只有构建科学的未成年人心理健康的多元一体化公共服务运行机制，延伸拓展心理健康服务空间，建立“预防、监控、干预、治疗、跟踪”运行机制，夯实心理健康服务队伍，积极营造未成年人健康成长的良好社会文化氛围，才能使每一位未成年人都能够健康成长。

第四节　残疾人员社区心理教育

残疾是指因外伤、疾病、发育缺陷或精神因素造成明显的身心功能障碍，以致不同程度地丧失正常生活、工作和学习的一种状态，可以分为暂时性残疾和永久性残疾。残疾是由病伤等原因在人体上遗留下来的固定症状，它给人的身体带来形态和功能上的改变，影响人的正常生活和劳动能力。一般来说，具有这种状况的人便是残疾人。

世界卫生组织将残疾分为残损、残疾和残障。所谓残损是指心理上、生理上或人体结构上某种组织或功能的任何异常或丧失；残疾是指由于残损而缺乏作为正常人、以正常方式从事正常活动的能力；残障是指一个人由于残损或残疾而处于某种不利地位，以至于限制或阻碍该人发挥按其龄、性别、社会与文化等因素应能发挥的正常作用。

根据全国人大常委会于 1990 年 12 月 28 日通过的《中华人民共和国残疾人保障法》第二条规定：残疾人是指在心理、生理、人体结构上，某种组织、功能丧失或者不正常，全部或者部分丧失以正常方式从事某种活动能力的人。这一定义与联合国、世界卫生组织和其他国家是一致的。残疾人主要包括视力残疾、听力残疾、言语残疾、肢体残疾、智力残疾、精神残疾、多重残疾和其他残疾的人。残疾人按残疾程度分为四级，残疾一级、残疾二级、残疾三级和残疾四级。残疾一级为极重度，残疾二级为重度，残疾三级为中度，残疾四级为轻度。目前，我国残疾人总数已超过8200万人。

一、残疾人员社区心理健康状况

残疾人心理健康是指残疾人在内外环境允许的条件下，能保持各类心理活动正常、关系协调、内容与现实一致和人格处在相对稳定的状态。这具体体现在以下几个方面。

1. 敢于正视残疾现实、接纳自己

残疾对于残疾人来说是一个残酷的现实，是无法选择、不能挽回的现实。心理健康的人敢于接受残疾现实，正视残疾的现实，对生活中因残疾而带来的各种困难泰然处之，善于接纳自己，充满自信。

2. 保持积极乐观的情绪状态

心理健康的残疾人从不悲观、自暴自弃，也不会像阿Q那般用自欺欺人的“精神胜利法”自我麻痹，应该总是对未来充满期待，对未来持积极乐观的态度，积极克服残疾所带来的困难和障碍。

3. 有自强自立的信心

心理健康的残疾人不会过度依赖他人，而是极力做一个独立自主的人，对未来充满信心，能够不断地学习新东西，力求获得一技之长，以便在生活和工作中能运用自如，从而自强自立，尽可能做一个对社会有贡献的人。

4. 具有良好和谐的人际关系

心理健康的残疾人坚信只要自己看得起自己，不卑不亢，不活在别人的眼里，与人相处时总是客观地了解和评价他人，积极与他人真诚沟通，往往就能够得到别人的理解和认同，能建立起融洽、和谐的人际关系。

5. 能制定可行性目标

心理健康的残疾人能正确了解自我、体验自我和控制自我，对现实环境有正确的感知，能平衡自我与现实、理想与现实的关系，能根据自身的实际情况制定可行性目标。

6. 能主动参与社会生活

心理健康的人能积极参与外界的各种活动，充分体现自身价值，增强自信，

同时也能丰富自己的精神生活，及时调整自己的行为，以便更好地适应生活环境。

二、残疾人员的主要心理健康问题

（一）社区残疾人认知问题

1. 认知方式的局限性和不完整性

认知活动主要是通过感知觉器官来进行的。社区残疾人由于躯体的缺陷对事物的感知觉受到种种局限，对事物的认识特别是感性认识会受到影响，有时甚至会呈现出主观片面性。如听觉残疾人由于听不到声音，许多认知方式都是通过观察一些表面现象并加上自我的想象形成的，这样的认知方式往往容易导致认知偏差，具有很强的模糊性和主观片面性。

2. 认知内容的波动性

认知内容主要来源于认识活动的广度和频率。社区残疾人由于行动不便、服务体系不健全，参与社会生活往往较少。这主要体现在后天致残者身上。从健全突变到残疾是一个重大的转折时期，残疾人在这期间经历着一个长期的心理和行为的波动期，加上残疾人的生活空间相对狭小，认知范围有限，那么在认知内容上也是有限和经常变化的。比如伤残时间不久的患者，随着社会实践活动的减少或改变，会增加对以往健全时期的回忆次数和对残疾后的困惑意识，从而面对康复的意识不强。

3. 认知水平的非理性

认知水平主要依赖于对认识事物的分析、判断、归纳，从而得出正确合理的结论。社区残疾人在认知活动的过程中受到政治、经济、文化等种种局限，容易出现先入为主的思想，以及出现以偏概全、主观判断等倾向，影响其认知水平。调查表明，民族地区社区残疾人由于受宗教信仰的影响，无法对周围事物进行合理分析、综合、归纳、整理，对日常一些人际交往中的语言无法正确地表达和理解，有的甚至不能正确地使用一些面部表情。在观察问题的时候不够理性，加入一定的民族主观感情色彩，做出决定时缺少深思熟虑，在一些较复杂的事物前难辨真伪，暂时只考虑事物本身，而忽视此事物与其他事物之间的联系。

（二）社区残疾人情绪问题

1. 情绪的内隐性

社区残疾人的情绪外部表现和内心体验并不一致，有时甚至恰恰相反。他们对于内心的秘密、真实想法一般不肯轻易吐露，表现出内隐含蓄的特点。

2. 情绪易于心境化

一般来说，情绪活动会随外部刺激的消失或转移而变化。然而，社区残疾人由于内心比较敏感，凡事都小心翼翼，他们的情绪活动一旦被刺激或激发，即使这些刺激消失或变化，情绪状态有所缓和，情绪的持续时间也会较长，从而转变成一种心境，对后续的活动产生影响。

（三）社区残疾人人格问题

社区残疾人由于生理上或心理上的缺陷，在学习、生活和就业方面遇到的困难比普通人多得多。因此，有的人在对社会、集体、他人的态度上表现出自私、漠不关心、缺乏同情心、冷酷无情、孤僻、不善于与人相处的性格倾向。有的人在对自己的态度方面通常表现为异常的自尊、自负或自卑，缺乏自信心，在性格的倾向特征方面表现为倾向困扰、敏感、焦虑，爱钻牛角尖。

三、残疾人员社区心理教育方法和内容

人和动物不同，除了维持生命的生理活动，还有一系列的心理活动。伤残造成生理活动障碍必然会相应地影响其心理活动，严重者还会影响到社会功能。不论什么原因造成的何种残疾，即使终生不可恢复其致残的生理功能，只要努力矫正其心理功能，在一定程度上恢复其社会功能就可代偿部分受损的生理功能，使残疾人残而不废，成为对社会有用的一员，而不是累赘。因此社区残疾人的心理康复问题，是残疾人和其亲属以及社区乃至全社会都应关心与重视的问题。

（一）社区残疾人的心理教育方法

1. 加强与社会各界、新闻媒体的联系，广泛关注社区残疾人事业的发展

首先，加大宣传力度，构造理解、关爱社区残疾人的社会氛围，消除社会的偏见，努力维护社区残疾人的自尊，为社区残疾人创造良好的学习、工作、生活

环境，从而保障社区残疾人的生活质量。其次，要完善社区公共环境无障碍设施的建设和管理，建立人民图书馆、无障碍影院等场所，为残疾人提供良好的生活环境，并与电视台加强合作，开设社区残疾人心理咨询专栏，及时为社区残疾人疏导心理障碍，缓解社区残疾人的生活压力，树立社区残疾人积极健康的生活态度。最后，要充分利用社区残疾人艺术团的力量，宣传社区残疾人自强不息、顽强拼搏的典型事迹，让社区残疾人看到生活中的榜样，看到希望，鼓舞社区残疾人恢复生活的信心，也促使社区关心、理解、爱护残疾人。

2. 建立社区心理咨询服务站，疏导残疾人心理障碍

有条件的社区建立心理咨询服务站，并聘请从事心理研究的专业人员，及时为社区残疾人进行心理疏导，排解他们的心理障碍；与心理咨询服务机构合作，为社区残疾人及家属提供有效的咨询和心理疏导服务；与医院、心理学研究所的专家合作，组建社区残疾人心理辅导讲师团，定期走进社区残疾人家庭并为其提供心理方面的指导和帮助，使社区残疾人摆脱消极的心理状态，能够积极健康地融入社会。

3. 改进家庭的教育方式，引导社区残疾人健康成长

社区残疾人不仅是社会成员，更是家庭成员，其大部分时间都是与家庭成员在一起度过的。家庭成员如何对待残疾人会对残疾人自身的成长及性格的塑造带来直接的影响。因此家庭成员应尊重、关心、理解残疾人，承认残疾人也是家庭中的一员，并承担起抚养和教育残疾人子女的重任；培养残疾人独立的意识，以极大的耐心来满足残疾人的合理需求，保持和睦相处、互相理解的家庭氛围；加强与残疾人的良性互动，使残疾人健康快乐地成长。只有这样，社区残疾人才会在社会的关注下坚强、乐观地面对生活中的困难和挑战。

（二）社区残疾人的心理教育内容

心理教育的过程是残疾人建立个体心理调节机制的过程，通过接受系统的心理干预技能培训，社区残疾人能逐步适应正常的学习、生活与工作等。社区残疾人心理教育有主要有以下几个方面。

1. 加强耐挫教育

创设情境，使社区残疾人获得挫折体验。虚拟他们在学习和生活中经常遇到的挫折和困难情境，并把这些问题、困难安排在团体心理辅导中，在辅导过程中

让他们完成任务，解决问题，提高他们应对挫折的能力。

2. 强化主动沟通的意识

教育社区残疾人遇到困难时要主动提出，在自己克服不了的情况下，可以向家属、朋友、社区工作人员说明，寻求帮助；通过集体游戏活动，帮助他们克服恐惧害羞心理，增强自信；教会他们沟通的技巧，学会与人交流；教会他们养成自省的习惯，能够换位思考。

3. 强化心理调节技能

教会残疾人一些心理康复的自我调节技能。如适当宣泄技巧：当心中有不满、烦闷等消极情绪时能够以合适的方式及时宣泄出来，以减轻自己的心理压力；自我安慰技巧：当遭遇失败时能够以一定的方式进行自我安慰，以排解焦虑感；自立自强技巧：当别人的帮助未能及时到达以及当他人未能满足自己的需求时，要学会独自承受，不能一味地依赖他人，要坚强面对。只有娴熟地运用各种心理调节技巧，才能使自己的心理始终保持健康!

第五节　酒精滥用人群的干预

酒进入人的大脑和高级神经中枢后，会产生强烈的刺激，对人的生理和心理产生微妙的影响。我们把饮酒后的心智状态分为畅意、微醺、失控和烂醉四种。第一，少量饮酒能疏肝解郁，宣情畅意，令人神清气爽，通体舒泰，有益身心健康。第二，饮至四五分时，似醉非醉，血流加速，血脉扩张，人进入一种无拘无束、情绪兴奋、积郁一空、飘然羽化的解脱状态，这是抛弃传统束缚回归原始状态的生存体验，在摆脱现实的悲苦与烦恼中获得生的极大快意，即所谓“酒以成欢，酒以忘忧”“醉来赢得自由身”，此时思路开阔，思维活跃，最有益于文学艺术的创作。第三，饮至七八分时，神经麻木，神智迷糊；反应迟钝，不能自控；身非己有，言不由衷，此时信口开河，容易失言；意志薄弱，举止失常；不守原则，随意承诺；失去记忆，容易误事；甚者惹是生非，引发暴力，影响家庭和睦，危害社会治安。第四，如果饮至九十分，则头晕目眩，天旋地转；呕吐不止，哭笑无常；语无伦次，不识归途；甚者人事不省，危及生命。

所以，适度饮酒有疏通血管之益处，但是酒精滥用除了引起自身躯体及心理问题，还会带来许多的社会问题，如酒后打人、车祸以及因为醉酒而旷工或旷课等，严重者可能会出现精神症状，甚至危及生命。如果我们在社区人群中能够尽早地识别与筛查出酒精滥用人群，并及时予以心理干预，有利于个人及社会的和谐。

一、酒精滥用的识别

酒精滥用一般表现为在1～2个月的时间内出现以下一次或多于一次的症状：反复酗酒导致无法履行社会义务；在身体状况很差的情况下反复饮酒；反复违反与饮酒相关的法律；虽然存在反复或持续饮酒导致的社会或人际问题，但病人仍继续饮酒。

酒精依赖是一种更加严重的伤害，表现为以下特征中的3项或3项以上：对酒精耐受；有酒精戒断症状；饮酒过多；长期期望或试图戒酒；大量的时间花费在获取酒精或从醉消中恢复过来；对重要的社会、职业或娱乐活动缺乏兴趣；不顾酒精对人体的危害而不断地饮酒。

二、酒精滥用的危害

（一）对胃肠功能的损害

长期大量饮酒，可引起胃肠功能紊乱，出现恶心呕吐等症状，还可引起反流性食管炎、急性胃炎、胃溃疡、急性胰腺炎、慢性胰腺炎以及口腔、咽喉和消化道的恶性肿瘤。另外，可引起酒精性脂肪肝、酒精性肝炎、酒精性肝硬化。

（二）对循环系统的损害

长期大量饮酒，易引起酒精性心肌炎、心肌梗死、心律失常、心力衰竭、高血压、血脂异常、高脂血症、动脉粥样硬化、脑血栓、脑出血，长期大量饮用啤酒还可引起心肌肥大等。

（三）对神经系统的损害

长期大量饮酒会使脑细胞受损，导致头脑不清、智力迟钝、注意力涣散、记忆力减退、判断力下降，还可抑制中枢神经系统引起脑硬化，诱发脑卒、中毒性脑萎缩等。

（四）对代谢的损害

长期大量饮酒会使机体的代谢紊乱，抗毒能力降低，增强某药物、毒物的毒性。

（五）对呼吸系统的损害

长期大量饮酒会使呼吸道防御功能降低，支气管扩张的病人在饮酒后，由于酒精的刺激，病患部位的血管迅速扩张，可引起大咯血，使病情加重，出现危险。

（六）对生殖细胞的损害

受损害的生殖细胞如果受孕，就会影响胎儿的发育，引起流产或致胎儿畸形，有的还会导致胎儿出生后智力低下。

（七）对感觉器官的损害

长期大量饮酒对皮肤、眼、耳、鼻、舌等都有不同程度的损害，使其感觉迟钝。酒精还可使眼底血管受损、视力减退。

（八）对心理健康的损害

酒精滥用可能导致人格改变，如自我中心倾向增强，义务感、责任感、道德感降低。如对家庭缺少关心照料，很少顾及亲属和家庭，对工作疏懒、不负责任、玩忽职守。酒精滥用可能引起性功能障碍（阳痿、早泄）致使夫妻关系紧张或破裂，还有的产生对性对象的嫉妒心理或嫉妒妄想。过分饮酒者常处于焦虑或抑郁状态。

（九）对社会的危害

饮酒与暴力犯罪包括人身攻击、强奸儿童、虐待、凶杀等有关。酒精相关问题也可带来经济上的损失。

三、酒精滥用的行为表现

（一）饮酒的强迫感

酒精滥用者无法抵抗酒的诱惑，一开始饮酒就很难停止，一旦忌酒就立即产生对酒的渴望。

（二）固定的饮酒模式

普通饮酒者一般有很大的随意性，而酒精滥用者的饮酒间隔往往比较规律，对酒有强烈的渴求，这种渴求的程度随饮酒时间的增长而增大，为满足渴求心理，免除戒断现象出现，会出现四处找酒喝的行为。

（三）超越一切的饮酒需要

对于一个酒精滥用者，得到酒是高于一切的头等大事，饮酒成为一切活动的中心。为此，他可以置健康、家庭、职业及生命于不顾。

（四）耐受量增加

酒精滥用者血液中酒精水平的变化对他们影响不大，这一点是普通饮酒者所不具备的，增加耐受量是增加依赖的重要标志。为了达到初期饮酒的良好体验，他们的饮酒量在逐渐增加，但依赖形成后期耐受量反面下降，随着中毒程度的加深和年龄的增大，饮酒量又逐渐减少，即使少量饮酒也会导致身体损害。

（五）重复出现的戒断症状

戒断症状多出现在数年严重饮酒和某一时期持续数周大量饮酒的人身上，其症状伴随血液酒精浓度的下降而出现，早晨的戒断症状尤为明显。早期表现为焦虑不安、抑郁、出汗、烦躁、易怒、恶心、呕吐、发冷、失眠多梦，后期会出现震颤、幻觉、妄想、意识障碍、癫痫发作等。

（六）酒精性谵妄症

酒精性谵妄症，又称震颤性谵妄症，通常发生于长期饮酒突然停饮或减少饮酒量之后出现的一种短暂的中毒性意识障碍状态，常伴有肢体震颤或抽搐，也可有发热、心率加快等自主神经功能亢进症状，如不及时处理，可危及生命。

酒精性谵妄症多为急性发病，常在夜间发作。有些患者在发作前数日或数周前可出现睡眠障碍、情绪低落、焦虑不安等前驱症状。如果对前驱进行及时处理，可避免严重谵妄的发作。谵妄持续时间不等，一般为 2～5 天，谵妄可被看作严重酒精中毒的标志及必须治疗的信号。

（七）酒精性幻觉症

酒精性幻觉症是长期饮酒引起的幻觉状态，大多在突然停饮或显著减少酒量之后 48 小时内发生，也可在继续饮酒的情况下出现。常伴有意识障碍、精神运动性兴奋或植物神经功能亢进，多为幻听或幻视，可诱发妄想，以及相应的情绪障碍和冲动行为，病程可短至数小时、数天或数周，但不超过 6 个月。临床症状：意识清楚的情况下，出现具有侮辱性、威胁性幻觉，患者常常焦虑不安，以幻听最为常见，在此基础上产生被害妄想，有时会突然去找暗害他的人，或在恐怖性幻视中出现自伤、他伤行为，本症状持续时间长短不一，停饮后可逐渐好转，但有人则会出现痴呆症状。

（八）酒精性妄想症

酒精性妄想症是因长期饮酒引起的妄想症状，在意识中断状态下，出现嫉妒妄想或被害妄想，常伴有相应的情感反应和行为，起病较慢，病程迁延。临床症状：慢性酒中毒者的性功能障碍可导致少数患者对其配偶产生猜疑（病理性嫉妒妄想）。他们的信念没有充分的事实根据，也不可理喻，病人常常为此多方寻找证据，如在他回家时发现妻子的头发不整，衣服纽扣未扣好等，都是妻子与别人“发生关系”的证据，逼迫配偶承认，否则加以打骂。嫉妒妄想可使病人做出犯法的行为，如病情不重，长期戒酒可恢复，否则即使妄想消失，也会形成酒中毒性痴呆症。

（九）酒中毒性脑病

酒中毒性脑病是长期或大量饮酒引起的严重脑器质性综合征，临床以谵妄、记忆力缺损、痴呆和人格改变为主要特征，大部分患者不能完全恢复正常。

1. 柯萨可夫精神病

柯萨可夫精神病又称柯萨可夫综合征，缓慢起病，常在一次或多次震颤性谵妄发作后发生，其特点是识记能力障碍、时间定向力障碍，虚构症、顺行性或进行性遗忘。

2. 酒中毒性痴呆

酒中毒性痴呆：缓慢起病，有严重的人格改变，记忆减退，智力障碍。

四、不同人群酒精滥用的心理特点

（一）青少年酒精滥用

随着生活水平的提高，青少年酒精滥用状况也日趋严重，青少年是酒精滥用的高危险群体，主要包括平日有情绪困扰，低自尊和低自信，挫折忍受力较低，意志力不坚定，支持系统较差，家庭成员和周遭经常接触的朋友有酒精滥用情况，有行为异常、人格障碍症或患有精神疾病的青少年人群。

青少年酒精滥用的表现有：生活作息不规律，工作或学业表现变差，常常逃学、逃课或上课不专心；自尊与自信心均降低，常常独自关在房间内或身上常有特殊的味道，生活懒散、消极被动，食欲改变，出现睡眠障碍，注意力无法集中，精神恍惚，个人的卫生习惯变差；容易发脾气，情绪不稳定、多变，经常表现出忧郁、沮丧、焦虑、坐立不安、躁动；经常逃避责任和不负责任、人际关系变差、对人的态度经常不佳、与家人的关系日渐疏远；体能状况日渐变差；容易患一些身体疾病，抵抗力差；衣着、装扮夸张，常和不良少年、不务正业的人在一起，花钱开销大增，有时甚至出现偷窃、抢夺等违反校规或法律的行为等。

青少年酒精滥用有其独特的心理特点。

1. 模仿

（1）自身原因：青少年自身素质不高，抵御能力差。由于其自身不正确的世界观、人生观和价值观，游手好闲、好逸恶劳、无事生非的不良嗜好和品行，自身人格的缺陷，幼稚的心理，自身生活的需要、人格尊严得不到满足，法制观念的缺乏等，一旦受到外界因素的影响、刺激，非常容易形成酒精滥用行为。

（2）家庭原因：① 父母文化程度不高，当子女出现酒精滥用的情况时，往往棍棒相加，缺乏耐心细致的说服教育。② 对于子女长时间养成的酒精滥用不良习性，父母管不了，因为没有从早期教育入手、管得晚了。③ 父母对子女丧失信心，不愿管，顺其自然，放任自流。④ 父母离异后，无暇顾及孩子，孩子无人管，使之浪迹社会。⑤ 父母自身酒精滥用行为直接影响到孩子，使之效仿父母，酒醉成瘾。

（3）学校原因：① 片面追求升学率的指导思想。现在一些学校仍然存在着片面追求升学率的情况。学校有快、慢班之分，学习好的学生往往受到青睐，好学生一旦考试落榜，则感到前途无望，万念俱灰；差学生则破罐子破掉，厌学，辍学。他们一旦流向社会，受到酒精不良因素的诱发和影响，就易发生酒精滥用行为。② 思想教育的缺乏或者流于形式，学校缺乏对青少年的思想品德教育，相当一部分学生不知道什么是对的，什么是错的，缺乏普通的自我监督常识，不晓得、不懂、更谈不上遵守常识法规。

（4）社会原因：目前，市场上充斥着大量的酒类广告，这对青少年造成了严重的精神污染。同时，社会中的一些灰色地带，如一些酒吧不良的诱导，也使得青少年随意饮酒。

2. 从众心理

人的心理发展有两个重要的特征，一是社会制约性，二是自觉能动性。人的心理发展要受社会生活环境的影响，离开了人类社会的影响和教育，我们就难以形成正常人的心态。于是，在社会群体的影响或压力下，我们个体的认知行为总趋于与多数人取得一致。由于知识和阅历的限制，中学生思想还不成熟，也最易从众，易跟从他人的行为发生酒精滥用行为。

3. 渴望表现独立性

随着年龄的增长，青少年与社会的交往越来越广泛。他们渴望独立的愿望也变得强烈，与家庭的联系逐渐疏远，对父母的权威产生怀疑，甚至发生反行为。他们要摆脱家长和其他成人的监护，摆脱由这些成年人规定的各种形式的束缚。此时，若受到外界不良行为的诱导，极易发生酒精滥用的行为。

（二）中老年酒精滥用

社区调查普遍反映出中老年人有酒精滥用的现象，中老年酒精滥用的危险群体包括平日性情懒散、依赖性强、性格不坚强，长期苦闷、紧张、焦虑和抑郁、常有前途悲观、渺茫、精神空虚、生活枯燥等不良情绪；现实生活压力大、沉重感强、人际关系紧张以及患有人格障碍症或精神疾病的中老年人群中老年酒精滥用者常表现出态度悲观、容易发脾气、情绪不稳定；失去生活目标、工作效率明显降低、毫无进取心和责任感、缺少行为动力；突然沉默寡言，人际关系变差；对他人缺乏热情，冷漠、悲观、厌世等。中老年酒精滥用者也有其独特的心理特点，主要表现为以下几点。

1. 被动

中老年酒精滥用患者往往用消极的、恶劣的、隐蔽的方式发泄自己的不满情绪，以此来“攻击”令他不满意的人或事。患者不能用恰当的、有益的方式表达自己不愉快的情感体验，尽管他们知道该如何与别人沟通，但是却极不愿意去做，而是采取只有他自己才清楚的、将事情越弄越糟的“宣泄”方式——饮酒来获得某些心理平衡。

2. 依赖

中老年酒精滥用者的价值要依赖他人的肯定，没有自信，意志较弱，需要依赖外界的人与物的帮助来证实自己的价值，缺乏进取心、责任感，缺少正确的人生观、价值观，有强烈的自卑感，遇到挫折极易退缩，依赖大量的饮酒来麻痹自己，使自己摆脱现实世界中的孤独感、异化感、疏离感。

3. 自我中心

中老年酒精滥用患者，尤其是男性酒精滥用患者，是强烈的自我中心主义者，凡事都只希望满足自己的欲望，要求人人为己，却置别人的需求于度外，不愿为别人做半点牺牲，不关心他人痛痒，自私自利，损人利己。要求所有的人都以他为中心，服从于他。

五、酒精滥用的心理干预

对于酒精滥用人群，应进行相关的心理干预。对这部分人群的饮酒量及饮酒次数降至安全水平，减少这部分人因过量饮酒而造成的损害，预防发展成酒依赖，是一项非常有意义的工作。

专家认为长期存在的负面情绪是酒精滥用的重要原因，因此对于酒精滥用者的心理干预就显得尤为重要，目前国内外的研究主要有以下几种：动机强化治疗、认知行为治疗、简短干预、团体与个体咨询、整合治疗以及婚姻、家庭治疗。在这里主要介绍动机强化治疗。

动机强化治疗是基于药物依赖特殊性发展起来的。因大多数药物依赖者并没有很强的“治疗动机”，面临缺乏“治疗动机”的药物依赖者，就需要特别的治疗技巧。动机强化疗法指采用一定的治疗策略，强化患者做出改变自己行为的动机。

帮助患者认识目前存在的或潜在的问题，并帮助他们去处理那些问题。

（一）理论基础

动机强化治疗认为，药物依赖者的内在改变的动机是发生改变的真正动力和关键因素。药物依赖者的治疗动机不是指其内在拥有的某种特征，不是固定不变的，而是表现在患者的态度、认知、情绪及行为的改变过程中，治疗动机是多维度的、动态变化的。受内在因素如个人的知识、态度及外在因素如环境、家庭、治疗等因素的影响，因此咨询师可以采用一定的治疗策略来影响这些因素。动机强化治疗者主要扮演散发者的角色，应用一定的心理治疗技术来激发药物依赖者自身的改变动机，然后制订计划，采取行动改变治疗者，就像一个向导带领药物依赖者康复的过程。

（二）基本原则

动机强化治疗主要是通过动机访谈来实现的。动机访谈是一种心理咨询策略与技巧，治疗师需要与来访者建立一种信任、合作的治疗体系来进行促动性交谈，其基本原则如下。

1. 表达称赞

以对方的角度来理解患者的感受与需求，提供支持，引导性的咨询是促进其改变的条件。患者是改变的主体，只有接受才能促进改变，需要建立非评判性、合作性的咨询关系，咨询师的作用主要是在康复的过程中提供支持，因此需要尊重、接纳与理解患者。

2. 呈现差距

帮助引导来访者集中注意力发现其目前的行为与其理想的或希望的行为之间的差距，当来访者认识到其目前状态与期望之间的差距与药物滥用有关时，会强化其改变药物滥用的行为意愿。

3. 避免争论

在咨询过程中，尊重与接受患者的观点与看法，试图说服来访者。如果认为其存在问题或者需要改变的会引发更大的阻力，只有来访者自己说出改变的理由，才有可能做出改变的计划并付出行动，取得进步。

4. 免解阻抗

用各种咨询技巧取得来访者的信任与配合。改变一般会有不适应感，需要承诺与付出努力，来访者在治疗早期表现阻抗是很常见也是可理解的现象，发现来访者有阻抗时应该改变咨询策略来化解阻抗，支持与推动改变，如果责怪对方缺乏动机与阻抗则不利于改变。

5. 支持自信

支持患者的自信心，提高自我效能感，促进改变。产生改变动机的一个重要前提是来访者必须相信改变是可能的。咨询师首先要相信患者能够改变，并帮助患者建立自信，让对方看到希望，从而对改变表示乐观。

（三）技术要点

动机强化治疗强调以患者为中心，强调患者的选择与个人改变的责任，肯定自由选择，支持自信，鼓励对改变的乐观看法。动机访谈技术是以来访者为中心的一种咨询模式，这个技术简称为 OARS，即下面几个英文的第一个字母。

1. 开放性问题（Open-ended Questions）

应该尽可能提开放性的问题，如“你哪里不舒服？”“你的心情怎么样?”“你能不能比较详细谈谈你喝酒的情况?”等开放式交谈，可以启发患者自己谈出自己的内心体验。

2. 肯定的态度（Affirmation）

从人本主义的理论出发，相信大多数人都有自我实现的倾向，要带着正面态度看待患者，对患者的任何良好变化，予以肯定与赞赏，例如“虽然你参加了两次婚礼。但我非常高兴地看到你最近两周没喝一口酒”，表扬要具体，不要说“干得不错”。另外，对于患者的不良体验，也应该予以充分的理解、接纳。

3. 回映（Reflection Listening）

在患者做自己有关的问题、处境的陈述时，治疗师像一面“会说话的镜子”，不时用略为不同于对方的词汇“接话茬”，或做简单的附和（“对，看起来你夫人对你的酒瘾已经忍无可忍了”）、重复（“您太痛苦了”）、重组（“你是说你郁闷得厉害”“你似乎已逐渐意识到你的问题了”）、评述（“一方面你想戒酒，另一方面你无法摆脱对酒的依赖”）、提问（“当时你是怎么想的”），将其话语之下那些没有表达出来的情感、态度或思想点明或者映照出来；或者将对方以第三人称表达的情感、态度或思想逐渐引回其自身，使其用第一人称陈述。

4. 总结（Summary）

在每一次治疗结束时，要对谈话的内容做一个小结。小结是帮助患者理清自己想法的一个重要过程，也是一个鼓励患者的正面态度的重要手段。

（四）基本步骤

动机强化治疗是通过反馈（Feedback）、责任（Responsibility）、建议（Advice）、提供改变菜单（Menu of Alternative Change Options）、共情（Empathy）、提升自我效能感（Self-efficacy）等步骤来帮助药物依赖者认识自己的问题，做出决定，改变自己药物依赖行为的过程，又简称 FIAMIES 模式。

1. 反馈

咨询师通过对患者药物使用的方式与相关问题进行评估，个体化反馈信息，使患者了解目前自己药物滥用的严重程度，思考自己的问题。

2. 责任

责任指对于药物滥用问题如何处理，咨询者应该提供一些信息，比如“关于你的使用药物行为，你愿意做什么决定权在于你，没有人能为你做出决定”等，以保证来访者对其行为及相关后果保持个人控制力，来访者有了这种控制的意识后，将会有更大的动机去发生改变，对改变的抵制也将会更小。

3. 建议

建议指咨询师以非评判性方式为来访者提供如何减少或者停止药物使用相关方面的建议，为来访者提供一些明确地停止或减少使用药物的建议，可以降低他们未来出现问题的风险，增加他们对个人危险的意识，同时还为他们提供一些考虑改变自己行为的理由。咨询者可以用一些简单的语句客观地提出自己的建议，例如“减少你的危险（例如抑郁、焦虑）的最好的办法就是减少或停止使用药物”。

4. 提供改变菜单

提供改变菜单指咨询师根据来访者的问题为其提供多种可供选择的改变策略，让来访者自己选择最适合他们实际情况的方法，这样可加强来访者的自我控制感、责任感并激发出改变的动机，如鼓励每天写使用药物的日记（地点、时间、方式、和谁一起使用以及使用原因等）；帮助拟定使用药物的指南；识别高危险情境，制定应对策略；找出替代使用药物的活动，如个人爱好、运动、聚会、健身等；鼓励发现一些在他们想要进行行为改变时可以支持他们的人；提供一些自助的资源和书面的信息；鼓励他们把通常用于购买药物的现金储存起来等。

5. 共情

共情是咨询的一种基本技巧，能够了解来访者感到被理解、安全与接纳时的情感，达到积极咨询、治疗效果。

6. 建立自信或乐观

建立自信或乐观指帮助药物依赖者建立自信与乐观情绪来鼓励其改变，让其相信他们有能力对其使用药物的行为做出改变。来访者往往更相信他们自己说出来的，而不愿意相信其他人告诉他们的。

六、传统的干预措施

研究表明，传统的干预措施，往往能够收到一些较好的效果，特别是针对少数民族地区喝酒的文化及习俗原因，可以考虑从以下方面着手干预：

（1）进行有效宣传，使其学会正确区分适当饮酒与有害饮酒。

（2）提倡勤俭节约风气，引导正确消费。

（3）改善当地的生产生活条件，建立有效的医疗卫生保障体系，改变以酒代药的观念和饮酒模式，对于已经造成的饮酒相关健康问题，进行有效治疗。

（4）修复传统文化，开发大量以传统文化为基调的文化活动节目，使少数民族对现代化进程能够主动适应，大范围组织讨论有关民族历史与未来和饮酒之间的关系话题。

（5）乡村领导干部以身作则，树立不饮酒的光荣榜样。

（6）制定有关的村规民约，限制过分出格的酗酒行为。

第六节　社区文化与社区心理教育

一、社区文化的概念

社区文化是在人们的聚居区形成的一种共同生活的文化氛围。一方面，它依赖于社会的主流文化，受主流文化的影响；另一方面，由于各地自然条件、经济发展状况及当地传统文化的不同，社区文化相对于主流文化又有地域性、群众性、融合性、多元性和异质性等特点，这种文化氛围包括生活服务、文化设施。邻里每一个社区都有自己独特的文化，无论是历史遗留的还是群居人群里面共有的某些文化特性，都是社区文化的一部分，也是构建特色社区文化的根本所在。

二、社区文化对社区居民心理健康的影响

社区文化对社区居民心理健康的影响表现在三个方面。

（一）社区文化设施影响居民的心理健康

社区内悬挂的标语、橱窗内的知识栏可以激励和提醒居民，在无形中影响居民，渐渐改变居民的观念。社区文化设施布局看似与居民的健康毫无关系，但合理的布局、艺术的造型、舒适的活动场所不仅给居民以美的享受，陶冶居民的情操，还可以塑造居民的人格和心灵。

（二）社区的文化氛围影响居民的人际关系

社区的文化氛围影响居民的人际关系，进而影响居民的适应能力。社区居民所面临的无非是两种关系，一种是家庭内的关系，如亲子关系、夫妻关系等，另一种是家庭外的关系，主要指邻里关系。良好的社区文化氛围会给每一个家庭成员树立良好的家庭角色榜样，在确认自己在家庭中的角色后，寻找社区文化中自己角色的标准行为方式，在适当的时候调整自己的言行，以符合社区文化的要求。良好的社区文化会使社区内的家庭生活处于和谐状态，对居民的学习、工作、身心都是有益的。良好的社区文化氛围还可以引导居民认同社区、热爱社区，增强社区居民之间相互依赖的程度，促使居民为着更良好的相互关系而努力，在适当的时候做到相互尊重、相互妥协，从而使居民在社区中生活得更轻松，更有成就感。

（三）社区文化活动影响社区居民的身心健康

有组织、有目的、健康的文化活动有利于社区居民的身心健康。社区的文化娱乐活动有两种形式，一种是社区行政管理机构组织的活动，另一种是社区内居

民自发组织的娱乐活动。无论哪种形式的娱乐活动，都能使参与活动的社区居民获益。在活动中，居民将注意力集中到当前正在参与的活动上，有利于居民摆脱烦恼的困扰，缓解工作、生活中的压力，减轻长期的应激状态对居民的影响，能够有效预防抑郁、焦虑等常见心理与行为的发生。

三、依托社区文化开展社区心理健康教育

社区文化对居民的心理健康有着重要的影响，在社区文化建设中注入心理健康教育的内容，对居民心理障碍与心理疾病的预防是十分必要的。社区开展心理健康教育，可以依托社区文化，可以在社区文化建设中，利用社区文化的各种载体（文化设施、语言文字、文化活动），传播心理健康教育的内容。随着社区文化的传播、发展，心理健康的理念也会成为一种主流文化，并深入到居民的日常生活中，影响居民的思想、言行，提高居民的心理健康水平和整体健康素质。

（一）利用社区文化载体，宣传心理健康知识

利用媒体的力量，普及心理健康常识，开展社区心理健康教育。首先可以利用社区广播电台，开设专门的心理栏目，请心理专家做客电台，讲解心理健康知识，解答居民心理困惑；其次可以在社区报纸上设置专栏，一方面宣传心理健康常识，另一方面解答读者有关心理困扰的问题。通过这些形式可以使社区居民认识到心理健康问题的普遍性以及在社区开展心理健康教育的重要性，使居民对心理健康教育从不关心变为时时留意，再到主动参与，从不理解甚至歧视寻求心理帮助的个体变为体谅、关心有心理问题的人。在这一转变过程中居民认同并接受心理服务，使心理健康教育的观念广为传播，效果就会得到强化和巩固。

设置心理健康宣传专栏。利用社区的橱窗或公告板，以文字为主，图文并茂，科学地介绍和宣传心理学常识和自我心理保健的方法，方便社区居民随时阅读，满足居民的兴趣和实际需求。这种方式的优点是不受时间的限制，具有持久性，居民在工作之余或闲暇之时均可以自由浏览，受益对象广。专栏的另一个优点是居民是自愿主动地浏览，心理上没有抵触，易接受宣传的内容，从而将其内化到自己的观念中，指导自己的思想行为。因此，可以过这种方式加深社区居民对心理健康教育的印象，进一步强化心理健康教育的专题内容，使居民能正确对待自己的心理与行为问题。

（二）在社区文化设施中进行心理健康教育

建立心理健康活动中心，为社区居民提供以下服务：

（1）编制相关的心理健康教育宣传材料，普及心理卫生知识。

（2）定期在社区内进行心理健康测查，进行总结分析，一方面可以了解本社区居民心理健康的整体状况，另一方面可以知道社区居民出现的典型的心理与行为问题，然后制订心理健康教育方案，有计划、有目的地对社区居民进行系统的心理健康干预。

（3）集中具有相同心理与行为问题的一些居民，进行团体的心理咨询和辅导，提高心理辅导的效率。

（4）对正常的社区居民进行团体训练，提高社区居民的心理素质，在提高人际交往技巧的同时，也可以丰富社区居民的文化娱乐活动，为社区居民增添一项新的娱乐活动形式。

利用社区学校，为社区居民提供以下服务：

（1）社区心理健康学校是社区进行心理健康教育针对性最强的机构。可以招收社区的居民、社区工作者或志愿者作为学生，设计心理健康教育的教材，开设心理健康教育课程。

（2）定期向居民举办心理健康教育的专题讲座。通过心理健康教育的专题讲座，介绍心理健康知识和常用的自我心理保健方法，解答居民关心和存在的心理问题。尤其在社区心理健康教育的起步阶段，举办专题讲座普及心理健康的知识，在社区开展心理咨询是心理健康教育工作的主要形式。

在社区中设立专门的心理门诊，开展心理咨询和治疗。工作模式可以参照学校心理咨询的工作方式，设立心理咨询室、治疗室、档案室和测验室等部门，帮助居民走出困境。心理门诊可以由社区的管理机构（如社区居委会）筹建，也可以由私人企业或公益性组织建立并进行经营管理。

（三）在社区文化活动中进行心理健康教育

将团体心理辅导作为文化活动的一种形式，将居民集中在一起，在游戏、活动中使居民得到放松，还可以使居民的心理与行为问题得到解决。如对一些人际关系的团体训练，可以使居民充分体会别人的思想感情，摆脱自我中心的束缚，进行换位思考，解决人际交往的不适。

设计一系列有针对性的心理教育活动，寓心理健康教育于文化娱乐活动中，不仅有助于居民学会认识自己，接纳自己，调控自己，解决存在的各种心理与行为问题，培养良好的心理素质，还可以提高社区居民的整体素质，促进其全面发展，从而有的放矢地丰富社区文化的内容。

心理健康歌：心无病，防为早，心理健康身体好；气平衡，要知晓，情绪稳定疾病少；调心理，寻遨遥，适应环境病难找；练身体，动与静，弹性生活健心妙；要食养，八分饱，脏腑轻松自疏导；七情宜，不暴躁，气愤哀怒要去掉；人生气，易衰老，适当宣泄人欢笑；想得宽，童颜少，心胸狭窄促人老；事不急，怒不要，心平气和没烦恼；品书画，溪边钓，选择爱好自由挑；与人交，义为高，友好往来要做到；动脑筋，不疲劳，息睡养心少热闹；有规律，健身好，正常生活要协调；生命壮，睡足觉，劳逸结合真需要；性情温，自身药，强心健身为至宝。

第七节 社会工作与社区心理教育

一、社会工作的概念

社会工作是遵循专业伦理规范，坚持“助人自助”宗旨，在社会服务、社会管理领域，综合运用专业知识、技能和方法，帮助有需要的个人、家庭、群体、组织和社区，整合社会资源，协调社会关系，预防和解决社会问题，恢复和发展社会功能，促进社会和谐的职业活动。

2006 年 10 月中共中央十六届六中全会作出《中共中央关于构建社会主义和谐社会若干重大问题的决定》，指出要“建设宏大的社会工作人才队伍。造就一支结构合理、素质优良的社会工作人才队伍，是构建社会主义和谐社会的迫切需要。建立健全以培养、评价、使用、激励为主要内容的政策措施和制度保障，确定职业规范和从业标准，加强专业培训，提高社会工作人员职业素质和专业水平。制定人才培养规划，加快高等院校社会工作人才培养体系建设，抓紧培养大批社会工作急需的各类专门人才。充实公共服务和社会管理部门，配备社会工作专门人员，完善社会工作岗位设置，通过多种渠道吸纳社会工作人才，提高专业化社会服务水平”。个案工作（Social Case Work）与小组工作（Group Work）、社区工作（Community Work）是社会工作传统的三大方法。其中，个案工作起源最早，发展也最充分和完备，小组和社区工作必须以个案为基础。

二、社会工作与心理咨询的区别

美国芝加哥大学教授伊根把助人者划分为四个等级：

（1）亲友、同事、陌生人为四级助人者。

（2）医生、教师、上司等为三级助人者。

（3）教师、神父等为二级助人者。

（4）心理医生、心理学家和社会工作者（简称社工）为一级助人者。

伊根认为，前三级助人是非正式助人者，他们充满爱心，但他们绝大多数人没有接受过助人的专门训练，作为一级助人者——专门处理人的社会，心理等问题的专业人员，必须接受专业知识学习和技能的训练。社会工作中的个案工作是专业工作者遵循基本的价值理念、运用科学的专业的支持与服务，其目的在于协助个人和家庭充分认识自身拥有的资源和潜能，完善人格和自我，增进其适应社会和解决困难的能力，从而达到个人或家庭的良好福利状态。

同为助人专业，个案工作与心理咨询有许多相同之处：

（1）都以个别的方式、沟通的手段帮助需要的人。

（2）关注受助者的困难或问题的心理。

（3）注重对受助者的同感反应和情绪疏导。

（4）心理咨询以受助者为中心，所遵守的非评价、非指导和保密的专业原则与社会工作注重的尊重人的需要、相信人的潜能、案主自决等价值观念有相通之处。

个案工作与心理咨询的不同之处：

（1）从解决的问题来看，心理治疗与辅导主攻的是“心病”，追求的是心理健康。个案工作常处理的是个人的社会性问题，如贫困、失业、家庭、越轨、学校生活适应等问题。

（2）从知识背景看，生理学、精神医学和心理学是心理治疗与辅导工作的主要知识基础。个案工作处理的是个人社会功能发挥出现的问题，这些问题有些是心理方面的因素造成的，更多的则是环境方面阻碍个人正常发挥社会功能的因素。个案工作必须拥有哲学、伦理学、社会学、心理学、法律等学科中关于人和社会的关系、人类行为与人际关系调整等方面的专业知识，还要有相当丰富的个案社会工作的实践经验。

（3）从工作手法看，心理辅导强调的是“攻心术”“心病要用心药医”，个案工作除挖掘个人潜能，让个人做调适外，还强调调动个人之外的组织和社区资源来解决问题。

（4）从工作关系看，在我国心理辅导与治疗员在与当事人的关系中多充当权威人物，以专家的身份面对当事人，对当事人负有专业责任。而个案工作人员强调与当事人保持平等的、工作伙伴关系。

个案工作与心理咨询有以下区别：

（1）心理咨询特别注重专业技术的精深，个案工作更强调对人的尊重、接纳的价值理念和关怀的情怀。

（2）心理咨询注重来访者问题的个人心理成因，个案工作更注重案主个人问题的社会成因。

（3）心理咨询只限于咨询室内心理因素的探索与治疗，个案工作更强调动用资源。

（4）心理咨询只解决个人问题，不太关心其他社会政治因素，个案工作多了一些社会政治责任。

三、社会工作介入的心理咨询

基于社会工作与心理咨询区别和联系，越来越多的人认为，个案工作和心理咨询通过强强结合会更有利于社会工作和心理咨询本身的发展。可以从四方面来解析。

（1）随着社会工作教育的快速发展，一些以心理学为学科背景的人从事社会工作的教学和研究，有助于社会工作专业学生吸收更多心理咨询与治疗的知识和技术。

（2）提高专业助人的水平和技能。从事心理辅导和咨询的人如果注重社会工作价值理念的渗透，注重哲学、社会医学、伦理学、社会学、法律、社会心理学、政治学、管理学等的学习，则更有利于心理学的发展和实效。

（3）在社区需要帮助的居民遇到的问题，可以上升为具体问题和心理问题两类。具体问题一般指缺乏资源，如失业、经济困难、住房问题、身体残疾、老人和儿童的照顾等。心理问题一般包括角色的混乱、生活变化带来的不适应、人际关系或内心的挣扎等。当然这两类问题在现实生活中往往是密切相关或交织在一起的，而一般的居民首先关注和需要解决的是具体问题。如果按照心理咨询本身的特点是解决心理问题，让被帮助者成长，不直接解决具体问题，而是让被帮助者利用自身的资源去解决，这在目前我国社区特别是在经济欠发达的西南少数民族社区，是与居民的基本诉求不相适应的。所以，我们认为社区心理咨询在关注被帮助者成长的同时，尽可能地通过社会资源解决被帮助者的一些合理的具体问题，同时社会工作者在与案主处理他们的问题和需要时，需要采用更有效的心理学技术。

（4）调查认为，目前社区心理咨询之所以反响平淡，主要跟社区居民心理咨询的普遍认识有关，大多人还是把心理健康跟精神疾病联系起来，一旦说到心理有什么问题就会觉得“丢人”，甚至一些居民认为心理不健康的人就是“疯子”。所以，有人建议为了有所区别，社区心理咨询可否以一种社工服务的形式来开展，因为对社区居民来说，接受公益服务性质的社工服务比接受心理健康服务更容易。

第八节　社区心理教育的具体措施

为使社区心理健康教育能有效开展，事先就需要有一个技术路线的设想。技术路线是指导操作的程序和方法，在这里由基本措施组成。

我们认为，在社区实施心理健康教育应有 8 项基本措施，实际上，这些基本措施也就是最基本的常规工作，是规范化的社区心理健康教育必须做的工作。

一、开展社区心理健康调查

调查研究怎么做，具体做法可以不拘一格，凡能获取真实可靠资料的方法都可以用我们使用过的调研方法，有自编问卷，量表测试、现场观察、小型座谈会和个别访谈等，各种调研方法的使用都为积累社区心理健康教育的基础资料做出了贡献。

目前，我们常进行的心理调查包括：社区居民对心理健康的认知与需求调查，社区不同人群（老年人、青少年、职业女性、流动人口、残疾人、社区工作人员等）心理健康调查（采用 SCL90 问卷）；多民族杂居社区交往心理调查，对特殊个体的焦虑、抑郁、注意缺陷多动障碍睡眠质量、压力应对方式等的调查，心理健康检查一般采用心理健康软件甚至可以通过网络化管理云平台实施，但在一些城镇边远社区需要制作纸质调查问卷。

心理健康调查应尽可能做到定期与不定期相结合、一般人群与特殊人群结合、发现心理的积极面与发现心理的消极面相结合。定期做心理健康助于培养社区人员普遍关注心理健康的意识，也便于作心理健康状况的前后定期调查。一般人群的心理健康调查与特定人群的心理健康调查之间之所以要兼顾，是由于不同人群的心理健康状况既有同质性又有异质性，需要区别对待。在心理健康调查中，要把发现积极面与发现消极面结合起来，这一点还不太受重视，倾向性的思路在于发现问题，而人的心理的积极面如何保持与优化，对健康的维持是至关重要的，所以对积极面的调查也是不可忽视的。

二、采集和分析社区居民的心理动态信息

社区和街道工作部门本来就有了解社情民意的任务和渠道，可以结合原有的这些工作方式采集和分析社区居民的心理动态信息，但是如何借助科学手段采集和分析社区人的心理动态，对他们来说尚是一项生疏的工作。社区心理健康教育机构通过态度测量、行为测量等一些技术在这方面发挥作用。

在这个社会大变革关键时期，群众的关切点、群众的爱与恨、群众的容忍度、某些人群的心态发展趋势等，都应有科学的预测，以便积极应对，这既利于群众的心理健康，也利于社区的和谐。重要的是要把这种心理信息的采集分析工作经常化，而不是仅仅当作应急措施。

三、举办心理健康讲座

目前，大部分城市社区都有设施较好的社区学校，所以通过社区学校举办心理健康讲座的条件已经很成熟。

社区心理教育心理健康讲座既要有大家都感兴趣的共同话题，如何“缓解压力”“如何管理情绪”；也要有专为某一类人群讲的话题，如“老人的心理保健”“妇女的自我形象”等，社区心理健康教育机构应注意听取对讲座的反馈意见，并在群众中征集讲座的新话题，使讲座常讲常新、讲座要尽可能不要做到主讲人讲完就散场，而是与听众有互动，有双向交流与讨论，这会使听者有更多的收获

四、开展心理养生工作坊

开展心理养生工作坊需要做好两个结合，一是和传统医学养生结合容易被社区居民接受，二是和传统文化结合容易被社区居民理解。

工作坊（Workshop）一词最早出现在教育与心理学的研究领域之中，1960 年美国的劳伦斯·哈普林（Lawence Harplin）将工作坊的概念引用到都市计划之中，成为可以提供各种不同立场、族群的人们思考、探讨、相互交流的一种方式，甚至在争论都市计划或是对社区环境议题讨论时成为一种鼓励参与、创新以及找出解决对策的手法。

心理养生工作坊是一种参与式的，一个多人数共同参与且参与者在参与的过程中能够相互对话沟通、共同思考、进行调查与分析，提出方案或规划，并一起讨论方案如何推动，甚至可以实际行动这样的聚会与一连串的过程，就叫作参与式工作坊。换句话说，工作坊就是利用一个比较轻松、有趣的互动方式，将上述这些事情串联起来，成为一个系统的过程。

目前，开展的心理养生工作坊有与弟子规结合的亲子教育工作坊；有与传统身心保健结合的养心作坊，有与中华孝文化结合的家庭婚姻工作坊，有与幸福相结合的幸福工作坊等，这一领域还有许多方面有待开发。

五、开辟心理健康教育科普专栏

城市社区可以利用就近高校应用心理学专业的学生志愿者、或高学历的学生志愿者进入社区，甚至为应用心理学专业的学生提供实习岗位，从而更有效地开辟心理健康教育科普专栏。

基于居民能在家上网的并不是多数，故科普专栏还是应以社区街头宣传橱窗为首选形式，其次才是在社区网络里设相关栏目。心理健康专栏的内容除了转载转发一些公开发表的文章外，还应当有社区人自己维护心理健康的体会文章以及社区人对某些话题（如“邻里关系”问题、“隔代宠爱”问题、“家校沟通”问题）的讨论。这样就会吸引更多的人来关心和参与心理健康教育专栏的内容，尤其是一些带有共性的宣传内容，是可以相互制约的。近年来，大学里的心理健康教育宣传十分活跃，有的省每年都有宣传周，专栏办得丰富多彩，社区可以适当借鉴或复制。此外，这科普专栏也不一定由社区心理健教育中心工作人员一己之力办设，有条件的地方可以同社区内的学校联合办。一些应用性启发性强的科普美文，可用传单形式发至各家客户。

六、开展个别心理咨询和心理辅导

心理咨询和辅导是专业性很强的工作，对职业道德的要求也很高。在这方面，许多心理咨询或治疗的专业书都有论述，不再重复。

在社区作个别咨询或辅导，需要注意两点：社区的心理学工作者只可做与自己的资质相匹配的工作，不可以心理治疗师自居，也不宜自称心理医生，否则对求助者问题的处理和他们本人的自我成长都可能产生消极影响。

社区的心理学工作者的工作方式应有别于医院门诊医生的坐堂，他们除了值班接待求助者，应该外出一部分精力，主动考虑如何解决社区里心理健康问题高发人群的问题，该预约辅导的预约，该转介治疗的转介。这就体现了一种预防为主的精神，不至于使问题积重难返。从这个意义上来讲，就是在社区发现问题或解决问题。当然，在当前社区配备的人力条件下，这一要求有些理想化，但随着经济社会的发展，这应该是一个努力方向。有条件的地方应该先试着做起来，请社区有资质的专业人员和志愿者帮助，有条件的社区工作人员也可以参与。

七、督察以心理服务名义进社区的人员的专业行为

随着社会需求的扩大，以心理学为职业的人越来越多，其中有些人已经活跃在社区，有做心理咨询的，也有做智力测验或其他相关工作的。社区心理健康教育机构应该对他们负起督察之责，看其说法做法是否科学，符合科学的很好，对不符合科学的应本着对社区群众负责的精神进行干预。

这种心理服务状况的督察，有点像发达国家的驻学校心理学家有督察学用心理学之权那样。这样做是为了防止心理学的误用、滥用，而误用、滥用是会产生副作用的，比说智力测验，对测验结果的不正确解释可能让学生和家长背上一辈子的心理包袱。

八、培训社区心理健康教育骨干

社区要有自己的心理健康教育骨干队伍，这种教育才能大范围地开展。应该对社区里的 6 种人进行培训，使他们成为社区里开展心理健康教育的骨干力量，这 6 种人是学校的心理教育教师、学校学生中的心理信息员、街道干部、居委会干部、社区卫生中心的相关人员、志愿者队伍的相关人员，做这项工作很有难度，但一定要做。可以先搞试点，例如先在某个社区居委会试办起来，取得经验后再逐步推进。

【课后任务】

1. 到学校附近的社区调研，了解社区开展社区心理教育的情况。
2. 查找国外关于社区心理教育的理论与方法资料。
3. 分析被调查社区心理教育的不足，提出基于具体问题的改进措施。

第七章 社区矫正教育

【本章概览】

与传统的监禁矫正相比较，社区矫正是将符合社区矫正的服刑人员放在社会进行教育、改造，通过对社区服刑人员实施教育、监督、管理和帮困扶助，从而达到化解社区服刑人员的思想和心理矛盾，促进其自身素质的提高，塑造其健康的心理和健全的人格，使社区服刑人员养成正常的生活行为习惯，增强他们对社会的适应能力，为他们顺利回归和融入社会打好基础。社区矫正教育正是社区矫正的中心任务。本章将主要介绍社区矫正教育的性质、任务和指导思想，社区矫正教育的目的、功能和原则，以及针对特殊服刑人员社区矫正的实务经验。

【学习目标】

1. 理解社区矫正教育的性质、任务与指导思想。
2. 明确社区矫正教育的目的、功能和原则。
3. 掌握特殊服刑人员社区矫正教育的原则和方法。

随着我国社区矫正工作的不断发展及社区矫正教育在理论和实务中凸显出的重要性，应该对社区矫正教育进行专门研究已在理论界达成共识。社区矫正教育是实践性很强的领域，涉及许多学科的知识，其中哲学、心理学和社会学为这一实践活动提供了基础性的说明。马克思主义哲学揭示出“人是可以改造的”这一历史唯物主义命题；心理学论证了“人的可改造性”的心理机制；而社会学则为研究人的社会化过程尤其是对个体的再社会化，提供了基本的方法论依据。由于社区矫正教育构成的内容较为广泛，需要从基本理论角度对核心构成要素进行研究。在社区矫正教育的过程中，社区矫正教育对象和内容直接涉及社区矫正教育的实施效果，其地位举足轻重。所以，科学认识社区矫正教育对象和内容的基本原理，有着极为重要的意义。[①]

---

① 本章主要参考了黄远春主编的《社区心理教育》、芦麦芳主编的《社区矫正教育》、沈光辉编著的《转型发展中的社区教育问题研究》等。

第一节 社区矫正教育

一、社区矫正教育的本质及特性

（一）社区矫正教育的本质

社区矫正教育的本质是指社区矫正教育活动本身所固有的，决定社区矫正教育性质与发展趋势的根本属性，是社区矫正教育现象内在的本质联系。尽管社区矫正教育外在的表现形式多种多样，有着多种教育手段和途径，但其本质是一种定向学习过程和矫正教育现象，是转化人、挽救人、培养人的社会实践活动，是种再社会化的过程。

一方面，对社区服刑人员来说，社区矫正教育是一种定向学习。他们接受矫正教育，是要转变自身错误的世界观、人生观和价值观，学习法律知识，弥补其法律缺失的不足，强化其法律意识，矫正其行为恶习，矫治其孤僻、自傲、敏感、暴躁的不健康心理，使自己在今后的人生道路上能成为一个守法公民。

另一方面，对社区矫正机构和工作人员来说，社区矫正教育是一种转化人、挽救人、培养人的社会实践活动，是一种再社会化的矫正教育过程。

2015 年，“两院两部”（最高人民法院、最高人民检察院、公安部、司法部）联合下发《关于扩大社区矫正试点范围的通知》，明确指出，“社区矫正工作是将罪犯放在社区内，遵循社会管理规律，运用社会工作方法，整合社会资源和力量对罪犯进行教育改造，使其尽快融入社会，从而降低重新犯罪率，促进社会长期稳定与和谐发展的一种非监禁刑罚执行活动。”“社区矫正根据社区服刑人员的不同特点，实施分类管理和教育，矫正其不良心理和行为，突出教育改造的针对性和实际效果，并且帮助解决社区服刑人员在就业、生活、法律、心理等方面遇到的困难和问题，以至于他们顺利适应社会生活，重新回归社会。”“要坚持高标准、严要求，努力探索提高矫正质量、推进工作发展的有效途径。”“要以教育矫正质量为核心，努力在社区矫正程序的严密性、准确性，矫正方法的实用性、科学性和有效性上下功夫，充分运用社会力量和社会资源，发挥社区矫正的特点和优势，加强对社区服刑人员的教育矫正。”“两院两部”下发的《社区矫正实施办法》亦明确指出社区矫正的三大任务之一，即“通过多种形式，加强对社区服刑人员的思想教育、法制教育、社会公德教育，矫正其不良心理和行为，使他们悔过自新，弃恶从善，成为守法公民”，并要求“各地要根据社区矫正工作的具体内容、方式方法、工作流程和工作制度，努力提高教育改造质量”。

(二)社区矫正教育的特性

1. 教育主体的特定性

根据“两院两部”联合下发的《关于开展社区矫正试点工作的通知》《社区矫正实施办法》等规范性文件规定，社区矫正教育的教育者是各级司法行政机关以及其他国家机构社会团体。同时，社区矫正教育在教育者方面，还存在施教力量社会性的特性，社区矫正教育要依靠社会力量如社会工作者、社会志愿者、矫正监督人、社区服刑人员所在社会组织的相关责任人等共同开展社区矫正教育工作。根据2003年、2009年、2012年“两院两部”关于开展社区矫正工作的相关通知、意见、办法以及《中华人民共和国刑法修正案（八)》《中华人民共和国刑事诉讼法（修订)》规定，社区矫正教育的对象包括被判处管制、被宣告缓刑、被裁定假释、被批准暂予监外执行的这四种罪犯。他们既不同于学校当中的学生，也不同于监狱中的服刑人员，他们的共同特点是犯了罪但社会危害性和人身危险性较小。社会普通公民在开始学习时，一般有着明确的学习目的与动机；而社区服刑人员在接受教育时，不像普通公民那样目的明确、动机强烈，也不像大多数罪犯那样在教育初期处于无目的、无动机状态，他们对纠偏性教育怀有抵制情绪，但对关怀性教育又显得特别渴望。

2. 教育内容的特定性

在教育的构成要素中，教育内容是实现教育目的、影响教育效果的重要因素。在不同的教育领域，教育内容既要符合本领域学科的需要，又要针对教育对象的具体情况。社区矫正教育对象是有违法犯罪行为的罪犯，这些人不同于普通教育的施教对象，因此，社区矫正教育在内容上，不但应与普通学校教育的内容有所区别，而且应与监禁矫正教育的内容有所不同。根据我国社区矫正工作的有关规定，并针对社区服刑人员的不同特点，当前我国社区矫正教育的内容主要有法律和道德教育、形势与政策教育、职业技能教育、心理矫治、行为矫正、正常社会生活教育等。在这些教育内容中，它们的地位并不平等，施教的对象也有区别。法律和道德教育以思想类教育为核心，重在强调罪犯思想和思维方式的转变，着重解决罪犯的思想品德和法纪方面的问题。在社会生活技能和职业技术教育问题上，社区矫正教育只对需要进行社会生活技能教育和职业技术教育的罪犯进行相关教育，不是所有的社区服刑人员都接受这类教育。与社区矫正教育不同，社会教育往往以德育为首位，以知识传授和技能训练为重点。

3. 教育过程的特定性

普通学校教育的过程，是由老师的教和学生的学所组成的双边活动的过程。作为这个活动的中心并贯穿教育过程始终的，是学生在老师的引导下，用知识财富丰富自己的头脑，从而获得认识和改造世界的能力。而对社区服刑人员的教育过程，虽然也有教与学的双边活动，但贯穿教育过程始终的是社区服刑人员在接受刑罚惩罚的前提下，不断转变犯罪思想、矫正恶习、融入社会的过程，是社区服刑人员从被迫接受教育改造向自觉接受教育改造不断转化的过程。普通学校教育是直接从“立”开始，是一个通过老师的教和学生的学而不断“立”的过程。而社区矫正教育是“先破后立”，在社区服刑人员的素质构成中，有些是具有腐蚀性的有害因素，如犯罪心理，低级趣味的金钱观，充满负能量的世界观、人生观和价值观等，它们不仅不能作为基础，还会对基础构成破坏作用，因而必须“先破后立”，且必须“破”得迅速，“立”得及时，否则就会酿成危险。社区服刑人员的身心是“破”的出发点与现实依据，它制约着社区矫正教育的效果、组织管理和方法的运用。

4. 教育目标的特定性

普通学校教育的目的是使受教育者在德育、智育、体育、美育等方面都得到发展，成为有觉悟、有文化的和谐社会建设者。而社区矫正教育首先不是为了培养人才，而是为了长善救失，抑制社区服刑人员身上的人身危险性的恶变，化消极因素为积极因素，变破坏者为建设者，教育定位在造就能够自食其力的守法公正教育，这是一种教育人、挽救人的社会活动，在活动中，教育者把社会一般道德伦理、法律规范和人类积累的社会生活的知识经验转化为罪犯的德行、文化水平和社会适应能力，帮助他们形成遵纪守法的习惯，促进他们的身心健康发展，并使他们成为对社会有用的人。

5. 教育性质的特定性

一方面，社区矫正教育是法定的，对社区服刑人员进行教育改造，是法律法规赋予我国社区矫正机关的一项重要职能，是在法律法规规定的范围内实施的。在教育性质的法定性上，社区矫正教育与监禁改造教育一样，都由国家以法的形式予以明确规定。换言之，对社区服刑人员进行教育矫正是法律赋予刑罚执行机关的职能。

另一方面，社区矫正教育是强制的。第一，这是由我国社区矫正机关的性质和职能决定的。对社区服刑人员的教育改造，是通过国家专政机关的强制力量来实现的，没有强制，教育就失去了前提和基础，就不可能真正提高矫正教育质量。第二，社区矫正教育是在刑罚执行过程中实施的，是刑罚的一项内容。刑罚作为国家制度的一种最严厉的强制方法，其强制性决定了对社区服刑人员教育的强制性。虽然矫正对象在社区服刑具有一定的人身自由，但刑罚执行的强制性并没有消失，社区服刑人员接受矫正教育，这是他们依法必须履行的义务。第三，社区矫正教育的强制性，还表现在我国社区矫正执行机关，为保证矫正教育计划的实施，制定了各项制度和纪律，监督社区服刑人员接受教育，并将强制教育与社区服刑人员自觉接受改造紧密结合起来。这就是说，凡是社区矫正教育对社区服刑人员的教育要求，社区服刑人员必须无条件服从，并应当努力按要求去做，如果社区服刑人员拒绝接受相关的教育安排，则社区矫正部门有权采取强制制裁措施。

6. 教育方法的特定性

普通学校注重的是长效和规范的教育，比较严格地遵循教育学原理。而社区矫正教育由于社区服刑人员情况复杂多样，因此在教育的时间、教育的组织管理、教育内容等方面，都要求灵活多样，适应性强，有集体教育（包括参观监狱等警示教育）、个别教育、社会教育、专题教育、分类教育等之分，各种教育形式与方法相互结合和补充，从而实现最佳的教育效果。教育的形式是灌输与引导相结合，灌输体现为针对罪犯的思想与行为错误，通过集体教育、个别教育、分类教育等途径，达到转化思想、转变行为、提高认识、端正举止；引导表现为对社会生活知识的接受、劳动岗位的选择、专业技能的学习以及社会交往，主要由社区服刑人员自己决定，社区矫正教育者给予参谋指导和帮助。

二、社区矫正教育的任务

根据“两院两部”联合下发的《社区矫正实施办法》等关于社区矫正的规范性文件精神，社区矫正教育的任务主要包括以下几项内容。

（一）转变罪犯思想，矫正犯罪恶习

这是社区矫正教育的主要目的和核心内容，也是一项十分艰巨的任务。必须

从入矫教育到解矫教育的整个过程做长期的艰苦细致的思想教育工作。要坚持不懈地对社区服刑人员进行思想教育、法制教育、社会公德和形势政策前途等教育，矫正其不良心理和行为，使他们悔过自新，弃恶从善，成为守法公民。在具体的实施过程中，社区矫正机关应当采取培训、讲座、自学、参观、参加社会活动等各种形式的教育，通过集中教育、个别教育、家庭教育、社会教育等方法与手段，教育社区服刑人员认罪服法，认识犯罪危害，理解刑罚的正义性、该当性。在教育中，尤其要坚持开展个别教育工作，根据社区服刑人员思想转化的个体特点与规律，采取个别谈话的方式，对服刑人员进行经常性的个别教育；要每月对社区服刑人员的思想动态进行分析；遇有重大事件，应当随时收集分析，并根据分析的情况，进行有针对性的教育；随着心理矫治手段在矫正工作中的应用，针对社区服刑人员的个体心理特征，可以聘请社会专业人员，定期为社区服刑人员提供心理咨询服务，开展心理健康教育；用医疗手段，从技术层面找准社区服刑人员的思想病因，对症矫治，对社区服刑人员进行思想转化。

（二）组织社区服务，培养劳动习惯

社区服刑人员虽然未被监禁，没有被剥夺自由，但仍属有罪之身，他们的罪错千差万别。在开展针对性教育的同时，应辅之以社区服务，让他们在劳动中洗涤自己的灵魂，净化自己的心灵，以劳动赎罪，以劳动补偿社会正义。同时可以使社区服刑人员以劳动作为与社会保持密切联系的一种方式，尽快融入社会。

社区矫正机关应当按照符合社会公共利益、社区服刑人员力所能及、可操作性强和易于监督检查的原则，组织有劳动能力的社区服刑人员参加必要的社区服务。在社区服务组织实施的过程中，社区矫正机关应当认真选择社区服务的内容，积极做好社区服务计划和社区服务相关部门的协调、沟通工作。在社区服务实施前，应与社区服刑人员积极沟通、交流，讲清参加社区服务与其改造的关系，说明参加社区服务的法定性及参加社区服务的重要意义，使社区服刑人员以积极、热心的态度参加社区服务；在社区服务的实施过程中，社区矫正机关应和社区服务的相关单位一起，认真加强对社区服刑人员的管理、监督、检查，把握社区服刑人员服务的时间、强度、质量以及相关技术的掌握程度；在社区服务结束后，社区矫正机关应及时对社区服务情况予以讲评，肯定成绩，指出不足和今后的努力方向，并要社区服刑人员写出参加该次社区服务的感受，将社区服刑人员参加社区服务的相关情况及时记载入册，以便综合考核。

应当承认，组织社区服刑人员参与社区服务，对社区服刑人员而言，他们很难谈得上是自愿的，多数是基于强制与服从。所以要求社区服刑人员参与社区服务，除了有劳动教育意义，还隐含惩罚教育的意义。因为，劳动的无偿性、劳动时间的强制性、劳动的不可置换性，以及在大庭广众之下让社区服刑人员面对可能出现于自己面前的亲戚、朋友、同学、同事以及其他熟识的人，这些都给予社区服刑人员个体在心理与精神上一定的压力，精神上的被剥夺让社区服刑人员感到很不自在。但是，刑罚就是这样，有犯罪行为，就会有相应的惩罚，只是程度上有轻重之别。

（三）加强职业培训，提供就业指导

社区服刑人员在社区服刑改造，直接面对的是就业压力、生活困难等问题。为使其适应社会生活，特别是帮助他们顺利地找到一份赖以谋生的工作，就必须加强职业培训，提供就业教育与指导。这不仅能较好地解决社区服刑人员的生活困难，而且也有利于化解社区服刑人员的对立情绪，增强社区服刑人员改造信心，巩固改造成果，有利于社会的长治久安。因此，加强对社区服刑人员的职业培训和就业指导，不仅是法规、政策的要求，也是切实提高社区服刑人员改造质量的必然要求。司法部颁发的《司法行政机关社区矫正工作暂行办法》（司发通〔2004〕88 号）第三十三条规定："司法行政机关应当协调有关部门和单位，为社区服刑人员提供职业培训和就业指导，为符合条件的社区服刑人员提供最低生活保障，为社区服刑人员遇到的其他问题提供指导和帮助。"

社区矫正机关在加强社区服刑人员的职业培训和就业指导时，应做到：一是要认真掌握社区服刑人员的基本情况，根据社区服刑人员的具体特点，选择相应适合的职业培训内容，并与社区服刑人员就职业培训的内容进行沟通交流，力求取得一致意见；二是要认真了解和把握本地区企业或经济实体以及有关项目的发展状况，寻找适合有关社区服刑人员进行职业培训的项目或行业，并与培训单位或部门进行积极协调沟通，取得他们的理解、配合和支持；三是要在社区服刑人员职业培训过程中或结束后，积极沟通和联系与培训内容相关的单位，认真落实社区服刑人员对口就业；四是要加强社区服刑人员培训和就业后的反馈和回访，为社区服刑人员解决遇到的实际困难。

在以上三项任务的落实过程中，应当建立对社区服刑人员认罪悔罪、遵纪守法、学习劳动等方面表现情况的考核制度。根据考核结果，对于表现良好的给予表扬奖励；对于符合法定条件的，依照法定程序提请有关部门予以减刑；对违反法律、法规和社区矫正的有关规定，但尚未构成重新犯罪的，视情节轻重给予警告或者提请有关部门给予警告、记过、治安处罚、撤销缓刑、假释、收监执行。

以上三项任务是互相联系、互相促进的。其中，转变罪犯思想、矫正犯罪恶习是主要任务。只有完成社区矫正教育这三项任务，才能更好地实现我国社区矫正机关惩罚和改造社区服刑人员的目的，才能把社区服刑人员改造成为自食其力的守法公民。

三、社区矫正教育的指导思想

所谓指导思想，是指人们在社会实践中形成的具有高度概括性、宏观统领性的思想理论体系。马克思主义哲学认为，没有理论指导的实践是盲目的实践。建设中国特色的社区矫正制度，提升对社区服刑人员的教育矫正质量需要指导思想的指引。

（一）社区矫正教育指导思想的内容

“转变罪犯思想，矫正犯罪恶习，提高道德水平，造就守法公民”是我国社区矫正机关对社区服刑人员实施教育的指导思想。

1. 转变罪犯思想

所谓转变罪犯思想，是指社区矫正机关作为国家的刑罚执行机关，为了实现特殊预防的刑罚目的，通过采取正确、有效的教育改造社区服刑人员的方针、政策和方法，将社区服刑人员从犯罪的深渊里拯救出来，强化世界观、人生观、价值观教育，认罪服法教育，道德教育，劳动教育，形势、政策、前途教育，引导他们认识犯罪对国家、社会、人民和家庭造成的危害，使他们与过去的犯罪生涯和错误的思想观念决裂，建立新的思想价值体系，重塑自我，告别昨天，走向新的生活。

2. 矫正犯罪恶习

所谓矫正犯罪恶习，是指依照社区矫正教育的任务和把社区服刑人员改造成为自食其力的守法公民的目标，通过对社区服刑人员开展有组织、有计划、比较系统的思想教育和职业培训教育、社会生活教育，结合要求社区服刑人员每月进行公益劳动以及其他各种行之有效的方法，改造社区服刑人员的犯罪意识，矫正其各种犯罪恶习。辩证唯物主义告诉我们，万事万物都是处在不断运动和发展之中的，运动是绝对的，静止是相对的。社区服刑人员能在各种不良的社会环境影响下变坏，那么他们也一定能在科学的教育方法、良好的改造环境中改好。因此，社区服刑人员存在很大的可塑性，只要用心去改造他们，他们的犯罪恶习是可以矫正的。

3. 提高道德水平

所谓提高道德水平，是指社区矫正机关在对社区服刑人员进行一系列教育和改造的行为过程中，通过各种道德行为的事例，着重利用社区服刑人员家庭及邻里、社区中发生的道德事件，教育社区服刑人员从中获知什么是善恶，什么是美丑，什么是是非，什么是好坏，并从中区分什么是道德的行为，什么是不道德的行为。通过反省自己在过去的犯罪行为和生活中的不道德行为，知道如何才能使自己成为一个适应社区生活、有道德的人，使社区服刑人员在社区矫正中不断提高道德的自律性、改造的积极性，增强阻止自己重新犯罪的预防性，真正在社区矫正过程中提高自己的道德水平。

4. 造就守法公民

所谓造就守法公民，是指通过正确地改造社区服刑人员的政策方针，运用科学文明的社区矫正管理制度，采取丰富的、有针对性的教育改造内容和灵活多样的教育改造方法，组织开展教育活动、公益劳动和职业培训，以及进行各种咨询和社会生活困难帮助，使社区服刑人员长善救失、化害为利、洗心革面、重新做人。通过社区矫正机关的教育管理和家庭的教育督促，社区环境的渲染浸润，社区服刑人员本人的积极努力，使社区服刑人员由社会主义建设的破坏者变成社会主义的建设者，亦即把社区服刑人员中的绝大多数改造成适应社会需要、自食其力的守法公民，这是社区矫正教育的最终目的和归宿。这一目的和归宿的实现，对于减少犯罪、预防犯罪，维护社会治安，转变社会风气，建设社会主义精神文明和谐社会具有极其重要的意义。

“转变罪犯思想，矫正犯罪恶习，提高道德水平，造就守法公民”是为社区矫正教育的指导思想，其中“转变罪犯思想”是社区矫正教育的出发点，“矫正犯罪恶习”“提升道德水平”是社区矫正教育的过程，“造就守法公民”则是社区矫正教育的最终目的和归宿。三者所含的内容和侧重点虽然有所不同，却是个完整的统一体，彼此互相联系、互为补充，各自从不同的方面发挥着作用。

（二）社区矫正教育指导思想提出的依据

1. 宪法和“两院两部”规定是社区矫正教育指导思想的基本法律依据

我国《宪法》第五条第二款规定：“一切法律、行政法规和地方性法规都不得同宪法相抵触。”《宪法》在序言中也明确宣告：“全国各族人民、一切国家机关和武装力量、各政党和各社会团体、各企事业组织，都必须以宪法为根本的活动准则，并且负有维护宪法尊严、保证宪法实施的职责。”《宪法》第二十八条规定：“国家维护社会秩序，镇压叛国和其他危害国家安全的犯罪活动（现行刑法中将反革命罪改称“危害国家安全罪”），制裁危害社会治安、破坏社会主义经济和其他犯罪的活动，惩办和改造犯罪分子。”宪法赋予国家惩治犯罪的刑罚权力，以宪法为权力基础，刑罚执行机关（包括监禁刑罚执行机关和社区刑罚执行机关）才能经过法律授权，对罪犯惩罚与矫正。“两院两部”的《关于开展社区矫正试点工作的通知》（司发〔2003〕12号）和《关于扩大社区矫正试点范围的通知》（司发〔2005〕3号）明确规定：“通过多种形式，加强对社区服刑人员的思想教育、法制教育、社会公德教育，矫正其不良心理和行为，使他们悔过自新，弃恶从善，成为守法公民。”“社区矫正根据社区服刑人员的不同特点，实施分类管理和教育，矫正其不良心理和行为，突出教育改造的针对性和实际效果，并且帮助解决社区服刑人员在就业、生活、法律、心理等方面遇到的困难和问题，以利于他们顺利适应社会生活、重新回归社会，充分体现了我国对犯罪人‘教育、感化、挽救’和‘惩罚与改造相结合、教育和劳动相结合’的教育改造工作方针和政策。”因此，“转变罪犯思想，矫正犯罪恶习，提高道德水平，造就守法公民”的指导思想，必须以宪法、监狱法和“两院两部”关于社区矫正规定为最基本的法律依据。

2. 改造罪犯的方针政策是社区矫正教育指导思想的政策依据

按照马克思主义的法律观，政策是法律的灵魂和制定的依据，法律则是政策的定型化、条文化和具体化，是上升为国家意志的政策。“转变罪犯思想，矫正犯罪恶习，提高道德水平，造就守法公民”的社区矫正教育指导思想，正是在惩罚管制的前提下，把社区服刑人员改造成为守法公民，是改造罪犯的基本政策的具体体现和贯彻执行；同时也是“惩罚与改造相结合，以改造人为宗旨”的刑罚基本方针、“教育、感化、挽救”的刑罚基本政策和“惩罚与改造相结合、教育和劳动相结合”的刑罚基本原则的体现和深化。

3. 完善中国特色社会主义刑罚执行制度，是社区矫正教育指导思想的实践基础

社区矫正是与监禁矫正相对的行刑方式，是当今世界各国刑罚制度发展的趋势。为了适应我国政治、经济、社会及文化的发展要求，我国开展了社区矫正试点工作，以积极探索刑罚执行制度的改革。社区矫正的实践证明，社区矫正工作的开展，有利于探索建设中国特色社会主义刑罚制度，积极推进社会主义民主法制建设，充分体现我国社会主义制度的优越性和人类文明进步的要求，为建设社会主义政治文明、全面建设小康社会和构建社会主义和谐社会服务；有利于对不需要、不适宜或者继续监禁的罪犯有针对性地实施社会化的矫正，充分利用社会各方面力量，提高教育改造质量，最大限度地化消极因素为积极因素，维护社会稳定；有利于合理配置行刑资源，使监禁矫正与社区矫正两种行刑方式相辅相成，增强刑罚效能，降低行刑成本；有利于针对我国刑事犯罪的新特点、新情况，积极推进司法体制改革，进一步提高教育改造质量，预防和减少重新犯罪，实现国家的长治久安。“转变罪犯思想，矫正犯罪恶习，提高道德水平，造就守法公民”的社区矫正指导思想，正是产生于完善中国特色社会主义刑罚执行制度的实践中，并为这一实践服务。

第二节 社区矫正教育的目的、功能和原则

一、社区矫正教育的目的

所谓目的，通常是指行为主体根据自身的需要，借助意识、观念的中介作用，预先设想的行为目标和结果。作为观念形态，目的反映了人对客观事物的实践关系。人的实践活动以目的为依据，目的贯穿实践过程的始终。

人类区别于动物的主要特点，就在于人类活动的意识性和目的性，教育包括社区矫正教育作为一项重要的人类实践活动，也必然带有意识性和目的性。开展社区矫正教育活动的主要目的有三个层次：一是直接目的，即通过法律制度规范教育、人生观世界观价值观教育、道德教育和心理矫治，使社区服刑人员能够遵守社区矫正各项纪律，履行各项义务，提高对所犯罪行的认识，矫正不良心理和行为，逐步养成良好的行为习惯，预防社区服刑人员再次犯罪；二是间接目的，即通过思想教育、技能培训和组织社区服务，增强社区服刑人员的法律意识和社

会责任感，提高社区服刑人员的法律素养、道德素养和品格素养，提高其生活技能，促进社区服刑人员的身心发展，使社区服刑人员成为人格健全、适应社会的守法公民；三是终极目的，即通过社区矫正各项教育活动，预防社区服刑人员再次犯罪，变不安定因素为安定因素，从而促进社会的和谐稳定，实现国家的长治久安。

社区矫正教育克服了社区矫正教育活动的随意性，为教育内容的选择、教育方法的应用提供了相应的规范。在具体的社区矫正教育工作中，由于种种原因，难免会偏离教育目的的要求，有了科学的社区矫正教育目的，就可以随时纠正教育矫正工作中的偏差，将社区矫正教育工作纳入实现其目的的有序进程中，从而对社区矫正教育实现动态调控。此外，社区矫正教育的目的，既是社区矫正教育的起点，也是社区矫正教育的归宿。社区矫正教育的实际效果如何，要通过与社区矫正教育目的相对照来进行判断，从这个意义上来讲，社区矫正教育的目的是评价、衡量社区矫正教育结果的标准。

二、社区矫正教育的功能

所谓功能，是指某一事物在环境中所发挥的作用和效力。它是由该事物的结构所决定的，具有不以人的意志为转移的客观性。

社区矫正教育的功能和一般教育、其他矫正教育功能一样，包括社会功能（工具功能）和育人功能（本体功能）。其中社会功能即通过社区矫正教育，变不安定因素为安定因素，促进和谐社会的构建。本体功能主要指促进社区服刑人员个体发展的功能，包括提高知识技能，转变思想观念，矫正犯罪恶习，完善社区服刑人员的人格。社区矫正教育功能具体包括矫正、感化和治疗三个方面。

（一）矫正功能

矫正功能是社区矫正教育的功能之一。《司法行政机关社区矫正工作暂行办法》中明确规定，“司法行政机关应当对社区服刑人员实施分类管理、个性化教育”。对社区服刑人员开展个性化教育，指在日常管理、集中教育和个别教育的基础之上，采取有针对性的、社会化的和人性化的教育方法及手段，提高社区服刑人员接受社区矫正教育的自觉性，矫正他们的不良思想和行为，解决其在生活、思想和心理等方面的问题，从而帮助他们顺利回归社会。通过开展个性化教育，不断深化社区矫正教育工作，提高社区矫正教育的质量和效果。

社区矫正教育把法制教育、规则教育和公德心教育作为必修课，警钟长鸣，教育社区服刑人员要吸取教训，定期讲评，以量的积累实现质的吸收。定期检查社区服刑人员的行为动向，对其进行有效监督。利用各种方法，进一步说明法律既是“双刃剑”，也是行为规范，没有规矩不成方圆。使社区服刑人员树立“人人为我，我为人人”的公德意识。安排社区服刑人员参加各种社区服务，用汗水改造其好逸恶劳的习气，用辛苦唤醒他们勤劳朴实的良知。

社区矫正教育利用侧面渗透教育，促使社区服刑人员养成良好习惯，通过及时肯定社区服刑人员助人为乐的行为，激发其上进心和荣誉感。鼓励社区服刑人员运用法律知识去教育其他人知法守法，以社会人彼此约束的认同感增强他们的法律意识和法制观念，通过良俗教化提高社区矫正教育的矫正效果，使整个社区与社区服刑人员和睦相处、平等交往、生活良好。

（二）感化功能

《社区矫正实施办法》第十八条规定：“司法行政机关应当根据社区矫正人员的需要，协调有关部门和单位开展职业培训和就业指导，帮助落实社会保障措施。”这一规定体现了社区矫正教育的感化功能。

社区矫正教育人员涉及司法行政机关、人民法院、人民检察院、公安机关、财政部门、人事部门、劳动和社会保障部门、工会、团委、妇联和民政部门等多个部门的工作人员，他们为社区矫正教育工作提供了有力的组织保障和物质、人力保障，充分体现了各级党委和人民政府以及全社会都很重视和关心支持社区矫正教育和监督考察工作，同时也给社区服刑人员提供了一个良好的改造环境，使其在各级党委和人民政府以及全社会的关心下，自觉接受广大人民群众和有关职能部门的监督，得到社会的同情、理解和帮助，使社区服刑人员在社区矫正教育期间，能够感受到正确的刑事改造政策的温暖，感觉到党和人民政府、全社会以及家庭没有抛弃他们，而是时时处处都在关心和爱护他们，从而使社区服刑人员能够自觉地增强改过自新、认罪服法、将来重新回到社会和成为自食其力的劳动者的决心和信心。

社区矫正教育体现了一种宽容精神，对于犯罪人员，国家和社会并不是抛弃他们，而是给予他们重返社会的希望和机会，并且为社区矫正人员营造宽容的社会氛围，使他们在宽容中感受人性关爱，和谐的社会关系也正是建立在这种人与人之间的宽容之上。

社区矫正教育体现了人性关爱的理念，社区服刑人员尽管危害了社会，被判罪服刑，但他也有正常人一样的需求和感情，社区矫正教育在很大程度上满足了社区服刑人员的需求和感情。罪犯如果被判刑入狱，就无法过正常的家庭生活，导致家庭生活残缺，婚姻关系名存实亡。而社区矫正教育使社区服刑人员保持了健全的家庭生活和稳定的婚姻关系，从而使其情感需求得到了满足，促使社区服刑人员更加珍惜家庭的温馨，承担起自己对家庭应负的责任。这反过来有利于维护社区服刑人员的婚姻和家庭稳定，减少家庭矛盾，并且能够在生活上兼顾家庭，增强他们对家庭的亲和力，促使社区服刑人员安心参与社区矫正，从而加速社区服刑人员的自我改造。

针对社区服刑人员的不同特点，在对社区服刑人员进行社区矫正教育时，除采用定期汇报思想和活动、限制权利和参加社区服务等措施，还应侧重于教育感化。教育感化应成为对社区服刑人员进行教育的一项重要举措。针对社区服刑人员存在的逆反心理，在对其进行社区矫正教育时，一味地进行说教不但不能取得预期的效果，而且还可能会适得其反。因此，可以依据社区服刑人员的兴趣，组织他们学习先进人物事迹、阅读法律书籍、参观烈士陵园、观看富有教育意义的影片和邀请改造好的社区服刑人员现身说法，引发社区服刑人员的兴趣，使他们全身心地投入到社区矫正活动中去，真心实意地接受社区矫正教育改造，最终使他们悔过自新，弃恶从善，成为守法公民。

在社区矫正教育过程中，可以适当地安排社区服刑人员到有关监狱去体验狱内生活，让他们切身感受狱内服刑人员的心理和生活状况，亲身体验刑罚制度改革给服刑人员带来的巨大变化，能够起到从心灵上感化教育的作用。

为社区服刑人员解决其切身的问题和困难，特别是在一些人无家可归、生活无着、就业无望、亲情无助时，通过适当的财力和物力帮助、情感沟通、人际矛盾协调，社区服刑人员将感受到温暖，思想得以净化，能够正视困难，自觉遵纪守法。

（三）治疗功能

《社区矫正实施办法》第十七条规定：“根据社区矫正人员的心理状态、行为特点等具体情况，应当采取有针对性的措施进行个别教育和心理辅导，矫正其违法犯罪心理，提高其适应社会能力。”社区服刑人员违法犯罪有其复杂的心理原因，为达到社区矫正教育的目的，必须首先消除社区服刑人员违法犯罪的心理原因。

因此，应当聘请心理医生和心理学专家，为社区服刑人员进行心理疏导并医治他们的心理疾病，帮助违法犯罪的社区服刑人员树立改过自新和回归社会的信心，这是社区矫正教育的一项重要内容。开展心理辅导前，首先应当对社区服刑人员进行心理测评，以便能够更深入、更全面地了解社区服刑人员的心理特点和潜在心理困扰，进而有针对性地给予他们帮助。更重要的是，通过心理测评，可以增强社区矫正教育工作的可操作性、具体性和针对性，提高社区矫正教育的改造质量，预防和减少社区服刑人员的再犯罪。对于社区服刑人员的心理测评应当专门设计一套关于心理健康、职业能力倾向以及再犯罪预警的调查问卷，并由大学教授和心理咨询师等专业人员组成专家组对其进行测评，这样可以提高心理测试的准确程度。

社区矫正教育组织可以聘用具有社会工作经验的专业人才，并面向全社会招募热衷于社区矫正教育事业的高素质的志愿者，为社区服刑人员提供专业化的服务和全新的关怀。社区矫正教育组织应当积极开发和利用各种社会资源，调动一切可以利用的力量，如广泛吸收慈善机构和民间社团等非政府组织和社会志愿者的积极支持和援助，动员社会各方面的力量，扎扎实实做好社区服刑人员的社区心理矫正教育与行为矫正教育工作。司法所可以针对社区服刑人员制订个性化的社区矫正教育计划。比如，建立不同的社区矫正教育基地，可以包括社区矫正公益劳动基地和社区矫正教育基地。公益劳动基地可以设在医院、社会福利院和敬老院等机构内，社区服刑人员以社会志愿者的身份，为病人、儿童或者老年人清扫房间、读报等，与之谈心，同时接受医院心理学专家的心理健康指导。社区矫正教育基地可以设在社区附近的大学内，定期为社区服刑人员举办一些专业知识培训班，由大学的老师或者学生作知识指导。

《社区矫正实施办法》第十六条规定："有劳动能力的社区矫正人员应当参加社区服务，修复社会关系，培养社会责任感、集体观念和纪律意识。社区矫正人员每月参加社区服务时间不少于八小时。"在地区政府、专业的社区矫正教育者、社区服刑人员的亲友、医院的医生以及大学的老师和学生等多种社会力量的共同帮助下，社区服刑人员会用劳动洗刷罪恶，用知识净化心灵，这种针对社区服刑人员而专门设立的社区矫正教育组织，能够更好地达到对社区服刑人员进行社区矫正教育的目的，也能够实现社区矫正教育的治疗功能。

三、社区矫正教育的原则

所谓社区矫正教育的原则，是指在社区矫正实践经验的基础上，根据社区矫正教育的目的和对教育矫正规律的认识而提出的指导社区矫正教育活动的基本准则。

对于社区矫正教育的原则，不同教材和文章的主张不尽相同，一般教材涉及的原则主要有因人施教、分类教育、以理服人、循序渐进、教以致用、社会参与等。从监禁行刑看，《监狱法》第六十一条有“教育改造罪犯，实行因人施教、分类教育、以理服人的原则”的规定，这些原则是罪犯教育的法定原则。综合各种材料的观点，参考监狱教育改造罪犯的原则，结合社区矫正的实际，我们提出社区矫正教育应贯彻以下六项原则。

（一）因人施教原则

该原则的基本精神是，在教育矫正社区服刑人员的过程中，应当注重社区服刑人员的个别差异，从他们的实际情况出发，进行有的放矢的教育。

人心不同，各如其面。面对一群看似相同的教育对象，他们的实际情况可能千差万别。所以，在教育过程中，应当根据受教育者的不同情况，采取适宜的教育方法和措施，这一点是教育人的普遍认识，在我国有悠久的历史传统。因人施教原则的精神是由我国著名教育家孔子提出的。孔子在办私学的教育中十分注意学生的个别差异，他对学生的特点做了深入分析。《论语》中记载，孔子对弟子的评价有：“由也果”，“赐也达”，“求也艺”（《论语·雍也》），“柴也愚”，“参也鲁”，“师也辟”，“由也喭”（《论语·先进》）。学生问相同或者相似的问题，孔子往往根据学生的特点作出不同的回答。比如，几个学生问“孝”和“仁”，孔子每次回答都不相同。学生冉有和子路都来请教“闻斯行诸”，孔子根据他们各自的特点和为达到“进之”和“退之”的目的而做出了不同的回答（《论语·先进》）。程颐曾经说过：“孔子教人，各因其材，有以政事入者，有以言语入者，有以德行入者。”“因材施教”这一说法也就从此形成。

贯彻因人施教原则对于提高矫正教育质量、取得良好的改造效果，具有十分重要的意义。因为社区服刑人员的构成情况十分复杂，他们犯罪的性质、刑期的长短、主观恶性、现实表现、文化程度以及性格、特点等各不相同。必须根据不同对象，区别不同情况，采取不同的教育内容和方法，进行有针对性的教育。这条原则实际上是反映和要求社区矫正工作者正确处理教育改造过程中集体教育与个别教育，统一要求和照顾个性特长之间的辩证统一关系。

在社区教育矫正教育实践中贯彻因人施教原则，应当从以下三方面入手：

1. 注重调查研究，掌握社区服刑人员基本情况和特点，这是贯彻因人施教原则的前提

社区服刑人员的来源渠道是多样的，既有从监狱转过来的，也有看守所送来的，还有从人民法院判决后直接送来的。每个社区服刑人员的年龄、性格、社会阅历、家庭背景、知识状况、犯罪原因、刑种、刑期、犯罪的主观恶习、认罪态度等基本情况都各不相同。在对社区服刑人员进行教育前，就必须对他们的这些基本情况进行调查研究。因此，社区矫正教育工作者要事先查阅社区服刑人员的有关档案材料，在矫正过程中要深入社区服刑人员的生活和劳动场所进行走访、调查、个别谈话，详细、准确地掌握每个社区服刑人员的基本情况。社区教育矫正工作者只有充分掌握这些情况，才可以做到心中有数，提高教育矫正的效果。

2. 针对社区服刑人员不同情况，制订详尽的教育矫正计划并进行有针对性的教育

“不同性质的矛盾，只有用不同性质的方法才能解决”，这是马克思主义者必须遵守的一项基本原则。由于社区服刑人员的情况各异，所以社区矫正工作者在教育矫正过程中应当避免“一刀切”式的做法，要在充分掌握社区服刑人员信息之后制订个别教育计划，对症下药。在矫正教育工作中，要针对社区服刑人员的不同问题，选择恰当的教育内容和方法手段，有针对性地做好矫正教育工作，逐一解决他们的思想问题。在社区服刑人员中，有的是思想上有问题，如对法院的判决不服；有的是心理问题，如在社区劳动中怕丢面子，产生焦虑不安的心理；有的是家庭问题，如妻子闹离婚，子女上学困难；有的是经济问题，如自己找不到工作、妻子下岗、还债等。针对这些问题，教育工作者要热心地帮助他们解决困难，使他们放下思想包袱，轻装上阵，踏实改造。

3. 要善于及时发现社区服刑人员的新情况、新动向，长善救失

《礼记·学记》中载：“知其心，然后能救其失也。教也者，长善而救其失者也。”社区服刑人员在社区服刑改造过程中，由于自身的原因或社区环境的影响，经常会出现这样或那样的问题，他们的改造不会是一帆风顺的。为了及时解决和处理他们在改造中出现的新情况、新问题，促使他们心悦诚服地接受处理，深刻认识错误，就必须做到对发生的问题及时掌握，分情况及时教育，妥善处理。如受到邻里和社区其他居民歧视产生心理障碍，由于自身的犯罪而引起配偶提出离婚，欠债无力偿还，与他人发生争吵甚至打架斗殴等问题。针对这些新情况、新问题，社区矫正教育工作者要及时调查，弄清事实，分清是非，根据情节轻重给予不同的

处理。对这些新情况、新问题的处理过程，实际上也是进行有针对性教育的过程，可以帮助他们提高认识，分清是非，这比实施一般性的教育，效果更加显著。

（二）以理服人原则

以理服人原则是指在对社区服刑人员实施教育的过程中，坚持摆事实、讲道理，对教育对象动之以情、晓之以理，做耐心细致的疏通、诱导和说服工作。

以理服人原则是一项社会活动的普遍原则，它通过说理、沟通来解决人们的思想和心理问题。社区服刑人员之所以走上违法犯罪的道路，有不少人是因为他们的思想偏激，缺乏理性，对许多社会问题怀有偏见，以消极的态度来看待社会和处理问题，具有消极的思想意识和不健康的心理。对他们实施矫正教育，就是要解决他们的思想认识问题，以消除他们错误的思想意识。而做这项转变思想意识的教育工作，只能靠以理攻心，以理服人，不能靠强迫和压服。因为压服的结果是口服心不服，压而不服，甚至会出现越压越不服的现象。社区矫正试点实践中，各地普遍反映，由于刑罚执行的形式威严不足，社区服刑人员及其家庭成员有时会抵制社区矫正活动，对此，社区矫正工作人员只能说理，不能压制，否则将激化矛盾。实践证明，对社区服刑人员坚持说服教育，以理服人，既有利于社区服刑人员逐步接受正确的思想观念，分清是非、明辨善恶、区别美丑、知错改正，心悦诚服地接受改造，也有利于矫正工作者与社区服刑人员建立健康、正常、良好的人际关系和开展行之有效的思想交流，增强相互间的信任，提高教育改造质量。在社区矫正工作中贯彻以理服人原则，应做到以下几点。

1. 坚持摆事实、讲道理

以理服人的基本精神就是摆事实、讲道理。事实和道理是以理服人教育原则中相辅相成的两个方面。道理来源于事实，事实孕育着道理。因此在对社区服刑人员的教育过程中，摆事实是讲道理的基础，讲道理是摆事实的深化。不摆事实或事实摆得不正确，讲的道理就失去基础和依托，教育就显得软弱无力；不讲道理或道理讲得不透彻，摆的事实就得不到深化和抽象，教育的效果也会大大降低。由此可见，不论采用何种形式或内容对社区服刑人员进行教育，讲道理都应该和摆事实进行联系，这样才有说服力。如当社区服刑人员犯了错误时，矫正工作者不能偏听偏信，轻率下结论，因为社区服刑人员面临着复杂的社会环境，他们比普通公民有着更大的生存压力，更容易导致他们犯错，因此，应先充分调查核实情况（摆出事实），再对其进行实事求是的批评教育（讲道理）。在批评教育时要适度、恰当，不能动辄训斥，要允许他们申辩和说明情况，对一时想不通的问题，也要允许他们保留自己的观点，允许他们有一个思想转变的过程。对待教育问题，社区矫正工作者要抱着诚恳、耐心的态度，不能急于求成，要善于引导社区服刑人员讲真话、讲心里话，不要怕他们暴露错误的观点。只有当他们的思想问题暴露出来以后，我们才能摸清他们的思想症结，从而加强教育的针对性，收到说服人、教育人的预期效果。要使社区服刑人员讲真话，不仅要做到以理服人，而且还要做到以情感人。只有情真理切，情理结合，才能收到好的效果。如果情理不结合，即使道理讲得再对，也不能打动人心。

2. 坚持正面教育和疏通引导

教育的目的是教育者通过正面教育，使受教育者达到预期的效果。对社区服刑人员的教育就是通过实施正面教育影响，使社区服刑人员弃恶从善，重新做人。正面教育是指矫正工作者用正确的思想、科学的道理、先进的典型以及各方面的积极因素，启发、诱导社区服刑人员认识错误，提高觉悟，促使他们积极接受矫正教育。在进行正面教育时，首先，通过法制、道德、政治、文化等教育，使社区服刑人员明辨是非、善恶、美丑，从而把握认识自己和社会的客观标准；其次，对社区服刑人员的违法犯罪事实，既不扩大，也不缩小，严肃地指出其错在何处及造成的不良影响，使其真正认识错误，接受教育；最后，以表扬鼓励为主，要善于发现社区服刑人员心灵上的闪光点，及时予以鼓励，以巩固和发扬社区服刑人员良好的思想行为，帮助他们明确努力的方向。

疏通就是让社区服刑人员广开言路，畅所欲言。引导就是在广开言路的基础上，通过循循善诱的说理教育和批评，将社区服刑人员错误的思想认识指引到正确、积极的方向上来。对社区服刑人员在教育中坚持疏通引导，主要是在思想上疏通，在行动上引导。对社区服刑人员在思想上的症结，采取强迫措施是行不通的，只有通过说理疏通，并在行动上加以引导，才能解决实际问题。这就好似指引一个误入歧途的行人的向导，既要告诉他误入歧途的错误及后果，还应给他指明到达目的地的方向，并引导他走入正道，才算尽到向导的责任。

3. 要变单向的说教为双向的沟通

实践证明，在社区教育矫正过程中，单向说教效果差，而双向的沟通效果好。以理服人原则背后的教育理念是要培养社区服刑人员的理性思考的习惯和能力，因此在实践当中贯彻这一原则，就不应以力服人、以势压人，应当允许社区服刑人员提问、辩解，把教育过程变成轻松的交流过程，这样才能真正达到以理服人的目的。

（三）循序渐进原则

循序渐进原则是指在对社区服刑人员的教育过程中，遵循人的认识能力逐步发展的规律，有步骤、有计划、系统地开展教育。

社区服刑人员的刑期虽然较短，但在他们的思想意识中，犯罪意念是不会自行消除的，法制观念还比较差，认知水平也比较低。要有效地教育矫正他们，就必须遵循循序渐进的原则。因为人的认识是逐步提高的，文化知识和技术也是要通过不断的积累才能提高的。只有通过由浅入深、由近到远、由简到繁、由易到难的教育过程，才能使他们逐步掌握教育的内容，接受新思想，才能使他们在接受教育中逐步摒弃犯罪意识，树立遵纪守法的观念。

在社区矫正工作中贯彻循序渐进原则，应做到以下几点。

1. 按照教育计划，有步骤、系统地进行

对社区服刑人员的教育，既包括政治思想、法制观念、社会公德方面的内容，也包括劳动纪律和技能、文化知识、人际交往、社会生活适应等内容的教育。所有这些教育，都必须制订出教育计划。在实施教育过程中，要严格按照计划，逐步开展，既要注意各项教育内容之间的衔接，又要注意教育内容的完整性和系统性。在教育过程中，要及时了解他们接受教育的情况，考察他们在各方面的改造情况，包括思想意识是否提高，存在的问题是否解决，改造表现是否稳定等。如果未收到预期的效果，就要及时对他们进行补课教育，促使他们不断接受教育。

2. 注重一般教育和个别教育相结合

对社区服刑人员普遍开展的教育属于一般教育，在这个前提下，还要注重把一般教育与个别教育结合起来。因为每名社区服刑人员思想的转变都是个复杂的过程。在社区中，各自接受教育改造的起点、重点和接受能力状况也不相同，这就要求在进行一般性的共性教育时，要研究个别差异，制订出个别教育计划，注重突出个别教育，做到以一般教育带动个别教育，以个别教育促进一般教育。

3. 必须坚持不懈，持之以恒，逐步提高

对社区服刑人员的教育和对监狱在押罪犯的教育一样，有一个从强迫改造到自觉改造的过程。虽然实施强迫的手段、形式和程度不一样，但是要想把社区服刑人员改造过来，需要做长期的、大量的、细致的教育改造工作，才能使社区服刑人员在潜移默化中提高觉悟，转变自己的世界观。因此，社区矫正工作者应具备坚持不懈的工作态度、持之以恒的教育精神，这是教育改造社区服刑人员成为新人的重要条件，而那种时断时续，或者搞突击式，当任务来完成的教育，显然是不能奏效的。

（四）素质为重原则

开展任何一项教育都是以增长知识、提高素质为目的的，对社区服刑人员的教育也不例外。因为社区服刑人员都是实施了一定的违法犯罪行为的罪犯，文化知识不多，素质低下甚至愚昧无知，这正是他们走上违法犯罪道路的内在原因。在整个社区公民素质结构中，社区服刑人员的个体素质是一块相对低洼的谷地，他们的素质得不到提高，会成为社区公民整体素质提升的“瓶颈”。对他们实施教育改造，就是帮助他们提高思想认识，提高素质和辨别是非的能力，使他们不至于再次走上违法犯罪的道路，改造他们成为自食其力、遵纪守法的公民，从而达到减少犯罪、预防犯罪的刑罚目的。

在社区矫正工作中贯彻素质教育原则，应做到以下几点。

1. 紧紧围绕提高素质来开展教育

素质的内涵是多方面的，既包括思想意识、行为习惯，也包括个性、脾气等方面。一个人的素质是在长期的生活环境和社会实践中逐步形成的。但是经过不断的学习，增强知识，提高认识，人的素质是可以提高的。社区服刑人员的矫正期限一般较短，要想在较短的时间内真正提高他们的素质，困难是很大的。但是，从改造他们成为遵纪守法的公民这项任务来看，在社区服刑期间提高他们的素质是必需的。因此，在实施教育的整个过程中，要从教育内容的确立、教育方式、方法的选定、公益劳动的环境、个案教育计划的制订等方面出发，围绕如何提高他们的素质这一目的，以充分体现素质为重原则的要求。

2. 不断教育，不断提高

一个人素质的提高，不是通过一两次教育或一两次谈话就能奏效的，它是个复杂的转变过程。由于社区服刑人员的犯罪意识在短时间内还不可能完全消除，这就决定了对他们灌输的新思想、新知识不能完全占据他们的头脑，要在消除旧的思想意识的前提下，才能使他们树立新的思想意识。这就要求不但要对他们进行教育，甚至要反复教育。教育工作者要做好足够耐心的思想准备，要在教育中看到社区服刑人员的进步，要在社区服刑人员的进步中对他们进行反复教育，不断提高他们的素质，将他们改造成为新人。

（五）社会力量协助教育原则

社区矫正工作是一项系统的、复杂的教育改造工作，是在新形势下我国探索出的一种执行刑罚的新模式，是与监禁相对的一种执行方式。虽然过去我国判处缓刑的罪犯、裁定假释、决定监外执行的罪犯都由公安机关进行监督管理，但由于公安机关人力、财力、物力有限，这项工作基本上流于形式，没有形成完整的工作机制。近年来由于国外大多数国家不断推行量刑轻刑化、行刑社会化，已将非监禁刑作为执行刑罚的一种主要方法。我国为了适应国际社会司法制度发展的潮流，做到与国际社会接轨，借鉴国外非监禁刑的成功经验，积极利用社会各种资源，整合社会各方面的力量，将不断增多的罪行较轻、主观恶性较小、社会危害不大的罪犯或者经过监狱改造确有悔改表现、不致再危害社会的罪犯，由公安机关转移到司法行政机关，组织他们在社区中接受管理、教育和改造。

由于这种类型的罪犯，在社区非监禁处罚期间，分散居住在各自的家庭，在不同的单位工作，又有很大的行动自由，仅仅依靠司法行政机关是很难实施有效教育的。因此，必须发动社会各方面的力量，积极参与到对社区服刑人员的教育中，最大限度地发挥社会整合资源的合力作用。

社区矫正工作是一项综合性很强的工作，涉及司法工作、治安管理、社区管理、群众工作等诸多层面，各有关部门、单位及社会各方面要各司其职，各尽其责，密切配合，相互协作，形成整体合力。

在社区矫正工作中贯彻协助教育原则，应做到以下几点。

1. 以基层司法行政机关为主，公、检、法、监狱积极配合

根据“两院两部”《关于开展社区矫正试点工作的通知》，司法行政机关具体负责社区矫正的管理和教育工作。因此，司法行政机关是社区矫正的执行机关，承担着对五种罪犯的日常管理工作，公、检、法机关除了做好正常的有关社区矫正衔接工作，还要配合司法行政机关利用各种途径如办案、调查访问等，采取多种形式如个别谈话、回访、图片展览、宣传报道、现身说法、问卷调查等，继续做好社区服刑人员的认罪服法和行为规范教育。

公安派出所要建立与社区矫正机构的联系制度，并确定一名民警为社区矫正工作联络员，定期了解社区服刑人员的现实表现，参与对社区服刑人员的教育和日常评议、考核工作，并在日常的治安管理工作中，对社区服刑人员进行个别教育。

人民法院主要是在审理案件以及处理社区服刑人员的申诉、减刑案件时，加强庭审教育，调节钝化矛盾，促使罪犯认罪服法，真诚悔改。

检察机关主要是利用法律监督之机，配合社区矫正机关宣传法律知识，进行思想教育，维护社区服刑人员的合法权利，促使社区服刑人员认罪服法，踏实改造。

监狱机关主要是在对假释、暂予监外执行和附加剥夺政治权利的罪犯出狱释放时进行出监诫勉教育，告知在社区矫正期间的权利和义务及遵守各项监督管理规定，在定期检查监督时进行遵纪守法教育。

2. 发动社会力量，积极参与社区矫正教育

我国的社区矫正工作虽然开展时间不长，但它是一项系统的、综合性的工作，涉及社会的方方面面，是社会治安综合治理的重要组成部分。社区矫正机关要利用国家和各级政府给予社区矫正工作的一系列支持政策，充分调动社会各方面的资源力量参与社区矫正工作，利用社会现有资源建立爱国主义基地和法律教育、技术教育基地，开展形式多样的教育活动，整合社区各种资源，发展建立社区志愿者和社区服刑人员“一对一”的帮教关系，共同做社区服刑人员的思想教育，促使社区服刑人员认罪悔罪，消除不良心理，增强法律意识和道德素养，成为适应社会的公民。

社区矫正机关在接受社区服刑人员之初，在办理入矫登记手续 7 日内，对其单位和家庭情况要进行走访了解，确定监督人，组成监督、帮教考察小组，与监督人签订监督、帮教协议。监督人由社区服刑人员的配偶或其他有监督、帮教、管理能力的直系亲属担任。没有配偶或直系亲属的，可与其所在单位、居住地的居（村）民委员会的工作人员或有能力并愿意协助监督、管理、教育的近亲属担任。与此同时，还可以邀请社会上的专家、学者、退休干部、高校学生等社会志愿者对社区服刑人员进行“一对一”的帮教。

（六）因地制宜原则

“因地制宜”一词最早见于《吴越春秋·阖闾内传》：“夫筑城郭，立仓库、因地制宜，岂有天气之数以威邻国者乎？”贯彻因地制宜的原则，是指在社区矫正教育过程中，社区矫正工作者应当根据所处的具体环境采取适宜的办法实施教育矫正。这一原则是马克思主义辩证唯物论在社区矫正工作当中的具体体现。

贯彻因地制宜的原则，应当区别不同的社区类型，采取不同的教育矫正措施和手段。按照费孝通先生的说法，社区是指“一个地方共同生活的人”。而社区是有不同类型和层次的，一般按照社区的结构、功能、人口状况、组织程度等综合因素，可以把社区分为农村社区、小城镇社区和城市社区三种类型。这三种不同的社区类型在管理水平、组织文化以及硬件设施方面有很大的区别，所以应当区别不同的社区，因地制宜地开展社区教育矫正工作。

在比较发达的城市社区和小城镇社区，往往可以利用较为完善的社会组织管理机构和文化娱乐设施来教育矫正社区服刑人员。而在农村社区，就应当利用农村邻里关系比较密切的优势对社区服刑人员开展教育矫正工作。

另外，贯彻因地制宜的原则还应当区分学习、劳动、生活等不同场所，随机应变地采取相对适合的方式方法开展教育矫正工作。

第三节　社区矫正教育内容

一、社区矫正教育内容的概念和特征

（一）社区矫正教育内容的概念

社区矫正教育内容是指在社区矫正教育工作中，社区矫正教育者对社区服刑人员开展的教育矫正的内容。按照教育学理论，教育内容是教育构成中的重要因素。首先，教育内容是联系教育者和受教育者的中介。其次，最佳的教育内容是目的性与对象性的统一。教育内容内在地包括教育目标。因为教育目标是教育活动所要达到的预期结果，也是衡量教育活动效果的标准，是教育内容传授的出发点和归宿。

在社区矫正教育中，教育内容对于实现社区矫正教育目标、提升社区矫正教育效果至关重要。常言道：一把钥匙开一把锁。只有针对社区服刑人员的具体情况，选择合适的教育内容，才能够收获良好的教育效果，否则，只能是事半功倍。因此，在社区矫正教育工作中，我们一定要精心设计教育内容，努力使社区矫正教育内容富于时代感、现实性、针对性和亲和力，从而增强社区矫正教育的科学性和有效性。

（二）社区矫正教育内容的特征

1. 针对性

教育内容具有针对性，是指在社区矫正教育过程中根据服刑人员的不同类型、不同情况等客观条件，合理地设置教育内容。矫正教育的内容既要符合时代要求，又要保持不能与社区服刑人员的认识相脱节。社区服刑人员构成较为复杂，其特殊性决定了教育矫正工作是一项繁重的任务。社区服刑人员多来自不同环境，有由监狱假释、监外执行暂时转出的，有看守所出来的，还有人民法院判决后直接交付执行的，每个服刑人员的性别、年龄、性格、家庭环境、受教育程度、犯罪原因、所判刑期、认罪态度等情况各不相同。因此，社区矫正者需要查阅档案，调查、走访、掌握每个服刑人员的基本情况后，及时发现问题，针对不同情况妥善处理，耐心教育。可见，对具体服刑人员情况及变化采用有针对性的教育内容是最佳路径。

2. 多元性

教育内容具有多元性来自社区矫正的“社区参与性”，是指教育内容的实施者来自不同群体。“监狱教育改造的主体是监狱人民干警，主体比较单一。社区矫正教育主体不仅有社区矫正工人员、社会工作者和志愿者，还有社区服刑人员的家属、所在单位、就读学校、居住的社区等”，这体现了多元主体。社区矫正活动立足于社区，依赖于社区，社区群众的广泛参与不仅能增加教育内容的广度，也会提升教育内容的深度。另外，社区服刑人员的多方面需求也要求教育内容的多元性，既有生存方面，又有发展方面；既有物质方面，又有精神方面；既有思想教育方面，又有行为矫正方面。

3. 实效性

教育内容具有实效性，是指通过社区矫正工作者对社区服刑人员实行阶段性的矫正教育后，社区服刑人员能获得一定的变化或进步。对社区服刑人员矫正的目的是稳定社会秩序，转变其犯罪的思想意识，使之顺利地回归到正常生活状态中。对社区服刑人员的矫正教育，要从他们自身的实际出发，不能停留在空洞的理论说教上。例如，在进行思想政治教育时，要使他们树立正确的人生观、世界观、价值观，理论的学习只有联系实际才会变得生动而具体，要结合服刑人员自身情况、身边人和事进行剖析，使他们真正领会和掌握精神实质，积极主动地向模范人物学习、向身边的榜样学习。在进行法律知识教育时，通过学习一些实用性的法律，使他们学会如何运用法律武器来维护自己的合法权益。在进行职业技能教育时，要选择有就业需求的或者市场前景好的项目，使他们学到技能后就能顺利找到工作，从而消除他们的后顾之忧，稳定他们的思想，使他们安心接受教育矫正。

二、社区矫正教育内容的分类

社区矫正教育内容分为常规性教育内容和辅助性教育内容。

（一）常规性教育内容

“社区矫正和监狱管理是对服刑人员执行刑罚的两种基本方式，具有相关性，他们在管理中相互衔接有机结合。虽然两者在惩罚方式上有区分，处遇上和执行场所不同，但两者实现的刑罚目的是共同的，两者在运用手段上也有许多共同之处。”由此社区矫正作为一种刑罚执行方式，在监禁矫正的经验基础上，结合“两院两部”《关于开展社区矫正试点工作的通知》（2003 年）、《关于在全国试行社区矫正工作的意见》（2009 年）、《社区矫正实施办法》（2012 年，以下简称《实施办法》）、《全国社区矫正教育管理工作会议》（2015 年），司法部印发《司法行政机关社区矫正工作暂行办法》（2004 年，以下简称《矫正暂行办法》）等相关法律规范性文件对其教育活动内容做出部署的情况下，这就要求社区矫正教育内容应具备以下几个方面。

1. 形势政策教育

形势政策教育是社区矫正的核心内容之一，是整个社区矫正活动成败的关键，最终目的是矫正服刑人员的犯罪心理和行为恶习，将其转化为守法公民，并最终促使其顺利回归社会。形势政策教育主要是为了引导社区服刑人员跟上时代的步伐，适应不断发展变化的客观形势，理解我国社会发展的阶段性特点，从而适应大环境，安心接受矫正。

形势政策教育力图增强社区服刑人员接受矫正的主动性、适应社会的能力和重塑自我的信心。通过对法律常识、社区矫正相关知识和规定、就业形势、社会救助政策以及国情的学习，增强社区服刑人员的守法意识，强化其服刑意识，增强其接受矫正的主动性，提高其社会认知水平，从而增强其社会适应能力。

第一，新时代开展形势政策教育，根本目的在于让服刑人员知晓形势政策、明确目标任务，为全面建成小康社会提供有力思想保证和强大精神动力，使宣传教育的过程成为统一思想、凝聚力量的过程，成为推动科学发展、促进社会和谐的过程。

第二，对服刑人员加强法律方面的教育。一方面，增加社区服刑人员的法律知识，使他们强烈地认识到犯罪是要受到惩罚的；另一方面，让潜在的犯罪人看到违法必究的后果，使其消除企图逃脱惩罚的侥幸心理，从而作出放弃犯罪的决定。

第三，通过形势政策教育，一方面，要加强对服刑人员的学习教育培训，使他们不致丧失工作和教育机会，根据时代的发展，合理制定和实施各项方针政策和工作措施，更好地保证社区服刑人员的权益；另一方面，服刑人员与大家共处在同一社区，使他们有机会获得社会力量的关注与帮助，在物质上和精神上顺利渡过难关，自觉主动地接受矫正，从组织上将这些力量融合在一起，对社区服刑人员进行帮困解难，如为他们提供栖身之地，帮他们找个工作维持基本生活，政府提供相应的生活保障，关心他们的吃喝住行和冷暖情知，鼓励他们通过劳动满足基本的生活需求，对社区服刑人员的行为矫正进行全面的支持与监督，使社区服刑人员尽早浪子回头。

2. 思想道德教育

思想道德教育是社区矫正教育中的核心内容，具有举足轻重的作用。思想道德反映人的基本素质，体现着人们协调各种关系、处理各种问题时所表现出来的对是非善恶的判断能力和行为选择能力，是政治素养、道德品格和法律意识的综合体，决定着人们在日常生活中的行动目标和方向。服刑人员之所以走上犯罪道路的重要原因是思想观念出现了偏差，走入了误区。因此，对服刑人员开展思想道德教育是非常必要的。

（1）“三观”教育。随着时代的发展，物质生活水平的提高，社区服刑人员不免奉行错误的享乐主义、金钱万能、颠倒的是非观念以及极端的个人主义等错误思想和腐朽观念，这些成为其犯罪的精神动力，人生观、世界观受到严重影响。因此，根据社区服刑人员的实际情况，通过批判错误思想，摆事实讲道理，以社会主义伦理道德和中华民族传统美德为主要内容展开教育，使之明确人生意义和价值，端正人生态度，引导其树立正确的理想观、幸福观、荣辱观、价值观等。

（2）道德规范和道德修养。应当向社区服刑人员讲解“仁爱”原则，在与人相处中，应当设身处地为对方考虑，处理好个人与国家、集体的关系，婚姻家庭关系，邻里关系，工作关系。诚实守信是中华民族的传统美德，孔子说，可以“去兵”“去食”“民无信不立”，意思是，人不可言而无信。尽管世事更替、时代变迁，但中华民族讲究诚信的精神始终延续不断。引导从事各行各业的社区服刑人员在工作岗位上遵守诚实劳动、实事求是，杜绝弄虚作假、虚假浮夸，加强个人思想道德修养，讲诚信、讲道德，言必信、行必果，诚心做事，诚实做人，言行一致，表里如一，自觉端正态度，坚守道德规范。社区工作人员要勤沟通、勤掌握服刑人员的思想状况，抵制浮躁、缺乏责任意识的心态，培养社区服刑人员的正确道德判断能力，使其坚持良好的道德意志和行为准则。

建立荣辱观，明确何为光荣，何谓耻辱，既要让社区服刑人员见荣知荣，又要让社区服刑人员见耻知耻。把荣誉教育和耻辱感教育结合起来，形成褒扬真善美、贬斥假恶丑的鲜明导向和浓厚的氛围，使服刑人员自觉进行自我反省、自我批判、自我激励，更加注重自我教育、自我约束、自我提高，努力提升道德境界。

3. *法制教育*

法制教育是指社区矫正工作人员对社区服刑人员关于法律知识的宣传与讲解，教育其在日常生活中要学法、知法、守法、服法、用法，增强法律意识和观念的教育活动。从社区服刑人员犯罪原因的统计数据分析，大多数人犯罪是源于法制观念淡薄，法律知识缺乏，法律意识缺失。开展法律教育是矫正服刑人员的重要途径，宣传法律知识有利于服刑人员认罪服法、安心矫正，有利于罪犯摆脱法盲或半法盲状态，减少重新犯罪，增强法制观念，养成守法的好习惯，并帮助其成为知法、守法的公民，从而维护社会和谐稳定。

(1) 社区矫正制度。社区矫正工作者应当向社区服刑人员阐明社区矫正性质，在社区中完成刑罚执行，告知社区服刑人员开始“在刑”状态，以及关于矫正的各项管理规定、矫正流程、权利义务、接受教育、参加社区服务、考核奖惩等内容，严格遵守监督管理的各项规定，以及承担违反规定的后果及责任。此外，对于管制刑和宣告缓刑的社区服刑人员，应加强在刑意识教育及告知刑法及司法解释关于“禁止令”的相关规定。

(2) 法的基本知识和现行法律规定。法的基本知识包括法的概念、特征，要向社区服刑人员特别强调法的强制性这一重要特征，教育社区服刑人员一定要遵法、守法，强调社会主义法制的基本内容——有法可依、有法必依、执法必严、违法必究。现行法律规定主要包括宪法、刑法、治安管理处罚法、刑事诉讼法、民法、民事诉讼法、婚姻法、劳动法等内容。社区矫正工作者应当结合社区服刑人员的实际情况进行法制教育，这样社区服刑人员才能认清其“错误的行为”已构成犯罪，避免再次犯罪的可能，消除侥幸心理，认罪服法，服从管理，接受教育矫正。同时，通过对法律的学习，社区服刑人员能够增强法律意识，学会运用法律保护自己的合法权益。

4. 心理健康教育

《司法行政机关社区矫正工作暂行办法》第三十条规定："司法所应当聘请社会专业人员，定期为社区服刑人员提供心理咨询服务，开展心理健康教育。《社区矫正实施办法》第十七条规定："根据社区服刑人员的心理状态、行为特点等具体情况，应当采取有针对性的措施进行个别教育和心理辅导，矫正其违法犯罪心理，提高其适应社会能力。"由此可见，心理矫治是社区矫正的重要环节，心理健康教育任重而道远。

（1）心理健康教育的含义。

心理健康，是指精神、活动正常、心理素质好，突出表现在社交、生产、生活上能与其他人保持较好的沟通或配合。心理健康知识教育是社区矫正中的一个重要组成部分。司法行政机关通过有组织地对社区服刑人员进行集中教育和个别教育，对社区服刑人员进行心理健康知识的普及和教育，使社区服刑人员掌握心理健康的标准与维护技术，学会识别异常心理，从而及时调节和控制自身的心理状态，维持健康而良好的心理状态，以积极的态度接受改造。另有学者认为，社区服刑人员心理健康教育是指社区矫正工作机关有关人员根据社区服刑人员的生理、心理的特点，并结合社区服刑人员的特殊心理，运用有关心理科学与教育科学的基本原理，通过多方途径、方法与手段，有目的、有组织、有计划地对其心理素质的各个方面进行积极的教育与辅导，提高社区服刑人员的心理素质，促进其身心全面和谐发展，提高其适应社会能力，帮助其回归社会的教育活动。

以上两种概念分别从不同视角对心理健康教育做了详细表述。心理健康教育是心理矫治工作的一部分，是社区矫正人员对服刑人员进行的心理健康知识宣传活动，目的是使社区服刑人员对自身的心理问题进行自我调节、自我矫治，积极地引导并促进服刑人员有效地适应社会生活，防止其再次实施犯罪。这里的心理健康教育仅指社区矫正机关为了实现服刑人员心理健康教育的目标而选择的教育，其内容及活动有利于帮助服刑人员提高心理素质，有利于他们顺利回归社会。

"了解罪犯的不同犯罪原因，制定有针对性的矫正方案，就像治病一样，病因找得准，药方才能下得正，从而治病的效果才会好，改造罪犯的质量也就会有较大的提高。"因为社区服刑人员作为特殊群体，其违法犯罪行为是在犯罪心理的驱使下进行的，而违法犯罪心理的形成是受主体内各种因素的影响和制约的。社区矫正教育就是要矫正犯罪分子的罪错心理和不良行为习惯。实践中社区矫正工作者（专业人员）要根据对服刑人员的心理咨询和心理测验结果进行有针对性的心理健康教育。

（2）心理健康教育的主要内容。

目前我国社区矫正心理健康教育还没有形成自己的教育内容，一般罪犯心理健康教育教材的内容采用监狱系统的模式。心理健康教育具体包含以下方面：认知模式的教育；积极情感教育；意志力和生活方式教育；人格健全教育；自我意识教育；人际和谐教育。

在社区中对服刑人员开展心理健康教育应从三个层面开展。其一，认知层面。认知是认识外界事物的过程，人通过心理活动获取对事物的态度，包括感觉、知觉、记忆、思维等心理现象。认知心理实际是一个动态的心理感知过程，不同的人在相同的环境下会有不同的认识，产生不同的情绪。如果恐惧、孤独、失落等不良情绪长期存在，就有可能发展成为严重的心理障碍。其二，人际关系层面。人与人之间的交往关系，可以判断出人的社会适应能力。与生活中的家人、亲戚、朋友、邻居、同事交往关系的好坏、远近可以反映出心理健康水平的程度。健康的心态促使服刑人员积极主动适应环境，不逃避、不退缩，妥善地面对问题、解决问题。良好的人际关系是维持个性平衡和个性正常发展的重要条件，任何人际矛盾和冲突的发生都会对其心理和行为造成不良的影响。保持良好的人际关系，需要相互认识、理解，彼此互相尊重和信任。其三，行为层面。喜、怒、哀、乐是人的表情，反映人的情绪，成功时会喜悦，行动积极；受到挫折会失望甚至愤怒，眼神迷茫行动迟缓。老子曰："知人者智，自知者明"，人要了解自身、接纳自己，才能理解他人。常言道，"人贵有自知之明"，就是说能清醒地认识自己、对待自己，这才是最聪明的，最难能可贵的，也会逐渐形成积极的自我观念、积极的情感表达。研究发现，非监禁型服刑人员有以下特点：① 缺乏自信，对未来感到悲观，过分敏感，对环境处处不满，多有躯体不适，紧张焦虑；② 以自我为中心，人际关系浮浅，易感情用事，急躁易怒，自我克制能力差；③ 不能适应家庭婚姻关系，不体谅别人，任性利己，反抗社会约束，逃避现实甚至脱离现实。

研究表明，犯危害公共安全罪，破坏社会主义市场经济秩序罪，侵犯公民人身权利、民主权利罪，妨害社会管理秩序罪的社区服刑人员的内外因子显著高于普通人。人格特征中情绪稳定性是影响社区服刑人员的心理健康状况的主要人格因素。情绪稳定性反映的是正常行为，分数越高越有可能产生强烈的情绪反应，以至于出现不够理智的行为。这说明社区服刑人员在日常生活中容易出现认知方面的偏差，产生消极情绪，影响到适应环境的能力及身体健康。社区工作必须注重服刑人员的人格认知训练，使其能够做到对人格缺陷（情绪稳定性）的控制。

5. 职业技能教育

职业技能教育是指社区矫正机关整合社会资源，协调有关部门对社区服刑人员开展职业技术教育，重点是对有劳动能力、没有固定工作、没有职业技术的或者经历监禁假释出狱后缺乏社会适应能力、没有职业技能的服刑人员进行职业技能培训，帮助他们掌握一定的职业技能，提高就业竞争能力，实现自食其力。

《社区矫正实施办法》第十八条规定，司法行政机关应当根据社区服刑人员的需要，协调有关部门和单位开展职业培训和就业指导，帮助落实社会保障。此外，2014 年 9 月司法部等六部委联合发文《关于组织社会力量参与社区矫正工作的意见》指出“着力解决社区服刑人员就业就学和社会救助、社会保险”等问题。

人力资源和社会保障部门负责对有需求的社区服刑人员进行职业技能培训，并将其纳入本地职业技能培训总体规划中。符合条件的社区服刑人员可以申请享受相关就业扶持政策，接受公共就业服务机构提供的职业指导和职业介绍等服务。可见，职业技能培训是社区矫正任务之一，也是解决就业问题的关键环节。“研究发现非监禁服刑人员在后期的心理矫正中均表现出的最大忧虑是工作问题。”为了促进服刑人员尽早适应社会生活，社区矫正部门协商、联合辖区内的有关部门开设课程培训，坚持政府组织、本人自愿、免费培训的原则。例如，2012 年福建省古田县泮洋乡司法所邀请县农业局、食用菌研发中心技术人员为全乡社区服刑人员举办职业技能培训。以食用菌栽培、果树种植和水稻种植等内容为主，实行“三统一、三免费”，即所有参训人员统一安排伙食，统一集中授课，统一考核鉴定；免费提供伙食，免费提供培训教材、学习用品，免费进行实践操作。

在开展职业技术教育培训过程中，应当注意以下几个方面。

（1）教育内容要有针对性。在社区内开展职业技能培训，要有选择性地开展适合服刑人员就业的职业技能项目培训，例如汽车驾驶学校、电脑维修、烹饪、修理、家政服务、零件加工等行业。还要考虑到服刑人员的个体学历水平。服刑人员文化程度较低时，可培训技术含量较低的生存技能。当然，也可以根据自身文化程度及兴趣做出适合的选择。考虑服刑人员自身特点，可以根据多种层次，设置多个培训项目，让服刑人员有自主选择的余地。也可以一个人学习多个职业技术，目的是为服刑人员提供更多的就业机会。

（2）教育内容要符合市场需求。社区矫正部门或委托的培训机构要结合社会发展形势，以市场为导向，适时调整、安排培训项目。同时，加强职业技术培训与就业指导的紧密联系，就业指导本身是劳动部门的一项职能，会带给服刑人员就业方面指导，有效避免资源浪费与流失。及时了解市场需求，开展具有市场竞争力的职业技能培训，坚持职业技能教育工作与时俱进。

总之，在教育过程中，要结合社会实践和服刑人员的实际情况，对服刑人员进行相关理论知识的传授，提高服刑人员的认识水平。同时，引导服刑人员，把所学的理论知识与他们的日常改造活动结合起来，用理论作为指导，解决现实中遇到的问题。切实运用理论联系实际原则，既能够有效防止只讲实践而不以理论为指导的莽撞瞎干，又能防止只讲理论而不联系实际的空洞说教。

（二）辅助性教育内容

1. 文化教育

“文化”是一个非常广泛的概念和社会现象，是人们长期创造形成的产物，也是一种历史现象，是社会历史的积淀物。“文化教育”是人类在社会历史发展过程中所创造的物质和精神财富的总和。社区矫正中的文化教育是指对服刑人员开展文化知识的教育。监狱对罪犯也开展文化教育，但仅是针对不同文化程度开展的扫盲教育、小学、初中、高中的知识教育。笔者认为，监禁矫正和社区矫正在矫正内容上是存在区别的，社区服刑人员接受教育的内容要广阔些，这是由社区参与性所决定的。因此，这里的文化教育内容不应仅限于文化知识的教育，还要包含中国传统文化教育和社区文化教育等内容。

（1）文化知识教育。知识性讲解主要针对未成年人，未完成国家规定的义务性教育内容，由社区矫正机关协调相关职能部门并督促其法定监护人，来帮助未成年的服刑人员完成国家规定的义务性教育。对于成年的服刑人员可以根据年龄、文化程度灵活进行，如建议参加社区学校，社区根据居民学习需求设置课程，专题培训，教育（英语、计算机等）内容培训，讲座、知识竞赛，文体社团活动，以及小俱乐部活动。

（2）中国传统文化教育。儒家思想倡导“仁、义、礼、智、信”。《论语·颜渊》载：“樊迟问仁，子曰：‘爱人’。”阐明“仁爱”思想，阐释“仁爱”实质，传达人格的至高境界。将“仁爱”化作为人为事为生活的方方面面。“性善论”，教导人们要有恻隐之心，丑恶之心，辞让之心，恭敬之心。“和”文化，以和为贵，与人为善，己所不欲，勿施于人……。这些内容蕴含了丰富的道德规范内容，有利于抑制犯罪和预防犯罪。社区服刑人员是“监禁”在社区中极为特殊的群体，因偏离了正常的人生轨迹，以“恶行”给他们和社会造成了一定程度的危害。传递“小爱”汇聚“大爱”，形成以家庭、社会、国家关怀为体系的爱，感化、教育社区服刑人员。

“大力培育宽容的社区文化，宽容的社区环境能够使服刑人员更好地塑造完善的人格，改正不良的品行。让居民与服刑人员形成良性互动，通过各种信息媒体及举办广场文艺演出、出黑板报、法制宣传栏、散发宣传材料开展形式多样的宣传活动，使更多的居民参与到监督、帮助、管理中，改正服刑人员的不良行为方式。”利用社区环境改善服刑人员的思想意识、行为，体现文化教育的深层意义。

2. 艺术教育

无论是在社会生活中、大自然中，还是在艺术宝藏中，美的现象总是千姿百态，多种多样，并无处不在。美的事物从形式到内容，都体现了蓬勃向上的活力，象征着光明和进步。美，能够渗透到人的心灵深处，使人的心灵净化，使人格变得高尚。对社区服刑人员的艺术教育，可以引导其领略自然美，培养其审美观念、审美情趣，提高其感受美、鉴赏美和创造美的能力，使社区服刑人员心智得以发展，心胸得以开阔，情操得以陶冶，心灵得以净化，从而认识到其犯罪行为之罪恶，犯罪心理之丑恶，并予以自觉改造和矫正。

对社区服刑人员的艺术教育，首先是培养社区服刑人员的审美感受力，也就是社区服刑人员对音乐、书画、舞蹈等艺术美的体验和接受能力。马克思曾说过：“只有音乐才能引起人们的音乐感觉；对于非音乐的耳朵，最美的音乐也没有意义……”，艺术教育首先可以使社区服刑人员准确而全面地感受到存在于客观世界的美好的东西。其次是教育社区服刑人员树立正确的审美观，改变其情趣低下、美丑不分、善恶颠倒、荣辱易位的错误审美观。再次是改变社区服刑人员的审美情趣，社区服刑人员的审美情趣大多是低级庸俗的，例如，他们对不择手段弄钱感兴趣，对黄色录像、照片、淫秽小说感兴趣，对挥霍无度、醉生梦死等感兴趣，通过艺术教育可以使社区服刑人员形成健康的审美情趣，追求正义、进步、崇高、光明、美好的事物。最后，社区服刑人员过去在社会上的犯罪行为，是对美的破坏，通过艺术教育可以培养社区服刑人员创造美的能力，并在矫正实践中创造美的同时，也创造出一个新的自我。

第四节　集中讲评的实施

一、集中讲评的类型

社区矫正教育过程中，由于讲评的专题、讲评的形式不同可以分为不同的类型，常见的有以下几种类型。

（一）思想教育讲评、劳动讲评、学习讲评和活动讲评

集中讲评根据教育专题的不同，可以分为思想教育讲评、劳动讲评、学习讲评和活动讲评。

思想教育讲评、劳动讲评、学习讲评和活动讲评都是围绕对社区服刑人员开展的思想教育、社区服务、文化技术学习、遵守纪律等专题进行的讲评。讲评的内容应根据思想教育、社区服务、文化技术学习、遵守纪律等专题的不同情况，给予恰当的评价。表扬和鼓励在专题性活动中表现突出的社区服刑人员，批评和教育活动中出现的不良现象和行为，教育引导社区服刑人员，促使他们成为合格的守法公民。

（二）会议讲评和现场讲评

集中讲评根据讲评形式的不同，可以分为会议讲评和现场讲评。会议讲评主要是指把全体或部分社区服刑人员集合一起，就矫正中社区服刑人员的思想教育、生产劳动、文化技术学习以及各种活动等情况，由专人进行讲解和评述。这种类型的讲评教育是事先有计划的，地点一般设在专用的场所或其他适合讲评的地方，讲评内容涉及社区服刑人员矫正诸多方面，时间较长。现场讲评主要是指为解决社区服刑人员在矫正、劳动、学习等现场中产生的问题，多数运用列队形式，进行教导和告诫的一种讲评，如活动开始和结束前后的讲评。这种讲评多为解决社区服刑人员矫正现场中产生的突发性、临时性问题，形式要从简、时间要从短，阐述明确，语言简练，逻辑性强，富有说服力。

二、确定主题

集中讲评的主题是讲评者在对社区服刑人员进行讲评教育过程中，通过讲评

的全部内容和讲评方式所表达出的中心思想。主题是讲评的核心，它贯穿着讲评教育的全过程，体现讲评者对社区服刑人员在矫正过程中的思想、行为的认识和评价。确定讲评教育的主题必须坚持从实际出发，讲评者通过深入观察社区服刑人员矫正的客观事实，大量掌握社区服刑人员矫正的材料和相关知识、信息，而后对材料进行归纳分析，结合自己掌握的相关法律知识、业务知识等，深入思考之后拟订讲评教育的主题。讲评教育主题的确定应做到正确、鲜明、集中、深刻。

（一）正确

主题正确一般表现为正确的观点和主张，或反映事物的普遍真理和某种科学的信息。这是对讲评教育主题的最起码要求之一，或者说，是对主题的思想性、科学性的要求。因为主题正确与否，直接关系到讲评教育的好坏成败。讲评只有主题正确，才会对社区服刑人员的矫正产生积极的意义，反之，则会产生消极的影响。

（二）鲜明

讲评教育主题一定要明确，其倾向性一定要鲜明确切，绝不可含糊笼统，或模棱两可，前后矛盾。比如，讲评者对社区服刑人员矫正过程中表现的是非、美丑等观念，应在讲评时保持始终如一的鲜明态度和明确观点，不能似是而非，含糊不清。

（三）集中

集中主要指的是讲评教育时主题应当简明和单一，突出讲评教育的中心，不宜同时存在两个或者两个以上的主题。否则，讲评者自己会顾此失彼，同时也会造成社区服刑人员在听讲过程中注意力分散，导致成效不明显。

（四）深刻

深刻是指主题的深度，即主题不能仅仅停留于社区服刑人员矫正表面现象的罗列和叙述，而应该通过对社区服刑人员思想和行为的深入、细致地观察，对社区服刑人员存在问题的反复思考，抓住关键点，确立深刻和新颖的主题。

三、撰写提纲和讲话稿

（一）撰写提纲

编写讲评提纲有助于讲评者理清思路，突出重点，避免文不符题、主次不清、层次紊乱。讲评教育提纲的撰写就是组织材料，在确定中心后，把要讲评的内容用简明的文字拟出一个计划。提纲要拟得简明准确，切实具体。它的基本格式一般包括：讲评的主题，讲评顺序，即讲评的开头语、讲评的主要内容、讲评最后的结束语。讲评教育提纲的撰写可繁可简。最简单的提纲只有几十个字，只用一张纸片就能写下，有的讲评提纲长达几百个字。可以根据每一个讲评者的实际情况、习惯爱好而异。当然也不应把提纲变成公式，即使是同类专题的讲评，也不宜用同一格式的提纲。

（二）撰写讲话稿

把准备在讲评教育时说的话事先写下来，这样不仅可以缓解讲评者在讲评时紧张、局促不安的心理，能较好地把握和支配时间，把所讲的内容从容不迫地讲出来，避免丢三落四或虎头蛇尾情况的发生；而且可以确保讲评教育内容的正确、讲评教育的过程完整，使讲评教育的条例富有逻辑性，把教育内容表达得更加精确和完美。对社区服刑人员的讲评教育讲话稿，可以根据不同的内容、对象和要求，灵活安排其结构，但是，一般都离不开标题、正文和结尾三部分。

1. 标题

标题，即讲话稿的题目，是讲话稿的有机组成部分，不少讲话稿的标题就是讲评教育的主题。恰当的标题可以对讲评教育起到画龙点睛的作用。讲评教育讲话稿的标题有直接标明主题，指出内容范围，设问、反问、感叹以显示主题倾向，提出问题，引起深思等形式。

2. 正文

讲话稿的正文包括开头和主体两大部分。开头要简明扼要，点到即可。常见的方法有叙述式、设问式、比喻式和评议式等。主体是讲话稿的核心，是讲评教育效果好坏的决定性部分。讲话稿的结构有两种：并列式，就是把要讲的问题分成几个问题以并列的方式展开，集中阐明讲话的中心论点，其先后次序不那么固定；递进式，就是围绕着讲话稿的中心问题，各部分层层递进，每一部分不可缺少，前后顺序也不能颠倒。当然，在一篇讲话稿中，两种方法可以互相交叉，即以一种方法为主，在某一部分即层次中用另一种方法。

3. 结尾

结尾是讲话稿的最后部分，它可以通过对讲评过程的总结，对社区服刑人员提出要求的形式，使他们对讲评教育形成清晰、完整、深刻的印象。也可用抒发感染的语句的形式作为讲评的结束语，引起社区服刑人员的情感共鸣，把讲评推向高潮。还可以赠与名言的形式，给社区服刑人员以启迪而达到教育目的。

四、集中讲评的技巧运用

（一）掌握情况，准备充分

磨刀不误砍柴工，讲评者要在集中讲评中取得良好的效果，必须在讲评教育前做好充分准备。首先，要熟练掌握社区矫正的各种法律、法规以及社区服刑人员的奖惩规定等；其次，要深入社区服刑人员的生活、劳动、教育等现场，了解掌握社区服刑人员的各种信息，及时与其他社区矫正教育工作者沟通交流社区矫正中出现的情况、问题；最后，要根据集中讲评类型的不同，确定正确、鲜明、集中、深刻的集中讲评主题，并事先撰写讲评教育的提纲以及讲评教育的讲话稿。

（二）注重情理结合

集中讲评的目的，不仅是及时总结社区服刑人员在生活、社区服务、教育等矫正现场的情况，而且是通过对社区服刑人员思想、行为的评价，使他们能够深入思考，提高认识，明确矫正方向，积极矫正。因此，讲评者经常需要摆事实、讲道理，需要去说服社区服刑人员，以达到教育的目的。说理不是一般的传播与交流信息，而是要以正确的道理、良好的意图和真挚的情意来转变社区服刑人员的思想认识，从而向教育目标靠近。

要善于摆事实、讲道理，以理服人。讲评时，讲评者要有条不紊地阐述事件的理论依据，这些理论应是社区服刑人员理解的理论；说理时哪些先讲，哪些后讲，哪些重点讲，哪些反复讲，前因后果，来龙去脉，要交代得清清楚楚；要大量举出发生在社区服刑人员周围的真人真事来证明要说服的道理。只有打破社区服刑人员原有的认知结构，才能重新组建正确的认知结构。要注意说理不是支配，不是命令训斥，而是平等交流。只有平等待人、尊重社区服刑人员才能心理相容。美国前总统林肯说过："假如你在支配他人判断，命令他人行动，或是冷落、鄙视他人，那么他就会退居自己的堡垒，关闭一切通向他的大脑和心灵的道路。"所以，对待社区服刑人员存在的一切思想认识性质的问题，只能说服，不能压服，压服往往压而不服。

要坚持以情感人。说服别人，先要通情，方能达理。说服的方法尽管有好多种，但一切方法都是为了一个目标——通情。通情就是感情上的沟通，也就是心理相容。因此，讲评时话语要坦率，推心置腹，以真换真，以诚对诚。要讲出真情实感，不掩饰、不回避，对真、善、美热情讴歌，对假、丑、恶无情鞭挞。浓浓的情感溢于言表，使社区服刑人员闻其声、知其言、见其心，达到情感上的融合、思想上的共鸣、认识上的一致。

（三）注意表达的语言艺术

1. 戒除口头禅，克服坏习惯

要使讲评教育的表达引起社区服刑人员的注意，求得他们的共鸣。最要紧的是语言字字闪光，句句有力，虽然不能像机关炮，扫射得他们头冒金星，丈二和尚摸不着头脑，但也不能语言拖沓，表达紊乱，口头语充斥全篇。讲评中常见的口头禅如"好像""也许""说不定""这个""那个""那么""是不是""对不对""嗯""啊""好吗""行吗""就是说""后来呢"等，这些口头禅会减弱表达的效果，影响社区服刑人员的情绪。口头禅会使个别语句反复出现，破坏语言结构，使语言断断续续，前后不连贯，每一次口头禅的出现，等于一次切割，把整个过程切得支离破碎，给人以断续、离散之感。口头禅是一种相似的模式，令听众觉得平淡、枯燥，十分影响表达效果。有人把口头禅比喻为"语言的肿瘤"是有道理的。因此，讲评教育中一定要戒除口头禅!

2. 语言表达要精练、准确

讲评教育过程中要用简洁的语言表达丰富的内容，尽量少用附加词，用最贴切的语言表达讲评的内容，不能含糊不清，似是而非。周恩来总理在1954年做过一次精彩演讲，打动许多人的心。让我们回顾一下："我们认为，美国的这些侵略行为应该被制止，亚洲和平应该得到保证。亚洲各国的独立和主权应该得到尊重，亚洲人民的民族权利应该得到保障，对亚洲各国内政的干涉应该停止，在亚洲各国的外国军事基地应该撤除，住在亚洲各国的外国军队应该撤退，日本军国主义的复活应该防止，一切经济封锁和限制应该取消。”这段话用了三组意义相近的词：①“制止、停止、防止”。侵略行为用“制止”；对内政的干涉用“停止”；军国主义的复活用“防止”。②“保证、尊重、保障”。和平说“保证”；主权和独立说“尊重”；权利和自由说“保障”。③“撤除、撤退、取消”。军事基地配“撤除”；军队配“撤退”；经济封锁配“取消”。讲话用词量丰富，词义分辨，处理细致，切实有力地表达了中国政府和人民的严正立场。只有具备深厚的文字功力，才能有如此震撼人心的、精练的、准确的语言表达能力。

3. 语言表达要清晰、流畅

讲普通话，发音准确，是讲评教育开展的最基本的要求。音不准，则语义不明，会使社区服刑人员听不懂或发生误会；方言土语、吐字不清、措辞含混、使人糊涂；声音洪亮、悦耳，使人听的舒服；语音准确清晰，使人听得明白。讲评者口头语言应流利畅达，使人听的轻松。流畅不等于越快越好，语速过快，话说得上气不接下气，使听者透不过气来。交替变换的语速，令人兴奋。沉稳缓慢的语速，使人有深沉、庄重的感觉。

4. 语言表达要生动、形象

形象的语言文字对神经系统有信号刺激。如“望梅止渴”的故事，一提及青梅，人们就会立即想到果酸味，嘴里便会生出口水。越具体形象越容易真切感知，所以讲评教育语言的生动形象，使社区服刑人员易于和乐于感知领会。讲评过程中一个新鲜而贴切的比喻可以使抽象的概念形象化，深奥的道理浅显化，复杂的事物明朗化，如给社区服刑人员讲两种不同的人生哲理时，用一串葡萄到手，一种人总是挑最好的先吃，另一种人则把最好的留在最后吃。照例第一种人应该乐观，因为他每吃一颗都是吃剩下的葡萄里最好的；第二种人应该悲观，因为他每吃一颗都是吃剩的葡萄里最坏的，不过事实上却恰恰相反，原因是第二种人还有希望，而第一种人只有回忆。如此一说，抽象的人生哲理就变得简明而生动。当然语言生动形象还要经常使用歇后语、俏皮语等。俗语、谚语、俚语、歇后语等语言形式，既富有口语的特点，又能一针见血、生动形象地说明问题。

（四）注意身体语言的运用

1. 姿态端庄大方

讲评者在讲评教育时身体姿态主要有站着和坐着两种。站着讲评时，要站直站稳，不能耸肩屈背，东倚西靠；坐着讲评时，要端正、自然、大方。同时站在或坐在讲话的位置上，要让每个社区服刑人员都能看得见你的表情，听得见你的声音，使他们感到你是和他们讲话。

2. 表情亲切、坦诚

罗曼·罗兰曾说过："面部的表情是多少世纪培养成的语言，是比嘴里讲的复杂到千百倍的语言。"讲评时讲评者的面部表情应该亲切、坦诚，而不应该摆出一副盛气凌人的嘴脸，也不应该显出自负自大的面孔，那样就会从心理上把社区服刑人员拒之千里之外。此外，表情还应该落落大方、自然得体、由衷而发，而不应该矫揉造作、生硬僵滞。

3. 心理镇定、放松

心理要镇定，紧张情绪大多数人都会有，而且是一种正常的反应。但这种压力如果太强大，得不到缓解，势必严重影响讲评教育的效果。因此要借助松弛法。如可以不断地告诉自己"放松，放松"，或者环视四周，或者活动活动身子，以释放因紧张而剧增的多余热能；或者深深吸气，再均匀而缓慢地吐出。

4. 目光调控自如

意大利著名艺术家达·芬奇有一句名言："眼睛是心灵的窗户。"研究证明，在各种器官对刺激的印象程度中，眼睛对刺激的反应最为强烈。各种器官各自所占比例分别为：视觉 87%、听觉 7%、嗅觉 1%。由此可见，目光的接触在沟通中是一项重要的行为技巧。讲评教育是同众多的社区服刑人员谈话，讲评者的眼神的变化要与讲评目的、内容一致，如热情诚恳的目光——亲切；平静坦诚的目光——稳重；闪烁俏皮的目光——幽默；冷淡虚伪的目光——不悦等。一个有经验的讲评者总是恰当巧妙地运用眼神的变化来影响和感染社区服刑人员，加强教育效果。如一般情况下讲评者的视线要保持平直向前流转，统摄全体社区服刑人员；可以有节奏或周期性地把视线从听讲的社区服刑人员群体的左方扫到右方，再从右方扫到左方，从前排扫到后排，再从后排扫到前排，不断地观察他们，与他们保持眼睛接触，观察他们的情绪和变化；对讲评时发现不安静或不注意听讲的社区服刑人员可以重点观察，当他们发现了讲评者的目光，就会触目知错，停止骚动、私语；当然，对于心理紧张的讲评者，还可以采用虚视法，即讲评者的眼睛好像看着什么地方，什么人，但实际上什么也没看。

5. 手势大方得体

手是人的第二副面孔，平常我们频繁地使用手势，传达多种信息。人们常常以拍桌捶腿表示“高兴”；频频捶胸表示“悲痛”；不停地搓手表示“为难”；拍拍脑门表示“悔恨”等。这些手势主要是增强表情达意的情感色彩，使语言更富有感染力。讲评时讲评者的手势运用要大方得体，不可做作，还要控制不良的习惯动作。

五、集中讲评的组织实施

集中讲评形式有现场讲评和会议讲评两种，两者在组织实施过程中有所不同。

（一）现场讲评的组织实施

现场讲评主要采用队前讲评的方式，由带队的社区矫正工作者组织。其基本程序较为简单明了，主要有：由带队的社区矫正工作者整队，清点社区服刑人员人数，实施讲评和将社区服刑人员队伍带回这几个环节。组织过程中，带队的社区矫正工作者应当注意自己的仪容、形象；选择适宜的现场讲评地点，背景要安静，避免无关刺激物分散社区服刑人员的注意力；同时带队的社区矫正工作者注意在队前站立的位置，必须能看见每一个社区服刑人员的表情，保证自己的声音能让每个社区服刑人员听到。

（二）会议讲评的组织实施

1. 会议讲评前的准备

讲评教育会场总体要求是整洁、安静、明亮、空气流通、大小适宜，会议设施一应齐备，会场的前方安排主席台与讲台。主席台应用长方形桌，上铺白色、天蓝色或其他颜色桌面。讲台不宜过大过高，应与讲评人的身材比例协调。台上方或后方悬挂会标，会标一般用红底白字。台前可放置花草盆景，使主席台整体上显得色彩和谐，赏心悦目。面对主席台的是听讲社区服刑人员的席位，席位之间不应太挤，便于进出活动。会场后方和左右可根据讲评内容悬挂横幅和张贴宣传标语，营造浓厚的现场氛围。

2. 会议讲评基本程序

在规定的时间里，社区矫正工作者带领社区服刑人员到达会议现场，接着整队，清点人数，坐下，组织社区服刑人员唱歌。讲评教育正式开始，由讲评者根据事先计划的教育主题进行施教，由主持人对会议讲评教育现场情况进行小结，最后解散社区服刑人员。

3. 会中记录，会后专题讨论等

会议讲评的情况要做好记录，会议讲评教育结束后，为深化教育的效果，可以组织社区服刑人员围绕会议讲评的内容开展专题讨论，提高矫正教育的成效。

第五节　专题辅导的实施

一、专题辅导的选题

专题辅导是指就特定专题或任务而进行的矫正教育活动。专题辅导要密切配合形势，针对社区服刑人员在矫正活动中的表现和存在的突出问题来确定教育的内容，一般可从以下几方面进行选题。

1. 以明确社区矫正性质，端正社区矫正态度为主题的身份意识教育

使社区服刑人员明确社区矫正的性质、适用范围和任务以及矫正原则与手段，增强社区服刑人员的身份意识，进一步使他们端正态度，服从社区矫正管理教育。

2. 以学习遵守社区矫正规章，依法接受社区矫正管理为主题的制度规范教育

使社区服刑人员懂得社区矫正制度规范对自身矫正的重要性，了解并自觉遵守社区矫正的相关规定，依法接受社区矫正。

3. 以真诚认罪服法，积极接受矫正为主题的认罪服法教育

使社区服刑人员了解犯罪与刑法的关系，明确享有的权利和义务，认识认罪服法的必要性和标准，真诚悔改，改恶从善。

4. 以积极参加教育学习，提高思想道德素质为主题的思想道德教育

帮助社区服刑人员纠正错误的世界观、人生观和价值观，引导其以正确的思想去支配行为，自觉遵守社会公德，做遵纪守法的合格公民。

5. 以认真学习法律常识，争做知法守法公民为主题的法律意识教育

使社区服刑人员了解基本法律知识，增强其法律意识，培养法制观念，自觉遵纪守法。

6. 以崇尚健康生活，拒绝毒品邪教为主题的禁毒拒邪教育

使社区服刑人员认识毒品危害和邪教本质，树立健康生活理念，筑牢抵制毒品邪教的思想防线，崇尚科学，珍爱生命，拒毒拒邪，促进和谐。

7. 以学习心理健康知识，加强心理自我矫治为主题的心理健康教育

引导社区服刑人员树立心理健康理念，了解心理健康标准以及影响心理健康的因素，增强自我调适能力，重塑健康人格，培养健康心理。

8. 以依法接受矫正，争取光明前途为主题的政策前途教育

使社区服刑人员了解国情及国家对解矫人员的管理、讲解各类优惠政策，增强其归属感和重新做人的信心，引导其确立生活目标，以顺利融入家庭、社会。

二、专题辅导活动方案的制订

社区矫正专题辅导活动方案是就某一具体社区矫正专题活动而制订的方案，是在活动前所拟订的活动计划。主要包括以下内容：

（1）活动的题目（名称）；

（2）活动的目的；

（3）活动的主题；

（4）活动的内容、方式、步骤（要求详细、具体）；

（5）活动的时间、地点、参加人（包括主持人）；

（6）注意事项；

（7）活动效果预测（对即将开展的活动全过程进行虚拟描述，要用文字语言对活动的特定气氛、内容、方式、效果等进行叙述）。

案例：《某司法所孝道教育活动方案》[1]

（一）孝道教育活动的目的和意义

"孝"是儒家伦理思想的核心，是千百年来中国社会维系家庭关系的道德准则，是中华民族的传统美德。"百善孝为先"，中华民族自古以来就把"孝"视为一切道德规范的根本基础和发展前提，把"孝"作为美德之首、立身之本、齐家之宝，更是治国之道。

在社区服刑人员中开展孝道教育，旨在培养社区服刑人员的孝道意识，引导社区服刑人员自觉孝老敬亲，践行孝道，逐步成为一个有道德的孝子，一个守法的公民。

通过开展孝道教育，将"感恩、博爱、责任、和谐"等孝道主题与社区服刑人员行为规范的养成教育相结合，将孝道思想深入扎根于社区服刑人员道德理念之中，矫正其世界观、人生观、价值观，增强其法制观念和社会责任感，促进矫正质量的不断提高。

（二）孝道教育活动的主要内容及具体实施方案

1. 开办孝道教育系列讲座

（1）活动时间：2016 年 2—6 月。

（2）活动对象：全体社区服刑人员。

（3）活动责任人：司法所长。

（4）活动步骤：

① 给全体社区服刑人员上大课；

② 组织宣讲孝道故事；

③ 组织社区服刑人员进行座谈辅导；

④ 聘请道德模范或孝文化研究专家教授开展讲座；

⑤ 教导社区服刑人员每人学会做感恩操和唱一首感恩歌曲。

（5）预期效果：通过讲课、辅导讲座、座谈等灵活多样的学习教育活动，增强社区服刑人员的学习兴趣，变被动学、强制学为主动学、自觉学，进一步拓展社区服刑人员学习孝道的内容，进一步加深社区服刑人员对中国源远流长的孝道的理解。

2. 向亲人写一封感恩忏悔书信

（1）活动时间：2016 年每季度。

（2）活动对象：全体社区服刑人员。

---

① 芦麦芳. 社区矫正教育[M]. 北京：法律出版社，2016.

（3）活动内容：每位社区服刑人员向亲人写一封感恩忏悔书信，要写明忏悔之心、感恩之情，写明自己对“孝”的精神内涵的理解，对“仁爱”“报恩”“责任”“奉献”等孝道精神的认识，如何践行“孝亲”“敬亲”“荣亲”思想，表达自己要尽心尽力孝老敬亲的决心。

（4）活动责任人：社区矫正教育干事。

（5）活动步骤：

① 召开动员会，向社区服刑人员讲明写信的目的、意义和书信的主要内容；

② 向社区服刑人员讲明书信的一般格式；

③ 指导社区服刑人员撰写感恩忏悔书信，要求内容真切感人，字数不得少于100字；

④ 社区矫正工作者对每封书信进行审查、把关；

⑤ 详细做好书信邮寄登记。

（6）预期效果：社区服刑人员通过书信，直接向亲人表白了自己的忏悔和感恩之意，汇报了自己的学习体会，表达了自己孝老敬亲的决心，加强了与亲人的沟通，灵魂上受到了触动。

3. 给父母洗一次脚捶一次背

（1）2016年半年一次。

（2）活动对象：部分社区服刑人员。

（3）活动内容：邀请部分社区服刑人员参加活动，让社区服刑人员给父母洗脚捶背，借机开展亲情感恩和亲情帮教互助活动。

（4）活动责任人：司法所副所长。

（5）活动步骤：

① 根据社区服刑人员的矫正情况和家庭情况，挑选部分社区服刑人员，邀请他们参与活动；

② 安排好活动场地，准备好洗脚捶背活动用具；

③ 现场洗脚捶背，借机开展亲情交流、亲情感恩、亲情帮教活动；

④ 将现场亲情互动活动录制成光盘，向全体社区服刑人员播放。

（6）预期效果：社区服刑人员通过与父母面对面地交流、接触，可以充分地释放自己的忏悔和感恩之情，进而触动灵魂，真诚悔改。

（三）孝道教育活动的注意事项

1. 孝道教育活动的开展，要积极争取社区服刑人员亲属及社区服刑人员本人的理解和支持。

2. 孝道活动的开展，要以正面宣传教育为主，要积极及时报道孝道教育活动中涌现出来的先进典型。

三、专题辅导的形式和方法

专题辅导的形式要多样化，可以采用授课、讲座、报告、座谈讨论、参观等教育形式，以增强教育效果。

（一）授课

授课是由教师向学员传授知识的一种方法，它是对社区服刑人员进行教育的基本教学形式。

1. 常用的授课方法

（1）讲述法。课堂讲述是教员用语言向社区服刑人员叙述和描绘现象或事件的过程。讲述是教员传授知识和讲解道理的开端，是具体事物的体现过程，能够帮助社区服刑人员感知新知识。讲述应该做到基本事实突出，清晰而明确地揭示问题的要点，帮助社区服刑人员对事实材料形成明确的概念。生动、形象、富有感染力的讲述是课堂教育成功的一半。

（2）讲解法。讲解法是指教员对比较复杂的问题、原理、规则等进行连贯而系统地叙述。证明概念和解释规则是讲解的重点，许多知识和道理只有通过耐心细致的讲解才能被接受。在讲解过程中，要善于启发社区服刑人员独立思考讲解内容，逐步形成自己的见解，作出判断。这需要教员在讲解过程中善于吸引他们的注意力，使用语言通俗易懂，明白准确，在合乎逻辑的情况下，得出使人信服的结论。

（3）演示法。演示法是运用直观教具、实物或其他现代化手段对社区服刑人员进行示范表演，使他们从观察中获得感性认识，验证间接知识的方法。演示法的特点主要在于：它能使社区服刑人员通过图解或实物来理解所学习的事物和现象，把书本知识和实际事物联系起来，形成正确、深刻的观念；能够引起社区服刑人员学习的兴趣，使他们积极参与思考，将所学的知识深刻记忆。

（4）提问法。提问法是根据社区服刑人员已有的知识和经验，提出问题，在原有知识、经验的基础上探讨新问题，得出新结论，从而获得知识的一种教学方法。提问法的突出特点是它能引起社区服刑人员的注意力，通过独立思考来获取知识，对于发展社区服刑人员的思维能力和语言表达能力均具有重要作用。运用提问法要注意做到所提问题以社区服刑人员已有的知识和经验为出发点，给出的题目既要在社区服刑人员力所能及的范围内，又要一步步地引出新知识。

2. 授课的技巧

（1）教学准备充分。首先要认真准备好优秀的教案，熟悉教案、教学内容，全面了解情况，更重要的是要充满信心。

（2）教态自然大方。教态是指教员的表情动作、语言感情、精神气质，教态必须与教学内容和教学目的一致。应做到：第一，克服紧张情绪，保持正常情态。如果上课前心跳气急，讲第一句话时感到困难，可以默默地深呼吸，同时用严肃而亲切的目光巡视社区服刑人员，取得社区服刑人员的合作，即可恢复正常情态。第二，保持良好仪态，以收身教之效。要随时与社区服刑人员用目光交谈，目光应严肃、庄重、和蔼、亲切。站立姿势要直，身体重心落于双脚，不要用手撑住讲台，不要遮住黑板，避免呆滞不动或过快走动，手的动作自然简练，恰到好处。姿态语言、面部语言、手势语言、外表语言均应与教学气氛相协调。

（3）语言切实动听。教学语言要具体、生动、形象。应做到：第一，语言要正确（不能读错字、读错音），音量要适中，音色要优美，语调要自然。讲述声调要抑扬顿挫、高低缓慢地变化。第二，语言速度要适中，不仅要使社区服刑人员听得清楚、舒服，还要留给社区服刑人员回味思考的时间。教学实践表明，教学语言的速度以每分钟 90～120 个字为宜。讲述的停顿，犹如阅读中的标点符号，也是一门艺术，它有助于社区服刑人员思考，并获得完整的、系统的、清晰的观念。第三，语词得体。所谓“得体”，就是选词用字以及语句的结构要正确、严密，即用得其所、联结妥帖，达到易懂而不粗俗，深刻而不艰涩，既简练有力，又清晰雅达。第四，切实有趣。切实，就是讲述的内容要真实具体，避免空泛抽象，即使理论性较强的教材，也可通过实例、比喻及事实，使之具体化，再根据自己的生活经验，吸收已有的教学经验，同时运用教具，配合各种教法，加以形容、描绘、衬托、反语，使讲述形式生动活泼，讲述语言清晰动听，讲述内容深入浅出。

（4）板书简洁系统。板书应注意以下几点：第一，正确整洁。如果写得一手好字，第一印象必然甚佳，如果规范整洁，必然会给社区服刑人员树立整洁和一丝不苟的榜样。第二，简明系统。避免重点不明，主次不分。第三，边写边讲。这是运用板书的最高要求。板书时，要以声音来调整社区服刑人员的学习情绪，引起社区服刑人员注意。

（二）做报告、讲座

这种教育形式，专门性强，重点突出，具有较强的感召力和号召力，见效比较快。采用这种教育形式要注意以下几点。

1. 做好准备工作

开展教育活动前一定要做好充分的准备工作。首先，要确定报告、讲座的主题和内容。教育内容要与社区服刑人员实际需要相适应，要符合绝大多数社区服刑人员的需要，认真组织材料，增强知识性、趣味性和实效性。其次，要注意选择主讲人。一般来说，主讲人应该由专家、部门领导或权威机关的工作人员来担任，主讲人不仅要具备权威身份，还要有渊博的知识、良好的口才，要善于演讲。文化技术教育专题讲座可以邀请社会上专门的职业技能培训机构的工作人员和专业教育人员来担任主讲人。

2. 注意教育过程的控制

（1）报告、讲座的时间不宜过长。一般不宜超过两个小时，时间过长容易导致社区服刑人员的疲劳，影响教育效果。

（2）适当增加互动。在教育过程中，可以穿插采用主讲人提问、社区服刑人员回答或社区服刑人员提问、主讲人回答的方式，增强互动性和参与性，这样往往比单方向的灌输教育效果更好。

（3）做好对教育现场的管理控制。教育社区服刑人员要端正态度，按照规定位置落座，严守纪律。为了烘托一种严肃、权威的教育氛围，还可以在教育场所周围张贴一些与教育主题有关的标语，参加教育的工作人员应着装整齐、态度严肃。

3. 组织后续活动

报告、讲座结束后，可以组织分组讨论、座谈、写心得体会等活动，使社区服刑人员更深入理解教育内容，思想上有一定收获。

（三）座谈讨论

座谈讨论是指组织社区服刑人员以班组为单位，围绕某个问题各抒己见，最后得出正确结论，以提高社区服刑人员思想认识的一种教育方法。组织社区服刑人员座谈讨论，可以引导他们展开有关问题的争论，借以互通信息，相互启发，集思广益，共同提高认识，既能发挥社区矫正工作者的主导作用，又能调动社区服刑人员的积极性。座谈讨论时应注意以下问题：

（1）要注意题目的选择，使座谈讨论会能够解决实际问题。

（2）创造民主气氛，引导社区服刑人员敞开思想讲真话。

（3）与会人员发言后，社区矫正工作者可做适当结论，肯定正确的认识，否定错误的看法。

（4）控制讨论的方向，以免使少数人的错误言论干扰整体意向。

（四）参观学习

参观学习，是根据教育矫正的需要，有计划地组织社区服刑人员走进社会、接触实际生活，运用具体生动的事实来说服、教育社区服刑人员的一种有效方法。通过参观，社区服刑人员能够亲眼看到、亲耳听到、亲身感受到犯罪对社会的危害性，因而直观性强，具有很强的说服力。

参观学习要注意以下几点：

（1）参观要有明确的教育目的性。要针对需要解决的社区服刑人员思想认识的问题，确定参观内容，有选择、有计划地进行。

（2）要事前对被参观的对象进行了解。参观的内容主要是现代化建设的伟大成就，有教育意义的革命事迹和展览会等，地点不宜太远。

（3）做好安全防范。参观前要与有关单位取得联系，事先落实安全防范措施，参观时要确保秩序稳定。另外，参观前，要向社区服刑人员说明参观的目的、地点和要求，简要介绍参观对象的情况，交代纪律，强调注意事项。

（4）保证参观活动的教育质量。在参观过程中，社区矫正工作者既要参与又要作具体指导，还可以邀请专门人员为社区服刑人员作讲解。参观结束后要求写心得体会和小结，组织各种形式的汇报会、交流会、讨论会，以巩固和扩大参观的教育效果。

第六节　个别帮教的实施

一、个别帮教

社区矫正教育中的个别帮教是指社区矫正教育工作者通过与社区服刑人员个

别谈话、交流，了解社区服刑人员的个体身心以及所处的社会环境中存在的问题，有的放矢地谈话处理问题或是谈话引导社区服刑人员正确面对困难与不利环境，积极地适应社会生活的一种个别教育手段。本书中的个别帮教也叫个别谈话，个别谈话比较常见，在日常生活中，人们经常运用这一方法。然而，要把个别谈话运用得恰到好处并非易事。个别谈话中包含着精深的教育艺术。社区矫正教育工作者面对社区服刑人员，如何通过个别谈话，达到既沟通思想、交流感情，又明晰是非讲清利害；既以理服人、征服顽劣，又以情感人，使浪子回头，这并非一日之功。没有一定的实践锻炼和经验积累，是达不到这样的效果的。况且在社区矫正工作中，随着试点工作的不断深入，社区服刑人员的数量将越来越多，个别谈话作为一项重要的个别教育方法，其工作量也将越来越大。

（一）个别谈话的类型

1. 主动式谈话与被动式谈话

个别谈话根据谈话发生的原因，可以分为主动式谈话与被动式谈话。

（1）主动式谈话，也叫约谈式谈话，是指社区矫正教育工作者自己安排的谈话活动。可以约定社区服刑人员在特定时间、在某个具体地点进行有关问题的谈话或是通过交谈了解社区服刑人员的具体情况。这种谈话方式的时间、地点较为灵活，上班时间、业余时间都可以，办公场所、家庭、公园或其他可以谈话的地方也可以。条件许可的话，也可以通过电话或是网络完成。

（2）被动式谈话，也叫接谈式谈话，是指由社区服刑人员自己主动找社区矫正教育工作者进行汇报或是谈心，这种谈话一般以面对面交谈为主。交谈前一方对交谈的主题已较为明确，但另一方基本不清楚。交谈的场所不限，时间不定。但从实际情况来看，主要发生于工作时间。

2. 证明式谈话与求证式谈话

个别谈话根据谈话发生的目的，可以分为证明式谈话与求证式谈话。

（1）证明式谈话，是社区矫正工作者针对社区服刑人员在教育矫正过程中的各种现象，进行的因果分析评判，以促进社区服刑人员从中获得启发、总结经验、吸取教训。

（2）求证式谈话，是社区矫正工作者为了通过个别谈话获得必要的信息或是在对某些情况不明时，由社区服刑人员主谈，社区矫正工作者只在适当时候插话、提问，以引导社区服刑人员讲出并讲清相关情况。

3. 正式谈话与非正式谈话

个别谈话根据谈话内容的重要程度，可以分为正式谈话与非正式谈话。

（1）正式谈话，是社区矫正工作者向社区服刑人员就有关社区矫正的重要问题，进行的态度认真、气氛严肃的谈话，以触动社区服刑人员对有关问题予以重视。

（2）非正式谈话，是社区矫正工作者与社区服刑人员不作话题限定的闲谈。这种谈话，轻松活泼，无拘无束，能够使交谈双方思想接近，心理相容，社区矫正工作者也能够由此真实地了解社区服刑人员的真实内心。

（二）个别谈话的环节

对社区服刑人员的个别谈话，必须非常讲究环节把握。把握好环节，就可以优化个别谈话的效果，提高教育矫正的质量。把握好个别谈话环节一般应抓好以下几个方面。

1. 个别谈话前的准备

个别谈话应当做事前的准备工作，这样才能做到有备而来，有备无患，即使在谈话中遇到意外情况，也可以自如应对。

（1）了解社区服刑人员的基本情况。在谈话前，社区矫正教育工作者应当对将要谈话的社区服刑人员“心中有数”，包括：社区服刑人员的个人情况，主要有姓名、性别、年龄、婚姻状况、兴趣、性格特点；社区服刑人员犯罪的基本情况，为何犯罪，犯罪的情节、手段、后果如何，犯罪后的态度如何，属于何种类型的社区服刑人员；社区服刑人员的家庭关系及主要社会关系，个人日常的人际交往，所在社区环境条件，社区服刑人员的工作学习生活情况，尤其是面临的困难。

（2）明确谈话目的，弄清为什么要谈话。社区矫正工作者在谈话之前要清楚自己为什么要找社区服刑人员谈话，要了解什么或是想解决什么问题。“为什么”可以从谈话原因上来理解，也可以从谈话目的上去思考，但切忌无厘头的谈话。一般而言，个别谈话，从发生的原因或是从谈话的目的上看，主要收集情况、布置任务、调查了解、情感沟通、去除隔阂、善行赞扬、错误警戒、安慰问候等。

（3）选择好谈话的内容。个别谈话的最大价值在于它的内容因人而异，因人而定。因此，社区矫正工作者在确定好个别谈话对象后，就要精心选择合适的教育内容，要特别注意教育内容的针对性。如一个假释犯在回归社会后，一时难以适应社会生活，就要选择教育帮助他适应社会生活的内容去和他谈话，化解他对社会生活的心理紧张情绪，提高他走向社会的信心与勇气。

（4）选择适当的谈话方法。个别谈话，并不仅仅就是一个将谈话内容传输给谈话对象的过程，为了保证谈话的效果，个别谈话也要根据谈话对象，因人、因事、因时、因地，确定相应的谈话方法。适当的谈话内容必须与相应的谈话方法相结合，才能达到好的效果。

（5）制订谈话方案。个别谈话前，一般应就谈话的有关问题进行周密思考，拟定一份谈话方案，以便谈话能够围绕主题而进行。一份谈话方案的内容主要包括以下几个方面：

① 确定谈话主题。毛泽东同志指出："在复杂的事物的发展过程中，有许多的矛盾存在，其中必有一种是主要矛盾，由于它的存在和发展规定或影响着其他矛盾的存在和发展。"解决问题要抓主要矛盾，抓主要矛盾主要是抓工作的中心，抓发展的重点。在个别谈话中，主要矛盾就是所要确立的个别谈话主题，这个主题就是谈话所要谈的中心议题，谈话必须围绕主题开展。当然，主要矛盾不是一直不变的，随着主要矛盾的变化，谈话也要相应的调整主题。

② 谈话步骤。一个完整的个别谈话一般包括三个步骤，即开场白、进入正题、结尾三部分。

开场白，这是谈话的开始。俗话说，万事开头难。如何道出开场白，把想说的话题引出来，并非易事。在个别谈话中，开头的办法很多，主要有这样几种。一是问候式迂回开头。先说些闲话，寻找共同话题，而后转入正题。二是开门见山式开头。开头交代谈话意图，或是提出有关问题，直奔主题，不绕圈子。三是教导式开头，通常是讲明某一政策，由政策作依据引出正题。四是就最近发生于社区服刑人员身上的某事进行表扬或批评，以此开头，引出正题，开头有法但无定法，每一次谈话应根据谈话的实际情况，具体确定如何开头。开场白是为进入正题打基础，好的开头等于成功了一半。因此，开头的办法不论如何，都应当注意情感沟通，要在一开始，紧紧抓住社区服刑人员的思想脉搏，"投其所好"，避免冷场。

进入正题，这是个别谈话的主体部分。真正解决问题，主要是在这一部分。这一阶段历时较长，投入的精力最多。谈话双方在这一阶段容易形成交锋。因此谈话方案在这一阶段的设计中，应当有所预见，针对社区服刑人员可能提出的一些问题与不同看法，设计一些应对措施。这一阶段，谈话既要注意表情语调、语态，也要讲究措辞、用语；既要气氛和谐，也要适度严肃；有些讲话可以直白，有些表达必须含蓄。正题虽然是事先确定的，但如果在谈话中发现了更重要的问题，那么，正题就不能拒绝那一部分内容，应当就新发现的重要内容进行必要的谈话，以确定问题的严重程度，决定是否要进行再一次个别谈话。正题的内容可以是政策宣教、事件褒贬、情况调查、思想交流、问题解决、迷津指点、人文关怀等。

结尾，这是谈话的最后部分。一场谈话即将结束，存在的主要矛盾已基本化解，这时为防止矛盾的再次激化，应趁热打铁，就有关问题，或提出勉励性、希望性要求，或提出防范性、反对式告诫，以再一次强调的方式对谈话的内容进行小结，巩固谈话初步取得的成效。

③ 谈话评估。谈话结束后，评估才能进行，但评估的内容可事先设定。一是谈话目的是否达到；二是谈话要解决的若干问题是否解决或是否有了解决对策；三是谈话对社区服刑人员产生什么影响。谈话结束后，社区矫正工作者就可以根据这些标准进行有关谈话及其效果的评估。

2. 讲究谈话艺术

个别谈话是一门说话的艺术，不仅要有思想性、哲理性，也要讲究艺术性、技巧性。

(1) 善于启发。个别谈话时，社区矫正教育工作者要从社区服刑人员的实际出发，善于提出问题引发人的思考，善于点拨思路，使他想通问题，明白道理。谈话中，社区矫正教育工作者要多给予正面引导，让社区服刑人员在具体问题上学有榜样，相信努力必有成功。社区矫正教育工作者还要善于进行联想启发，引导社区服刑人员从已经发生的一件事中获得关于自己今后工作、学习、生活的启迪。如在给社区服刑人员讲述一个见义勇为的故事后，要引导社区服刑人员从中受到启发，在社会生活中要学会善待他人，贡献社会、维护正义、抵制犯罪。

(2) 疏通引导。当社区服刑人员在日常的工作、学习、生活中，以及在接受社区矫正管理、教育以及社区服务过程中出现一些思想行为问题时，要通过个别谈话及时进行思想的疏通引导，通过新思想的注入，更新社区服刑人员固有的思想意识，清除思想的污泥脏水。疏通引导要及时，社区矫正教育工作者必须经常分析社区服刑人员的思想动态，注意观察社区服刑人员的行为表现，经常赴社区服刑人员的生活、工作场所进行情况调查，听取社区群众的反映，在发现问题后立即进行疏通。疏通引导本身也有技巧可言，道理要讲透，实际要分析透彻。对不同性格、不同种类的社区服刑人员要有不同的疏通引导措施。如对被管制、被暂予监外执行的社区服刑人员就不能完全像被假释的社区服刑人员一样进行疏通引导。

（3）表扬鼓励。在社区矫正个别教育过程中，对社区服刑人员的思想与行为的进步，应当及时予以肯定，鼓励其进步。对于他在教育矫正中取得显著成绩如社区服刑人员在社区服务中贡献很大、社区服刑人员资助某个下岗工人、社区服刑人员在生产劳动中有了技术革新，对此应当及时进行表扬鼓励，必要时可给他考核奖励分，给予行政奖励，直至刑事奖励。这样就能调动他们的矫正积极性，使他们早日成为合格的守法公民。

（4）警告劝诫。对矫正表现不好的社区服刑人员，个别谈话就应对其及时给予警告和劝诫。通过严肃认真的谈话，批评他的错误思想行为，提醒他不要执迷不悟。当然仅有训斥是不够的，还要进行劝导，晓以利害，把他个人与家庭与社区相联系，从个人行为与家庭和社区的关系进行分析，使他懂得他的个人行为影响的并不只是个人，也牵涉家庭、社区，分析他的思想行为会给自己融入社区带来多大的障碍，从而使他醒悟。

3. 把握谈话技巧

谈话并不是硬灌输，一种道理能否打动人，必须注意技巧的运用。谈话的技巧主要有：

（1）场所安排的技巧。环境对人具有一定的影响，不同的环境下，人与人的交谈会有不同的感受。个别谈话时，对场所的安排应有所选择。如是较为正式的谈话最好选在社区矫正教育工作者的办公场所，特别是专门用于谈话的教室、谈话室，效果较好。如果是一般了解情况、交流思想、沟通感情，则可以选在家庭、社区的某个相对安静的场所，让双方在轻松的气氛中进行谈话，减少压抑，更容易使社区服刑人员表达出真实的想法。

（2）时机把握的技巧。个别谈话，要在适当的时机进行适当的谈话。要根据社区服刑人员的具体情况及需要谈话的主题，确定谈话的时机。一般来讲，在社区服刑人员遇到重大事件时，应及时谈话。特别容易发生的是当社区服刑人员工作上遇到挫折时，应及时进行谈话，给予就业帮助，以防他们破罐子破摔。在遇到一些直接接触容易激化矛盾的问题时，则应迟谈，否则一谈就崩，无法对其进行再教育。如社区服刑人员在社区生活中与他人发生人际矛盾，或是其他纠纷，则不应在他气头上找他谈话，应先冷处理，待他冷静下来，事后再谈。有些社区服刑人员，在社区中身处犯罪诱惑的环境，思想中容易发生反复，对于这样的人和事，应经常进行个别谈话，反复教育，以个别谈话牵制住社区服刑人员，阻止他倒向犯罪者边。刚入矫的社区服刑人员，对社区矫正一无所知，对这样的人，在入矫后要及时进行谈话，如果人数不多，以当天入矫，当天谈话教育为宜。在社区服刑人员解矫时，为了鼓励他今后在社会上继续遵纪守法，诚实劳动，自食其力，必须对他进行解矫谈话，帮助他总结惨痛教训，引导他走正道，干正事，做好人。

（3）语言表达的技巧。语言是开启心灵窗户的钥匙，但是语言的使用有个恰当的问题。恰当的语言有助于促进谈话，不当的语言则可能使谈话陷入僵局。恰当与否则应因人、因事、因时而异。如对一个家庭经济十分困难的社区服刑人员，为了他的工作问题而与他进行个别谈话时，就应当考虑他此时的心理压力以及对工作的渴望。因此，谈话要尽量体现同情心和温暖感，让社区服刑人员觉得即使你没有能实际帮助他解决目前的困难，他也非常感激你对他的鼓励，使他产生了生活的信心与力量。如果是对一个刚犯了错误的社区服刑人员进行谈话，这时候的语言就不能再以同情、温暖的格调出现，而是要有一种尖锐、严厉，让他觉得义正词严，有一种语势压人的感觉。另外对于文化程度不同的社区服刑人员，语言的要求也应有所区别。对文化程度很低的人，应当尽量谈些浅显的道理，讲一些简单直白的事例；而对具有一定文化水平的人，则可以讲一些深刻的道理，表达得抽象、含蓄一些。

（4）身体语言的技巧。身体语言是谈话交流的又一种表达方式。社区矫正工作者在进行个别谈话时，要辅助以适当的身体语言，这样可以让社区服刑人员从中感受到你的态度。如面部的微笑表示肯定、赞赏；面部严肃表示这样的谈话非常重要；面露怒色，表示对方的讲话有问题；眼睛看着对方表示在注意着对方讲话。有些手势表达的意思会避免语言表达带来的情面伤害，比有声语言更适合谈话交流。

（三）个别谈话的具体方法

运用个别谈话时，又可以分为若干具体的方法。如以理服人法、促膝谈心法、问题商讨法、思路点拨法、事件触动法、矛盾调解法以及利弊规劝法。

以理服人法。社区矫正工作者针对社区服刑人员的思想与实际问题，摆事实、讲道理，启发引导社区服刑人员明辨是非，分清对错好坏，学会理智地对待和处理问题。在这种教育模式下，社区矫正工作者一定要注意讲清道理。

(1) 促膝谈心法。社区矫正工作者与社区服刑人员在没有事前准备的情况下，开诚布公地进行内心思想与情感的真诚交流，在这种谈话方式下，社区服刑人员容易讲真话、流露真感情，有问题也不再隐瞒。因此，是社区矫正工作者真实了解社区服刑人员的最佳时机。

(2) 问题商讨法。社区矫正教育工作者就社区服刑人员在社会生活中发生的一些与道德相关但不是严重违背道德规范的问题，与社区服刑人员进行平等的对话商讨，倾听他的意见，以此消除社区服刑人员的思想成见，促进社区矫正工作者与社区服刑人员心理相融，为今后的个别谈话打下良好的基础。

(3) 思路点拨法。当社区服刑人员遇到一些困难，思路迷茫时，社区矫正工作者通过思路点拨，引导社区服刑人员自己克服困难。这种点拨可以是直接就问题的解决方法进行指导，也可以是以简明扼要的名言警句加以提示，重在给社区服刑人员以思路启发，使他幡然觉悟。

(4) 事件触动法。当社区服刑人员表现异常，出现思想行为问题时，尤其是社区服刑人员发生违反社区矫正管理与教育规定的行为过错时，社区矫正工作者应就其发生的错误，态度严肃、语调激昂、措辞严厉地进行批评教育，针对问题分析成因，提出解决办法，防止其今后再犯。

(5) 矛盾调解法。社区服刑人员在社会生活中，有时会发生一些自己解决不了的人际矛盾，而这些矛盾的存在，会对他的矫正情绪产生严重的负面影响，这时社区矫正工作者应亲自出面，找当事人谈话，协调解决矛盾，防范矛盾激化。

(6) 利弊规劝法。社区矫正工作者针对个别社区服刑人员不明事理，一而再、再而三地大错不犯、小错不断的情况，进行有针对性的教育劝导，为他分析利弊得失，摆出光明的前途与黑暗的道路，劝导他弃暗投明，避免法律的严惩。

二、社会适应性帮扶

社会适应性帮扶是社区矫正工作的任务之一，它以促进社会适应性为目标，针对社区服刑人员在就业和就学、基本生活保障、医疗和养老保障、法律援助和服务以及家庭关系和其他社会关系等多方面存在的问题和困难，以各种有效的手段和方式为其提供具体的、实际的帮助和扶持。社区矫正、社会适应性帮扶工作直接关系到社区服刑人员平稳融入社会的能力和持续性，也是实现社区矫正教育实施效果的重要保障。

社会适应性帮扶的主要内容及实现途径有五个方面。

（一）就业和就学方面

1. 提供就业指导和培训

一方面，指导社区服刑人员正确认识自己的劳动能力，知道可以通过哪些途径寻找工作，明白如何面试、写简历等；另一方面，培训社区服刑人员一定的从业技能，使他们能够习得一项或者几项适合自己、也比较容易找到相应工作的劳动技能。

2. 提供过渡性就业岗位

其主要有两种方式：一是依托当地企业建立了社区服刑人员就业培训基地，对有就业愿望并想要学习一定技能的社区服刑人员提供免费的技能培训和就业指导，同时由该企业为有就业愿望并具备一定能力的社区服刑人员安排适合的过渡性就业岗位。二是依托社区矫正专门的场所设施，安排社区服刑人员过渡性就业岗位。例如，成立于 2009 年 4 月的北京市大兴区“中途之家”，借助种植园，常年为特殊就业困难群体提供 3～6 个月的就业安置岗位，使其在短期内能够获得一份稳定的收入来维持生计。

3. 就业推介和就学帮助

社区矫正机构可以挑选一些适合社区服刑人员工作的企业，了解其用工需求和意向，向社区服刑人员介绍工作，举办集体就业推介专场，或者依个人情况推介工作。对于有继续学习愿望又存在一定困难的，社区矫正机构应积极协调教育部门落实学费减免、协助办理助学贷款、帮助联系接收学校。

4. 提供个体经营帮助

针对有能力，也有愿望从事个体经营的社区服刑人员，社区矫正机构应协调金融、工商、税务等部门落实小额贷款以及各项优惠、保障等创业扶持政策和帮助。

（二）基本生活保障方面

通过对社区服刑人员开展排查走访活动，了解他们的基本生活状况，并与民政、社保等相关部门协调，为老弱病残、无生活来源者制订帮扶计划，成立“中途之家”“阳光驿站”等专门场所为“三无”社区服刑人员提供过渡性食宿安置；对符合“最低生活保障”条件的社区服刑人员提供各种积极有效的帮助并促进落实相关保障；对于那些不符合“最低生活保障”条件但因为特殊原因而致生活陷入困境的，则帮助其落实临时救助政策，安排相应困难补助，或者通过建立社会适应性帮扶基金给予特殊困难的社区服刑人员一定的生活帮助。此外，还包括解决落户问题，对于农村籍的社区服刑人员协调落实责任田、落实“五保”待遇等。

（三）医疗和养老保障方面

有些社区服刑人员看病和养老还没有纳入社会保障体系，特别是经历过监禁服刑的假释和暂予监外执行人员，医疗和养老问题涉及监狱与社会保障体制的衔接，目前在这方面的制度还不够健全，有些人回到社会上由于种种原因一时还难以享受社会医疗和养老保障。各地社区矫正机构要高度重视这方面的问题，有的地方在总结实践经验的基础上与有关部门达成一致，联合出台规范性保障措施。

（四）法律援助

社区矫正机构在工作中要关注社区服刑人员的合法权益保护，对于有相关需求又符合规定条件的，协调有关部门为其提供法律援助，避免因为“打不起官司”而使他们的合法权益受损，或者导致其以非法手段“自力救济”而再次走上违法犯罪的道路。

为社区服刑人员提供法律援助的机构和人员主要是律师事务所、法律服务机构和提供法律服务的法律工作者。服务的内容包括社区服刑人员及其家庭成员所需的各种法律事项，有诉讼的，也有非诉讼的；有民事的、经济的、行政的等。法律服务的形式包括解答法律咨询、代拟法律文书、参加刑事辩护、民事代理、进行公证证明、代为处理法律事务等。

（五）家庭关系修复

社区服刑人员家庭关系存在问题的，大致有三类情形：一是社区服刑人员的犯罪行为本身就与家庭矛盾有关；二是家人对社区服刑人员“犯罪人”的身份有抵触、排斥或者嫌弃；三是社区服刑人员曾在监狱服刑，长时间没有与家人共同生活，没有尽家庭义务，一时难以恢复并适应家庭关系。社区矫正教育工作者可以通过家访、调查、谈心等多种方式了解社区服刑人员家庭关系状况，对于他们与亲属之间出现的误解、疏远，甚至矛盾纠纷等情况，及时查找原因、分析焦点和症结，帮助双方建立关系，促进沟通，消除隔阂，推动社区服刑人员修复与家人的关系。

第七节 几种特殊社区服刑人员的社区教育

一、未成年社区服刑人员

（一）未成年社区服刑人员的概念

未成年服刑人员是指已满14周岁不满18周岁，因触犯国家刑律而被判处刑罚并被实行社区矫正的服刑人员。

未成年服刑人员正处于身心发展不平衡的青少年时期，青少年时期是人生中的"断乳期"和"叛逆期"，是人从儿童向青年过渡的至关重要的一个时期。他们思想尚未定型，可塑性强，具有特殊性。国家根据未成年服刑人员的身心特点，对未成年服刑人员的教育矫正制定了特殊的政策。《社区矫正实施办法》第三十三条规定："对未成年人实施社区矫正，应当遵循教育、感化、挽救的方针，按照下列规定执行：1. 对未成年人的社区矫正应当与成年人分开进行；2. 对未成年社区服刑人员给予身份保护，其矫正宣告不公开进行，其矫正档案应当保密；3. 未成年社区服刑人员的矫正小组应当有熟悉青少年成长特点的人员参加；4. 针对未成年人的年龄、心理特点和身心发育需要等特殊情况，采取有益于其身心健康发展的监督管理措施；5. 采用易为未成年人接受的方式，开展思想、法制、道德教育和心理辅导；6. 协调有关部门为未成年社区服刑人员就学、就业等提供帮助；7. 督促未成年社区服刑人员的监护人履行监护职责，承担抚养、管教等义务；8. 采取其他有利于未成年社区服刑人员改过自新、融入正常社会生活的必要措施。犯罪的时候不满十八周岁被判处五年有期徒刑以下刑罚的社区服刑人员，适用前款规定。"这些规定是对未成年社区服刑人员开展教育矫正的法律依据，为教育矫正工作提供了有利的条件和环境。针对未成年社区服刑人员的身心特点，选择不同的教育内容和方法开展教育矫正，能充分调动未成年社区服刑人员在改造中的积极性，达到传统刑罚所不及的效果；可以最大限度地教育、感化、挽救未成年社会服刑人员，为其早日融入社会创造条件，从而提高矫正的质量和效果；可以促进未成年社区服刑人员与社会保持良好的互动关系，提高其人际交往能力和沟通能力，增强其社会和责任意识，顺利实现再社会化，有效预防再犯罪。

（二）未成年社区服刑人员的特点

未成年社区服刑人员具有下列特点：

1. 数量较少

未成年社区服刑人员的数量较少，在社区服刑人员总数中所占比例较小。根据司法部 2016 年 1 月底的统计，在全部社区服刑人员 705 853 人中，18 周岁以下的未成年社区服刑人员 12 100 人，占社区服刑人员总数的 1.7%。从司法部的统计数据来看，未成年社区服刑人员占社区服刑人员总数的百分比低于女性社区服刑人员和老年社区服刑人员占总数的百分比（根据 2016 年 1 月底的统计，女性社区服刑人员占总数的 10.7%，老年社区服刑人员占总数的 3.9%）。

2. 依赖性强，好结团伙

由于未成年社区服刑人员在心理上还不完全成熟，社会经验不足，判断能力差，虽然有了独立性意向，但仍然具有一定的依赖性，他们往往难以独立地认识事物和作出决定，而是需要借助他人来形成认识、作出判断和证实自己的价值。这就使得未成年社区服刑人员在社会生活中更愿意依赖他人，愿意和别人结为关系密切的群体，合群愿望强烈，喜欢广交朋友并成群结伙地活动，不仅在实施犯罪行为的过程中是如此，在犯罪之后的社区矫正期间也是如此。易结群这一特点也给未成年社区服刑人员的监督、管理和教育带来了大量问题。

3. 缺乏自我控制能力

未成年社区服刑人员由于年龄较小，身心正处在快速发育和生长阶段，新陈代谢功能强，精力旺盛，思想发展不成熟，认识能力低下，社会经验不足，遇事缺乏自我控制能力，情绪容易冲动，行为容易盲从，不计后果。同时，未成年服刑人员在心理和行为上冲动但不固执，容易悔改但不够稳定。因此，未成年社区服刑人员很容易在周围环境的影响下再进行不良行为。

4. 可塑性强

未成年社区服刑人员是一个可塑性较强的社区服刑人员群体。他们正处在从儿童阶段向成人阶段过渡的人生时期，一方面度过了儿童期，摆脱了对父母和其他关系密切成人的依赖；另一方面还没有进入成年期，因此，他们在各方面都不成熟，他们的各种社会心理品质正处在形成过程之中，人生观、价值观等还不固定，人格尚未形成。而且，由于缺乏社会经验和相关知识，他们对于事物的认识和判断能力较差，在形成认识和作出决定的时候，往往要参照别人的情况。这些决定了未成年社区服刑人员具有较强的可塑性。由于这个特点，在对未成年社区服刑人员的管理中，要十分重视对他们的启发和教育，期望通过这方面的活动引导他们向社会需要和认可的方向发展。

（三）对未成年社区服刑人员的社区教育

对未成年社区服刑人员的社区教育，其预期目标并不仅是社区服刑人员在矫正期间没有继续造成社会危害，而是通过为其创造社会实践与就业机会，引导其重新回到常规社会生活，形成回归社会需要的内在动力，实现自身价值。对未成年服刑人员的教育矫正，首先需要考虑让他们有学可上、有业可就，即有正事做，绝不能让他们无所事事。

未成年社区服刑人员的主观恶意不大，社会危害性小，可塑性强，矫正好回报社会的概率高。因此，教育矫正未成年社区服刑人员要坚持“教育、感化、挽救”的方针，坚持因人施教、说服疏导，结合未成年人身心成长规律和个人特点、家庭情况等，制定有针对性的教育措施，开展思想、道德、法制、文化、技术等教育。

1. 坚持教育为主，惩罚为辅的原则

《未成年人保护法》第五十四条第一款规定：“对违法犯罪的未成年人，实行教育、感化、挽救的方针，坚持教育为主、惩罚为辅的原则。”因为未成年社区服刑人员正处于发育期，从生理角度讲，正值内分泌活跃和亢进，如果受到过度的思想压力，易因为内分泌失常而影响身体发育；从心理角度讲，未成年社区服刑人员还不是心理成熟的个体，如果给予强刺激，易引起他们感知偏颇和扭曲，使他们的人格发展偏离正常，进而影响他们的心理发展和心理健康。基于此，在教育矫正未成年社区服刑人员的过程中，应始终坚持以教育为主、惩罚为辅的原则。

未成年社区服刑人员的生理和心理尚未完全成熟，知识水平低，辨别能力差，依附心理极强。因此，在矫治过程中，矫正工作者应当将自己树立为未成年社区服刑人员的榜样。这就要求矫正工作者要身体力行，以身示范，坚持在教育矫治中落实“三像”政策，像父母照顾孩子、像医生照顾病人、像教师教育学生一样去教育犯罪的未成年人。

在矫正过程中，矫正工作者要注意以下方面：

首先，矫正工作者要正确对待犯罪未成年人，给他们更多的关怀、鼓励和帮助，粗暴式、命令式的管理方法，特别是歧视他们，容易使他们失去再社会化的信心并产生对抗心理。

其次，矫正工作者要尊重他们的人格，善于发现他们自身的积极因素和潜在优势，培养他们积极向上的自信心以及克服困难的意志力。要帮助那些因犯罪受刑罚处罚而否定自身价值的未成年社区服刑人员，恢复对自己的信心，明白从现在做起，经过努力一定可以为社会创造很多的价值。

最后，矫正工作者可以运用“移情换位”的方法，即矫正工作者设身处地地体会社区服刑人员的内心感受，将心比心，进行说服教育。同时，可用亲身经历教育他们改正错误的认知结构，认清江湖义气的虚伪性和危害性，用真正的友谊代替江湖义气。此外，对矫正过程中出现顽固、反复的未成年服刑人员，矫正工作者切不可失去信心，只要找准问题及其原因，采取有针对性的矫正措施，定会取得良好的矫正效果。

2. 实施分类别管理、差别化管理教育

社区矫正教育中必须将未成年服刑人员与成人服刑人员相区别，分类别、分阶段、分等级地开展具有针对性的教育矫正。在日常管理中根据犯罪类型、家庭环境、成长经历、心理特点等方面对未成年服刑人员细化分类，进行有效管理教育。

应根据未成年社区服刑人员的成长经历、家庭背景、亲朋关系以及个性特征、犯罪类别、犯罪心理等多种因素，制定差别化、个性化的矫正个案，分析其不良行为产生的原因，查找其犯罪根源，有针对性地制定矫正措施、明确矫正工作目标，帮助其增强法律意识，确保有效矫正，使其能早日回归社会。

3. 根据未成年人身心发育特点，狠抓思想教育

重新培养未成年服刑人员的良好道德品质，针对未成年服刑人员正确思想缺失、恶习较多的特点，要大力加强对未成年人的思想教育和行为养成教育，强化他们的社会主义道德观、价值观、人生观和世界观，使他们了解美与丑、野蛮与文明、英雄与亡命的区别和标准，自觉用社会主义信念规范自己的行为。由于未成年人存在逆反心理，在对其进行思想矫正时，一味地说教有时并不能取得预期的效果，反而会适得其反，因此，矫正工作者采取主动的谈话教育、课堂教育之外，还应开展形式多样的互动教育，组织他们学习先进人物事迹、阅读法律书籍、观看富有教育意义的影片、接受革命传统教育、邀请改造好的典型人物现身说法等，提高他们的思想认识，激发、增强他们参与教育活动的积极性，弘扬正能量，使他们真心实意地接受教育矫正。

针对未成年社区服刑人员年幼无知、思想幼稚、行为盲动、知识贫乏、没有理想等弱点，采取集中教育、分类教育和个别教育相结合的办法，对他们进行理想信念方面的教育，帮助他们树立正确的人生观、价值观和世界观。可以积极与妇联、教育、共青团等部门加强联系，根据未成年社区服刑人员思想活跃、精力旺盛等特点，开展形式多样的帮教活动，为未成年社区服刑人员营造健康向上、宽松文明的矫正环境。采用“请进来，走出去”的办法，让未成年社区服刑人员接受社会洗礼。比如，可以开展法律知识竞赛，理想、道德、前途和学雷锋等内容的演讲比赛活动；聘请专家、军人、教师、道德模范和在校大学生作为志愿者，与未成年社区服刑人员结对开展帮教活动，给这些失足的未成年人传递正能量，抑制不良思想文化的侵蚀，使他们受到熏陶和教育。

道德教育应以塑造社会品格为主，组织未成年社区服刑人员学习社会主义道德规范、村规民约等内容，着重帮助他们提高遵守社会公德的意识，改正他们不良恶习、养成良好的行为习惯。首先从培养其文明礼貌的行为习惯开始，培养他们懂得诚实、公正、善良等最基本的人类美德。其次着重从他们自身的生活体验出发，引导他们正确辨别是非善恶，学会运用公民道德原则和规范指导自己的行为，评价别人的行为和社会现象。让文明礼貌、尊老爱亲、助人为乐、诚实守信成为他们的自觉行动。通过道德教育，他们能在社会规范上识对错，在道德伦理上断善恶，在交往处事中明是非，在意识追求中分美丑，最终形成良好的道德修养。

同时，矫正工作者要加强未成年服刑人员的法制教育。法制教育的目的是教会他们在遇到问题时利用法律加以解决，而不是非法使用暴力等手段解决。帮助他们形成法治理念，增强法律意识，做守法的公民。

针对一些未成年服刑人员轻视劳动、好逸恶劳的思想，可以组织他们到敬老院、儿童福利院等地方帮助孤残儿童，照顾孤寡老人，为老人清扫房间、读书读报等，使他们体验帮助他人给自己带来的快乐，增强他们的社会责任感和正确的劳动观念。

4. 加强心理健康教育，培养未成年社区服刑人员的健康人格

未成年人正处于“心理上的断乳期”，心智不够成熟，世界观、人生观、价值观尚未定型。在这个阶段，他们的独立意识大为增强，但面对困难和挫折的心理承受能力却较差，一旦失败，就容易灰心丧气，甚至自暴自弃，“破罐子破摔”，走上报复社会、与社会对抗的违法犯罪道路。《预防未成年人犯罪法》第五条规定：“预防未成年人犯罪，应当结合未成年人不同年龄的生理、心理特点，加强青春期教育、心理矫治和预防犯罪对策的研究。”心理健康教育是矫正未成年社区服刑人

员违法犯罪的重要治本措施。未成年社区服刑人员易受外界环境的影响，当面临升学、就业、交际等实际问题时容易产生错误思想，可能走向犯罪。有的在监禁中留下了严重的心理阴影，形成了“监狱化人格”，若没有正确的心理引导，他们可能会远离正常人群，实施更加危害社会的行为，以获得其内心的平衡，满足受重视的心理。故应对他们进行适当的心理引导，告诉他们应如何面对生活中的挫折和困难，如何正确分辨各种社会现象，尤其是需要尊重他们的感情，对症下药，耐心帮教。未成年社区服刑人员存在的一些诸如自闭、不愿与人沟通等深层次心理问题，需要以一定的专业知识为基础，给予长期系统的、一对一的帮助与指导。

矫正工作者要根据未成年社区服刑人员的生理、心理发展特点，运用有关心理教育方法和手段，消除他们违法犯罪的心理原因，培养他们良好的心理素质，促进他们身心的全面和谐发展。入矫初期，通过心理测评，全面了解未成年社区服刑人员的心理特点，准确、直观、科学地反映其悔罪态度。针对其情绪不稳定、自尊心强、希望得到宽恕谅解、不受歧视等特点，矫正工作者要尊重他们的情感，培养他们的自信心，和风细雨地开展耐心帮教，帮助他们稳定情绪，自觉接受社区矫正。对他们的优点、进步及时给予表扬、鼓励，对他们身上存在的缺点和错误要善意提醒、有效制止，帮助他们树立信心，重塑人生。

对未成年社区服刑人员进行心理健康教育时，应重点把握以下内容：一要注意培养他们的自我控制能力，使他们能够主动、有效地调节自己的心理和行为，在面对外界的刺激或犯罪诱因时能够有效地分辨是非，控制自己。二要注重疏导他们的消极情绪。消极情绪的积累往往是导致未成年人犯罪的重要原因，因此，要努力消除他们的紧张、焦虑、抑郁、悲观、自卑等消极情绪，促使他们的情绪平衡，形成良好的情绪反应方式。三要谨慎使用测试量表或其他测试手段，不能强迫他们接受心理测试，不能简单靠量表测试的结果下结论。

5. 认真开展家庭教育和文化教育，落实帮教工作

家庭教育对孩子行为习惯的养成起着重要作用。为此，需要实施“家庭教育治疗模式”，纠正病态的家庭教育方式方法。可依托社区家长学校，通过开设家长课堂、家庭访问等形式，对未成年社区服刑人员的家长进行家庭教育的相关辅导，帮助他们改善与子女的关系，促使他们改善教育方式，改正自身的错误行为，缓解家庭矛盾，保证家庭成员在健康和谐的氛围中生活。对社区矫正的重要性进行认真讲解，使家长从思想上重视起来，并突出发挥监护人的作用，营造良好的家庭教育矫正环境。对于重组家庭、离异家庭、单亲家庭的未成年社区服刑人员和

家长，适时开展共同心理矫治，加强父母与子女的沟通交流，营造良好的氛围，找到共鸣，建立彼此间的信任。

对未成年社区服刑人员的文化知识教育以初等教育为主。未成年社区服刑人员大多数文化水平偏低。事实证明，许多未成年人因为文化基础差、缺乏法律知识而走上犯罪道路，因此，对未成年社区服刑人员进行文化教育是十分必要的。文化教育有利于提高未成年社区服刑人员的认知水平。对未成年社区服刑人员没有完成国家规定的义务教育内容的，应当积极协调相关教育部门并督促其法定监护人，使未完成九年义务教育的未成年社区服刑人员能继续就学。为保护未成年社区服刑人员的隐私，提高矫正效果，可以采用异地就学的方式，将知悉范围缩到最小。

安全感和归属感是人的基本心理需求，未成年社区服刑人员也不例外。家庭成员的感化、帮助和监督能够促使未成年社区服刑人员改变不良心理和行为，有利于实现再社会化的目标。在矫治过程中，矫正工作者应当充分利用未成年社区服刑人员的社区环境资源，发挥未成年社区服刑人员所在家庭、学校和其他社会力量的作用，与其家庭及其他社会力量签订帮教协议，重视亲人对他们的规劝工作。

6. 开展职业技术培训，鼓励未成年社区服刑人员自谋职业或者推荐其就业

职业技术教育是为了提高未成年社区服刑人员的职业技能水平而进行的教育。对未成年社区服刑人员进行职业技术教育，以学习生产技能为主，在内容上要加强基础知识培训、生产习艺性训练和技能教育。社区矫正工作者应当与当地教育部门联系，发挥当地职业教育资源的优势，将未成年社区服刑人员的职业技术教育纳入所在地区教育体系之中，协调有关部门对未成年社区服刑人员开展职业技术教育，重点对有劳动能力、有就业愿望的未成年社区服刑人员进行职业技能培训，尝试推荐未成年社区服刑人员进入职业技术学校试读，学习家电维修、烹饪、微机操作、家庭养殖、服装裁剪等技能，为未成年社区服刑人员就业谋生创造有利条件。也可以考虑出资聘请适合的职业教育机构专门对未成年社区服刑人员进行职业技术教育，帮助他们掌握一定的职业技术技能，提高其就业竞争能力和对未来生活、工作的自信，实现自食其力，为其顺利就业、生活创造有利条件，防止其闲散在社会上，重新走向违法犯罪的道路。

（三）未成年社区服刑人员“禁止令”的适用与执行

禁止令是指法院对罪犯判处的禁止他们在刑罚执行期间从事特定活动，进入

特定区域、场所，接触特定人的判令。

在我国刑法中，禁止令是2011年2月25日通过的《中华人民共和国刑法修正案（八)》新设立的刑法制度。根据《中华人民共和国刑法修正案（八)》的规定，对于被判处管制或者被宣告缓刑的犯罪分子，法院可以根据犯罪情况同时适用禁止令。2011年4月28日，最高人民法院、最高人民检察院、公安部、司法部联合发布《关于对判处管制、宣告缓刑的犯罪分子适用禁止令有关问题的规定（试行)》，对如何适用禁止令作出了具体的规定。自2011年5月1日开始，各地审判机关陆续根据上述规定，适用禁止令。

从审判实践来看，对于未成年社区服刑人员适用禁止令的情况较为多见。这是因为，这类禁止令特别适用于那些具有缺乏自我控制能力、养成不良嗜好、有很强的结群性等特征的未成年社区服刑人员。例如，审判机关已经对多个有“网瘾”的未成年社区服刑人员适用禁止令。

对未成年社区服刑人员适用禁止令时应注意以下方面。

1. 增加社区矫正工作者在监督方面的投入

与其他年龄阶段的社区服刑人员相比，未成年社区服刑人员是需要给予更多监督的人员。在未成年社区服刑人员中，与未被适用禁止令的未成年社区服刑人员相比，那些被适用禁止令的未成年社区服刑人员，又是需要给予更多监督的人员。因此，被适用禁止令的未成年社区服刑人员，是需要给予严密监督的重点人群，社区矫正工作者应当在监督这类社区服刑人员方面投入更多的精力，把他们作为“重中之重”予以监督，避免他们进行违犯禁止令的行为和由此引发更加严重的违法、犯罪行为。

2. 加强对被适用禁止令的未成年社区服刑人员的评估

对于被适用禁止令的未成年社区服刑人员而言，他们在从事违反禁止令行为的倾向或者可能性方面，也是有个别差异的。因此，在接收这类未成年社区服刑人员之后，要进行恰当的评估工作，确定每个未成年社区服刑人员从事这类行为的可能性或者危险性的大小，然后，根据评估结果，安排相应的监督和管理措施。对于那些可能性或者危险性较大的未成年社区服刑人员，要安排更加严密的监督和管理措施，反之亦然。

3. 动员更多的社会力量参与未成年社区服刑人员的监督和帮教工作

由于未成年社区服刑人员的自我控制能力差等因素，仅仅依靠社区矫正工作者是难以严密监督未成年社区服刑人员遵守禁止令的。为了更加严密地监督和管理被适用禁止令的未成年社区服刑人员，应当动员更多的社会力量参与到对未成年社区服刑人员的监督和帮教工作中。例如，动员未成年社区服刑人员的父母监护人、保证人等监督他们的行为，促使他们遵守禁止令规定的事项。

4. 重视利用新技术开展行为监督工作

监督未成年社区服刑人员遵守禁止令规定的事项，需要经常性地准确确定他们所在的位置，在这方面，一些新技术是可以发挥作用的。例如，一些地方重视运用 GPS 管理系统，对未成年社区服刑人员进行全天候的实时监管，随时掌控其活动情况，保证他们遵守禁止令的规定。

5. 做好对违犯禁止令者的处理工作

判处管制的未成年社区服刑人员违犯禁止令，或者被宣告缓刑的未成年社区服刑人员违犯禁止令尚不属情节严重的，由负责执行禁止令的社区矫正机构所在地的公安机关依照《治安管理处罚法》第六十条的规定处罚。对违犯禁止令情节严重的未成年缓刑犯，应当依法提请撤销缓刑，执行原判刑罚。原作出缓刑裁判的人民法院应当自收到当地社区矫正机构提出的撤销缓刑建议书之日起 1 个月内依法作出裁定。人民法院撤销缓刑的裁定一经作出，立即生效。

二、女性社区服刑人员

女性社区服刑人员是指因实施犯罪行为而触犯刑律，依法受到刑罚处罚，在社区服刑的女性罪犯。女性社区服刑人员的类型主要有杀人、伤害、抢劫等暴力型罪犯；盗窃、诈骗、贪污、拐卖人口、贩毒等财产型罪犯；重婚、强奸及强迫、引诱、容留妇女卖淫犯罪等婚姻家庭和性罪错型罪犯；“法轮功”及其他邪教类等类型罪犯。

（一）女性社区服刑人员概述

1. 理性思维较差，感性思维较强

其主要表现为：一是认知范围的狭窄性。女性社区服刑人员对自己的罪行不能正确评价，对法律法规、政策等许多问题不能正确理解，不是牵强附会，就是发生抵触。二是认知过程的直观性。女性社区服刑人员对抽象概念较难接受，相信经验，否定理性，抽象思维能力低于男犯，但感知觉的敏锐性常超过男犯。三是认知的独立性差。缺乏主见，易受他人暗示影响，认知易反复，思想不稳定。

2. 感情丰富细腻，情绪波动大

大多数女性社区服刑人员情感丰富，情绪稳定性差，波动幅度大。同时，一些女性社区服刑人员情感比较脆弱，受不得半点委屈，而且虚荣心强，难以在众目睽睽之下接受批评。她们易激动又难以控制自己的情绪、情感，往往失去理智而感情用事。同时，一些女性服刑人员在不满于生存状况时，时常感到焦虑，控制力也相应减弱，情绪波动大，当愤怒或烦恼时，尤为明显。因此，在教育矫正过程中，矫正工作者应当重视个别教育和感化方式。

3. 意志缺乏自制性和自觉性

一般来说，女性社区服刑人员缺乏意志自制力，保持操守之行为需依靠外界干预，否则容易越轨。同时，一些女性社区服刑人员意志自觉性较低，难以按照预定的矫正计划和方案行事，其矫正表现时常反复，特别是遇到重大事件或生活挫折等。此外，一些女性社区服刑人员往往过度地追求狭隘的个人目的和利益，当面对物质诱惑时，不能很好地调节自己的行为。

4. 行为上好逸恶劳、贪图享受

一些女性社区服刑人员，特别是涉财犯罪、性犯罪的，没有形成自食其力的生活意识，过分追求物质利益和生活享受，养成了好逸恶劳、不劳而获的不良品质。在价值取向方面，一些女性社区服刑人员崇尚利己主义，缺乏集体意识和利他思想。部分女性社区服刑人员缺少女性常有的怜悯、同情之心，缺乏应有的道德素养和品质，甚至把自己的享受建立在他人的痛苦之上。

（二）对女性社区服刑人员的社区教育

1. 坚持感化教育与感性教育相结合的原则

在教育矫治女性社区服刑人员的过程中，社区矫正教育工作者要根据女性的性别特征，遵循宽严相济的原则，坚持感化教育与感性教育相结合的原则，寓管于教。由于女性社区服刑人员感情丰富细腻，情绪容易受客观环境影响，且不稳定，特别是在审判后、入矫之初、节假日、纪念日及生病或遇到困难时、社会交往异常时、解除矫正之前，情绪波动极为明显。矫正工作者应当把握时机，以情对情，以自己的真挚感情和工作热情来感化、教育她们。

同时，社区矫正教育工作者要加强感性教育。由于大多数女性社区服刑人员知识文化水平较低，倾向于直观、形象的思维方式。因此，对她们的矫正应当避免教条式、空洞式的理论说教，尽量采用她们喜欢又易于接受的直观、具体、生动、形象的教育方式，如组织文艺表演、开展手工制作、参观等，这种感性教育方式有利于提高教育矫正效果。

2. 强化个别教育力度，增强教育转化效果

一般地，女性社区服刑人员具有虚荣心强的特点，矫正中比较希望得到社区矫正教育工作者的重视和认可，渴望得到关怀，更希望得到尊重和表扬，但在公开场合不善于表达自己的真实思想及内心世界，害怕在公众面前受到批评。通过个别教育，可以建立起她们对社区矫正教育工作者的信任感，提高她们改造的积极性。由于女性社区服刑人员在社会化过程中所形成的人格缺陷不同，文化、智力、能力、个性、兴趣等也不同，同时，又由于当前女性社区服刑人员因犯罪性质、犯罪恶习等不同，不同类型的女性社区服刑人员有不同的特点，这就需要社区矫正教育工作者根据各类女性社区服刑人员的实际情况，制订相应的个别教育方案，进行个别教育。例如，针对眼浅心细的女性社区服刑人员要以细对细进行教育；针对心存疑虑的女性社区服刑人员要以诚开导，进行心理矫治；针对心灰意冷的女性社区服刑人员，则以热对冷进行鼓励教育；针对爱慕虚荣的女性社区服刑人员，注意尊重她们的人格；针对情感脆弱的女性社区服刑人员，则以情动人，循循善诱。

3. 加强伦理道德和法纪教育

有关道德发展理论的研究认为，与男性相比，妇女更具有“关怀道德”，即考虑别人的感情和关怀别人的道德，“关怀道德”水平的降低会导致女性犯罪。因此，对女性社区服刑人员的矫治要重视关怀道德的培养，从而减少女性的犯罪行为。同时，要加强法纪教育，让她们学会用法律的武器来维护自己的合法权益，其内容包括宪法、刑法、妇女儿童权益保障法等与妇女自身权益密切相关的法律。

4. 重视文化知识教育和职业技术教育，提升其生存能力

文化知识水平的高低直接影响到人们分析、判断和解决问题的能力。女性社区服刑人员的文化水平普遍较低，因此，要加强女性社区服刑人员的知识技能教育，通过各种层次的文化知识教育，消除她们的愚昧，使她们掌握一定的自然科学知识和社会科学常识，提高思维能力和认知水平，真正成为有一定知识修养的遵纪

守法公民。除了对女性社区服刑人员进行文化知识教育，还要强化职业技能培养，提升她们的社会生存能力。应为她们提供适合的技能培训，如烹饪、缝纫、美容美发、花木栽培、机械修理及医护等传统综合技术，她们具有了一技之长，解矫后能够自谋生路，自食其力，不再因为生存问题而走上违法犯罪的道路。

5. 以情感人，强化亲情教育和社会帮教力度

教育矫治女性社区服刑人员需要重视她们的情绪、情感变化，强化其积极的情绪、情感，弱化其消极的情绪、情感。而积极的情绪、情感的培养离不开感化教育，社区矫正教育工作者应满怀热情地对待女性社区服刑人员的生活、工作和学习，注意发现其心灵深处的“闪光点”，在可能范围内尽最大努力帮助女性社区服刑人员解决情感纠葛、家庭矛盾、孩子抚养、身体疾病等问题。同时应注意恩威并施，掌握其思想动态，对其出现的违规行为及时发现，准确处理，对其不良言行及时批评教育。社区矫正教育工作者要充分发挥家庭教育优势。女性社区服刑人员具有家庭观念重、对亲人依附感强的特点，社区矫正教育工作者应当积极主动地与女性社区服刑人员亲属加强联系，通过与亲属签订帮教协议，充分发挥家庭成员的帮助、支持、配合及监督作用，千方百计使女性社区服刑人员与亲属增进感情交流，更多地感到家庭的温暖。特别是女性社区服刑人员与其家庭成员关系不融洽的，社区矫正教育工作者应当多花些精力，走访、动员家庭成员，通过家庭成员的关心、关爱，让她们感受到亲情和真情，消除被亲人鄙视、抛弃的顾虑，重新树立家庭责任感和生活信心，以巩固教育矫正的效果，提高教育矫正质量。对女性社区服刑人员家庭中存在的特殊问题，如丈夫提出离婚、父母病危、子女入学等，在条件许可的情况下，派人前去调解或通过当地政府或民政等部门协调解决。

6. 强化心理健康教育和心理矫治工作的力度，培养健康心理和良好人格

女性社区服刑人员有其特殊的生理现象和与之相伴的心理反应，但有些女性社区服刑人员对女性基本的生理卫生常识知之甚少，在遇到月经期和更年期这样的生理反应时，不能很好地调节自己的心理变化和情绪，给她们的生活带来很多麻烦。因此，对女性社区服刑人员开展基本的女性生理、心理知识教育和心理矫治十分必要。

（1）认知疗法。

认知疗法是指通过纠正认知和矫正行为来改变当事人心理的治疗方法的总称。认知疗法是用认知重建、适应性技能训练、问题解决等技术进行心理辅导和治疗。

第一，认知重建。偏差、错误性认知会影响女性社区服刑人员的情绪和行为。

认知重建强调改变女性社区服刑人员的错误认知，帮助她们建立正确的认知。社区矫正工作者通过倾听、解释、自我暴露等咨询技术，了解女性社区服刑人员的错误认知及其来源。另外，社区矫正教育工作者帮助女性社区服刑人员划清并区别主观认知与客观现实的界限，避免将思想与事实混淆。同时，社区矫正教育工作者帮助女性社区服刑人员明确自己与周围发生事情的关系，把那些与她们没有关系的事情剥离出去，让她们认识到究竟哪些事情与她们有关，哪些事情实际上与她们无关，不要让它影响到她们的心理和行为，产生严重的心理负担。此外，在帮助女性社区服刑人员重新建立认知的同时，社区矫正教育工作者要尽可能消除社区公众对她们的偏见，避免她们将其夸大，导致认知偏差。

第二，适应性技能训练。缺乏解决问题的适应性技能是女性社区服刑人员走上违法犯罪道路的根本原因之一，也是实现其再社会化的主要障碍因素。通过适应性技能训练，社区矫正教育工作者教给女性社区服刑人员以恰当的认知技能，促使她们摆脱焦虑、自闭、自卑、恐惧等负性情绪。例如，大量的研究证实，认知技能训练在降低重新违法犯罪率方面具有很好的效果。研究发现，如果心理矫治工作重视对服刑人员思维的改变，重视他们的认知技能训练，就会产生积极的效果。

第三，问题解决。问题解决技能强调，使用不恰当的问题解决方法是女性社区服刑人员引起消极情绪的重要因素。女性社区服刑人员的挫折、仇视、怨恨、焦虑、抑郁等消极情绪的产生，都与不恰当的问题解决方式有关。积极面对，学会求助是值得提倡的问题解决方式，而采用回避、幻想和自责方式则是不成熟的表现。因此，社区矫正教育工作者应重视帮助女性社区服刑人员学会新的问题解决方式，从而减少他们的消极情绪。

（2）行为疗法。

在矫正过程中，矫正工作者根据操作性条件反射原理，应当为女性社区服刑人员提供良好的学习环境，通过公平合理的奖惩措施，磨砺她们的意志，促进她们养成良好的行为习惯。意志缺乏坚定性和自觉性是女性社区服刑人员的普遍心理。在开放而复杂的社区中接受矫正，女性社区服刑人员面临各种诱惑和压力，意志不坚定或自控力差必将导致其越轨，甚至重新违法犯罪。因此，只有对女性社区服刑人员的不良行为进行矫正，不断增加其正向行为，才能提高教育矫正质量。在应用行为疗法时，矫正工作者要准确地使用奖惩措施，奖惩的程序和内容必须客观、真实、公平，才能充分发挥区别对待的作用。同时，对于她们日常生活以及矫正活动中的良好表现，都要及时地给予奖励，以促进其克服不良行为，激发其接受矫正的热情。

（3）运用团体心理辅导。

团体心理辅导是指在团体情境下为女性社区服刑人员提供心理帮助与指导的心理咨询形式。它是一种通过团体内人际相互作用，促使女性社区服刑人员在交往中通过观察、学习、体验，认识、探索、发展和改变自我，学习新的价值观念和行为方式，进而形成良好适应性的助人过程。

团体辅导的独特价值在于：首先，参与团体本身就可能达到治疗的效果。因为女性社区服刑人员进入团体后，会产生“和别人一样”的体验。过去，部分女性社区服刑人员认为受排斥、遭冷落等感受为自身独有，别人难以理解和体会。进入团体后，她们很快会认识到，其他女性也有类似的经历和体验。这对安慰心理、平复感情具有辅助作用。其次，参与团体活动有助于新知应用。团体辅导在女性社区服刑人员熟悉的日常生活中进行，有助于她们进入角色，也有助于将她们学习的知识与技能、形成的观念与态度迁移到现实生活之中。最后，参与团体能获取更多资源与资讯。与个案矫正相比，参与主体的多元化以及沟通交流的深入性，能够使女性社区服刑人员获得更多的经验和信息，有利于开阔她们的视野，也有助于他们更深刻地认识到自身的缺陷。

女性社区服刑人员是情绪色彩特别浓的一类服刑人员，也是容易发生情绪障碍和人格障碍的一类服刑人员。因此，社区矫正教育工作者要运用心理学的有关知识，以心理健康知识讲座、心理辅导、面谈、电话咨询、书信咨询等方式对女性社区服刑人员进行心理健康教育和心理咨询，以化解她们的郁结情绪，消除她们的压抑感和对立情绪，建立双方的信赖，寻求有针对性的矫正方法，培养她们的健康心理和良好人格。

三、财产型社区服刑人员

财产型社区服刑人员，又称利欲型或物欲型服刑人员，是指因强烈的物质欲望作为内驱力，以盗窃、诈骗、抢劫、贪污等各种手段非法占有公私财产，对社会秩序造成严重危害，依法构成犯罪，受到刑罚处罚，正在社区矫正机关接受教育矫正的服刑人员。根据我国《刑法》的第三章、第五章、第八章的规定，财产型社区服刑人员主要是指破坏社会主义市场经济秩序罪、侵犯财产罪、贪污贿赂罪的犯罪分子等。

（一）经济型社区服刑人员的概念

经济型犯罪是指为谋取经济利益而实施的犯罪。这种犯罪是经济领域里的自然人或者法人以欺骗或隐蔽的手法，或者利用职务上包括政治上的优势与便利，谋取不法经济利益，从而违反经济管理法规、破坏社会主义市场经济秩序，违反行政管理法规和政府管制、破坏社会管理秩序，妨害国家机关正常工作秩序的各种犯罪行为。根据我国刑法，经济型犯罪主要有职务侵占罪，挪用公款犯罪，贪污罪，贿赂犯罪，金融诈骗犯罪，税收犯罪，证券、票证方面的犯罪，不正当竞争犯罪，违反行政管理和政府管制的犯罪，如走私、毒品犯罪，制假、贩假、逃汇、骗汇犯罪等。经济型社区服刑人员是指违反国家有关法律，谋取非法利益，严重破坏社会主义市场经济秩序和经济关系，依法受到刑罚处罚，在社区矫正机关服刑的犯罪分子。

（二）经济型社区服刑人员的主要特点

1. 拜金主义思想严重

经济型社区服刑人员违法犯罪的主要动力就是对金钱的追求。由于价值观的扭曲，用金钱观念代替人生价值和社会价值，他们把追求物质享受作为生活的全部内容和唯一目标，信奉“人为财死，鸟为食亡”“人无外财不富，马无夜草不肥”等腐朽哲学。入矫后，有的仍把金钱和物质看得极重，不惜违反社区矫正管理规定和纪律；有的则热衷于权钱交易，企图逃避公益劳动，获得轻松方便。

2. 罪责感差

经济型社区服刑人员存在有罪不认的心理，对自己犯罪原因的评价是歪曲的、不客观的，找各种理由为自己的犯罪辩解。另外，他们对自己被判刑感到委屈、吃亏、轻罪重判，内心矛盾重重。有的把自己的罪行与社会上揭露出来的大人物、大案子相比，感到心理不平衡，对法律的公正性产生怀疑，内心焦躁不安。有的对社会有怨恨情绪，对司法行政机关的教育矫正有强烈的逆反心理。此外，由于他们所造成的危害是损及国家或集体的经济利益，一般不直接涉及具体的某一个人，因此形成不了因他人利害关系受损而引起的良心上的自我谴责，这些造成了他们心理上的坦然，在教育矫正中缺少压力。

3. 自尊、虚荣心理强烈

经济型社区服刑人员基于在原有工作、生活环境中养成的行为习惯，自尊虚荣心理都较为强烈。留恋过去的生活，常常回忆过去，或在其他社区服刑人员面前谈论过去的辉煌，喜欢别人用原先的职务称呼自己，以满足心理虚荣的需要；

既畏惧刑罚处罚，又极力表现出强烈的自尊，在一切可能显示自己的机会里，表现出清高自傲或知识能力和阅历经验的非凡。

4. 不善于暴露思想，处事圆滑

经济型社区服刑人员原处于社会的大环境之中，见多识广，阅历丰富，结识三教九流，体味多种人生，形成了一套处事圆滑、八面玲珑、注意方方面面的影响、善于夹着尾巴做人的处事方式。具体在教育矫正中主要有以下几种表现：一是在社区矫正教育工作者面前不公开表露对某一问题的真实看法；二是在其他社区服刑人员面前不论是非，对看不惯的人和事极少言表。经济型社区服刑人员的性格一般属于中性，很少表现为内向或十分外向。他们一般能够从社会经验的角度或以自己的行政经历，来揣度社区矫正教育工作者的心思，观察社区矫正教育工作者的行为，总结社区矫正教育工作者的性格特点和工作作风，以便在日常的教育矫正中能够见风使舵，从容行事，有所适从，以赢得社区矫正教育工作者的好感和肯定。

5. 行为自律性较强，对政治事件、经济政策等较为敏感

经济型社区服刑人员的心理承受能力较其他类型的社区服刑人员要强，比较善于控制自己的情绪，不易激动和宣泄，能够在新的环境之中求得心理平衡，在日常教育矫正中集中表现为：在社区矫正教育工作者面前谨小慎微，在其他社区服刑人员面前往往权衡利弊，一般不会因冲动而违规违纪。经济型社区服刑人员基于特殊经历或出于教育矫正的需要，对国家发生的政治事件比较敏感，尤其是国家政治方面的调整，对他们更具有吸引力，对国家经济政策的变化走向以及与个人切身利益的关系也极为关注。

（三）对经济型社区服刑人员的教育矫正措施

1. 加强法制教育，使其认罪悔罪

对经济型社区服刑人员进行法制教育的主要内容是刑法、公司法、金融法、税法、劳动法等。另外，要结合经济型社区服刑人员的特征，确定有针对性的教育矫正内容，实施有效的教育方法，理直气壮地“剥掉”他们的自私、贪婪、虚伪、奢侈的丑恶本质。通过法制教育，使他们认清其犯罪行为给社会、集体带来的严重危害和巨大损失，认识受到惩罚的必然性，深刻检查自己的罪行，抛弃不切实际的幻想，增强罪责感和自觉接受教育矫正意识。

2. 加强人生观、道德观的教育，注意思想转化

引导他们从世界观、人生观、价值观上寻找深层次的犯罪原因，在走上犯罪道路到受到刑罚惩罚的整个历程中进一步反省拜金主义、享乐主义、个人主义思想意识对其个人和社会的危害，分清荣辱是非，彻底摒弃贪婪的个人私欲和扭曲的价值观，唤醒道德良知，激发积极向上心理，实现思想转化。

3. 结合各自特点，加强个别教育

经济型社区服刑人员的犯罪构成各不相同，其行为和心理活动也各有差异，因此要结合经济型社区服刑人员各自特点，细致、耐心地对其进行转化工作。在个别教育中，首先，要着力解决他们对教育矫正产生的逆反心理，这是个别教育能否成功的基础。要积极主动接近他们，在生活上给予关怀和温暖，找到情感沟通的切入点，让他们体会到社区矫正教育工作者的温情。其次，管理上要把握好尺度，处理问题要有理有据，让他们心悦诚服地接受管理。对经济型社区服刑人员的个别教育必须结合他们的个性特征、社会阅历、犯罪性质进行心理转化工作。个别教育中引导他们主动讲自己的看法或观点，也允许他们思想出现反复。要认真分析症结存在的原因，对错误的观点给予驳斥，摆事实讲道理，耐心地进行说服教育。总之，在个别教育中要言辞恳切，既要体现对他们的信任、尊重、关怀，又要以法服人、以理服人，只有这样才能收到满意的教育效果。

4. 加强社会帮教

可以邀请有关部门和专家、学者做专题讨论，讲解他们关心的时事政治，分析国家的大政方针；配合反腐败斗争和法制教育，组织经济型社区服刑人员走向社会“现身说法”，这样不仅对社会起到直观的法制教育作用，而且也能起到加深自我教育的作用。

四、盗窃诈骗型社区服刑人员

（一）盗窃诈骗型社区服刑人员的概念

盗窃诈骗型社区服刑人员，是以非法占有为目的，秘密窃取数额较大或者多次盗窃公私财物，或用虚构事实或者隐瞒真相的方法，骗取数额较大的公私财物，依法受到刑罚处罚，在社区矫正机关接受教育矫正的犯罪分子。在社区矫正机关服刑的社区服刑人员中，盗窃诈骗型社区服刑人员占社区服刑人员总数的半数左

右，是我国社区矫正机关在矫服刑人员中人数最多的社区服刑人员群体，且仍有上升势头。盗窃诈骗型社区服刑人员重新犯罪率较高，是社区矫正机关监管教育矫正工作的难点之一。盗窃诈骗型社区服刑人员以刑期长短和恶习深浅为标准，分为初犯、偶犯、累犯等层次。

（二）盗窃诈骗型社区服刑人员的主要特点

1. 利欲熏心，自私自利，贪图享受

盗窃诈骗型社区服刑人员贪财恋物，贪得无厌，具有超乎寻常的物质欲望，只要能弄到钱财，一切都不在乎。盗窃诈骗型社区服刑人员“拜金主义”思想根深蒂固，认为人与人之间的交往完全是赤裸裸的金钱关系，一些高尚的道德情操、修养品位，在这类人身上几乎是一片空白，在人际交往和教育矫正中，他们表现为自私自利，以极端的利己主义为核心。由于在物欲上具有贪婪性，他们不考虑个人的现实条件和经济条件，追求吃喝玩乐，追求高消费，相互攀比，贪图享受。这种扭曲的价值观念是从小养成的“顽疾”，是教育矫正的一个难点。

2. 罪责感淡漠，教育矫正意识不强

绝大多数盗窃诈骗型社区服刑人员没有犯罪羞耻感和悔罪感，不承认或不愿承认所犯罪行的社会危害性。一些社会阴暗面的存在，给一部分盗窃诈骗型社区服刑人员为自己的罪行开脱提供了借口与“论据”，他们把自己犯罪的原因推向客观，强调社会环境的不利影响，极力否定其丑恶行为的主观性，不认为自己被判刑、被教育矫正是罪有应得。他们认为当今社会上贪污受贿或钻法律空子而逍遥法外的“大鱼”大有人在，悔恨的不是犯罪，而是自己的“失手”。由于缺乏悔罪意识，社区服刑人员的角色意识、教育矫正意识非常淡薄，他们对社区矫正机关的严格管理和教育矫正非常反感，表现为消极抵抗，大错不犯，小错不断，违规违纪现象十分突出。

3. 好逸恶劳

好逸恶劳、好吃懒做、不劳而获是盗窃诈骗型社区服刑人员的通病。其中绝大多数以前是游手好闲、有业不就、吃喝玩乐的“懒汉”。入矫后，很多人仍然留恋过去花天酒地、纸醉金迷的生活，怕苦怕累，厌恶、畏惧劳动，不愿意脚踏实地地工作，整天游手好闲，得过且过，即使慑于刑罚的威严被迫、消极地参加社区服务，也往往消极怠工，能滑就滑，能躲就躲，出工不出力。所以教育矫正他

们不劳而获的“寄生”心理，树立其劳动观念，是对盗窃诈骗型社区服刑人员教育矫正的一个重点。

4. 意志薄弱，恶习难改

由于长期的盗窃诈骗生活，他们的注意对象具有明显的倾向性，对财物十分敏感，形成比较牢固的心理定式和行为动作，视“偷”为一种精神满足。他们无时无刻不在设法攫取不义之财，一看见别人的钱财就手痒难耐，必欲占为己有而后快，挥霍殆尽而心安。长期不劳而获的生活经历，使相当一部分盗窃诈骗型社区服刑人员缺乏吃苦耐劳的意志、自控能力和自我约束能力，无法忍受严格的纪律约束，常常表现出教育矫正行为的盲目性和教育矫正过程的反复性。

（三）对盗窃诈骗型社区服刑人员的教育矫正措施

1. 进行信仰道德教育，引导社区服刑人员树立正确的人生观

错误的世界观，扭曲的人生观，畸形的价值观，是盗窃诈骗型社区服刑人员走向犯罪道路的根本原因。只有彻底转变这些错误的信仰，树立正确的思想，才能使他们走上积极接受教育矫正、脱胎换骨的新生之路。一方面，要从批判拜金主义、享乐主义和极端利己主义入手，让社区服刑人员真正明白人为什么活着、应该怎样活着、怎样做人以及做什么样的人，把正确理论的灌输和对腐朽颓废观念的揭露与批判结合起来，帮助他们明确是与非、辨别善与恶、分清荣与辱等。另一方面，针对盗窃诈骗型社区服刑人员畸形的消费心态，进行消费观的教育与引导，指明畸形消费的危害，开展科学消费的专题讨论，揭露和批评那些在生活中向家里大肆要钱、要物、要吃喝的不良行为，使他们懂得消费与享受必须以自己的辛勤付出为前提，而不能寄生于他人或社会，将自己的幸福建立在别人的痛苦之上。

2. 矫正需求结构，改变认知方式

在一般人的需要结构中，较低层次的生理需要和较高层次的社会性需要是协调统一的，生理需要只是生活的一部分，是社会性需要和精神需要的基础。不正当的需求结构是产生利己主义倾向的根源，并使财产型犯罪人逐步形成贪图物质利益的违法犯罪观念。财产型服刑人员的“物质性动机高居首位”，这种物质性动机源于物质性需要或生理需要。在盗窃诈骗型犯罪人的需要结构中，以较低层次的物质或生理需要占主导地位，支配着其他层次的需要，物质欲望的满足成为其生活的唯一目的。因此，要将他们教育矫正成为遵纪守法、自食其力的社会公民，

就必须矫正他们不正当的需要结构，培养和发展他们的社会性情感和社会性需要，如集体荣誉感、自尊心等，使他们认识到个人需要必须服从社会需要、国家需要，个人需要的满足方式必须符合法律规定和社会规范，任何通过不正当的手段来满足自己个人需要的行为，都是社会和法律所不允许的。社区矫正教育工作者可以运用认知疗法，改变盗窃诈骗型社区服刑人员错误的认知观念。例如，盗窃诈骗型社区服刑人员崇尚“金钱万能”“人生在世，吃喝二字”“人不为己，天诛地灭”等错误的价值观。抢劫型犯罪人信奉“人生在世，吃喝玩乐”，认为“不怕死”“心狠手辣、大胆亡命”是勇敢的表现。诈骗型犯罪人认为诈骗是让人自愿掏钱，自己没有什么责任；诈骗不像抢劫那么严重，既不动刀也不流血，危害很轻；诈骗是自己谋生的手段；诈骗富人和贪官是应该的，不算犯罪。而贪污受贿犯罪者具有拜金享乐的人生观和公私兼顾的受贿观。

3. 加强认罪悔罪教育，深挖犯罪根源和危害

针对不少盗窃诈骗型社区服刑人员认罪浅层化、悔罪表面化的特点，要组织引导盗窃诈骗社区服刑人员深刻反省问题，深挖犯罪根源和危害，认罪悔罪。一是，要针对盗窃诈骗型社区服刑人员中普遍存在的“犯罪外因论”，深入揭露并批评其犯罪恶性。坚持因人施教的原则，组织专题解剖的分析，从灵魂深处挖掘其犯罪思想，使其彻底认罪。二是，要组织盗窃诈骗型社区服刑人员进行经常性的“谈犯罪危害”活动，总结盗窃诈骗型社区服刑人员的犯罪行为对社会的人、财、物造成的危害，增强社区服刑人员的罪责感。可以运用“角色转换法”，让社区服刑人员进行“假若我是受害者”的反思，以加深社区服刑人员的罪恶感。也可运用“连锁叠加法”，以身边或其他典型案例，说明犯罪危害造成的连锁反应。这样，盗窃诈骗型社区服刑人员既看到自己犯罪的物质性危害，又看到数不清的精神性危害，加深了认罪悔罪的意识。三是，要结合法律知识教育，使社区服刑人员理解法律的正义性和不可侵犯性及犯罪应受惩罚的必然性和合理性，改变他们“认关系不认法律”“认倒霉不认罪恶”“混教育矫正不讲悔过”的错误心态，使社区服刑人员正确地对待刑罚，自觉接受教育矫正。

4. 注重文化熏陶，陶冶情操

陶冶是指利用环境、气氛、作风等因素对盗窃诈骗型社区服刑人员进行潜移默化的影响，使其耳濡目染、心灵受到感化的方法。情操陶冶是转化盗窃诈骗型社区服刑人员情感、意志的重要手段。它从培养盗窃诈骗型社区服刑人员健康的兴趣着手，把其兴趣转移到健康的、积极的学习、劳动之中，促使他们树立积极

的生活目标，培养高尚的情操，进而养成良好的行为方式。它一般包括人格感化、环境陶冶和艺术熏陶等方式。人格感化是指社区矫正教育工作者的人格魅力，尤其是对盗窃诈骗型社区服刑人员的人文关怀，对教育矫正会产生至关重要的影响。社区矫正教育工作者无私的“爱”，真诚的“理解”“信任”“尊重”和“关怀”，是其工作取得成效的基础，也是开启盗窃诈骗型社区服刑人员心灵的钥匙。环境陶冶，这里的环境主要包括矫正机构内优雅的自然环境、人际关系、集体舆论和语言环境等，利用这些环境因素可以对盗窃诈骗型社区服刑人员产生潜移默化的影响。音乐、美术、诗歌、文学、影视等都是人类智慧的结晶，能给犯罪人美的感受和人生的启迪，发挥艺术熏陶的作用。矫治工作者可选择有感染力、有趣味、有教育意义的故事、录音、录像、电影等，以生动、直观的方式，提高盗窃诈骗型社区服刑人员的精神境界和道德水平。

五、毒品型社区服刑人员

（一）毒品型社区服刑人员的概念

毒品犯罪是一种国际性犯罪，可归纳为非法生产毒品的犯罪，非法贩卖毒品的犯罪，非法持有、使用毒品的犯罪三类。毒品型社区服刑人员是指违反禁毒法规，从事与毒品有关的危害公民身心健康和破坏社会秩序的活动，依法被判处刑罚，在监狱关押改造后予以社区矫正的服刑人员。改革开放以来，我国毒品犯罪迅速蔓延，毒品型社区服刑人员的数量也在逐年增长，其中部分人员以贩养吸，多年的吸毒行为使其身体各项机能严重受损，增加了社区服刑教育矫正的难度。

（二）毒品型社区服刑人员的主要特点

1. 罪责感缺乏，悔改意识不强

绝大多数毒品型社区服刑人员惯于以个人为中心，行为上表现为自私自利，为了寻求感官刺激，满足个人的私欲，一意孤行，不考虑自己的违法犯罪行为对社会、家庭、他人所造成的严重后果。在社区服刑过程中，他们善用两面手法，表面上服从管理矫治，在劳动中也较为积极，但并未真心悔过，非但不认清犯罪危害，甚至为自己“涂脂抹粉”，认为毒品犯罪是现代社会的时髦罪、高层次犯罪，其变态的道德意识、颠倒的价值观念、逆反的生活态度是这类社区服刑人员罪责感、赎罪感淡薄的重要原因。

2. 好逸恶劳，挥霍享乐

好逸恶劳，挥霍享乐，畸形物欲强烈，追求高额暴利和超级精神享受，是毒品犯走上犯罪道路的重要原因。毒品交易的“一本万利”使他们沉溺于纸醉金迷、穷奢极欲、挥霍无度的生活，使他们养成了好吃懒做、好逸恶劳、放荡不羁的恶习。在劳动上，有的贪图安逸，怕苦怕累，借口吸过毒、体质差，要求照顾，即使参加劳动和集体教育活动，也是消极应付，能混则混，能躲则躲；对能够得到奖励的事抢着干，而对没有好处的事尽力躲避；在生活上，讲享受，摆阔气。

3. 心理扭曲，难以自控，容易引发事端

毒品犯中以贩养吸的罪犯较多，吸毒容易戒毒难，这些社区服刑人员短期内无法断绝生理上、心理上的强烈需求，甚至情绪激动浮躁，心绪烦乱，行为反常，从而导致其心理认知问题大，心理承受能力差。涉毒社区服刑人员对追求骄奢淫逸的生活及毒品贩卖的高额暴利趋之若鹜，这使得对他们的教育矫正难度更大。同时他们婚姻状况往往较不稳定，父母不理会，缺少了家庭的监督与温情，使他们变得亲情淡漠，这些都使社区涉毒服刑人员的心理问题更为突出。

4. 不良恶习多，人际关系复杂

从经历来看，涉毒人员往往过早进入社会，并进入不良交际环境，沾染恶习。他们往往游手好闲，结识一些不务正业的社会青年，经常出入娱乐场所，追求感官刺激，染上吸烟、酗酒、赌博恶习，扭曲了个人的人生观、价值观，选择了不良的生活方式，偏离了正常的社会轨道，导致社会关系网错综复杂，行为陋习无法轻易改变。毒品对吸毒者精神的摧残，以及对大脑中枢神经的损害，使得大脑中调节情绪、睡眠、记忆、思维等神经失调，涉毒人员精神长期处于高度紧张、恐惧、烦躁、孤独、空虚状态，容易导致思维混乱，情绪不稳定，易冲动发怒、行为失控，进而产生性格的改变。这具体表现为，固执任性，性情古怪，在一些小事情上采取非理智攻击型行为，有时自己不合理的要求得不到满足，就采取自伤自残或以自杀相威胁等偏激行为。

（三）对毒品型社区服刑人员的教育矫正措施

1. 加强认罪服法和责任感教育

第一次毒品犯罪时，有些罪犯可能是法盲犯罪，但随着时间的推移和社会加大对毒品犯罪的打击力度，他们中的大多数人属于知法犯法，抱着侥幸心理，铤而走险犯罪。因此，十分有必要对他们加强认罪服法教育，通过有关法律、禁毒法规和案例教育，使他们了解因吸毒而造成的各种悲剧，感受吸毒等于透支生命，种毒、贩毒等于谋财害命，从思想深处认识毒品的危害性，从内心深处产生对毒品的憎恶感，增强罪责意识，深挖犯罪根源，使他们走上认罪悔罪道路。

2. 进行系列专项教育，培养自觉抵制毒品意识

一是加强中国近代史与爱国主义教育，使他们了解在中国近代史上鸦片使中国遭受的屈辱历史，激发他们的爱国热情，增加他们远离毒品的认识和自觉性。二是加强人生观、劳动观教育。毒品犯犯罪的主要原因是享乐主义和拜金主义的人生观的驱使，他们把沉醉于缥缈幻觉、挣钱发财当作人生的唯一目标，并深陷其中，对他们进行人生观教育是非常必要的。与此同时，针对毒品犯罪中相当一部分人是因为懒惰散漫、好逸恶劳而走上犯罪道路的特点，必须对他们进行劳动观教育，使他们能认识劳动的意义，督促他们积极参加劳动，重塑灵魂。三是进行社会公德与形势教育，即以《公民道德建设实施纲要》进行社会公德教育，使他们明确认识到毒品是国际社会的公害，是逆社会公德的丑恶现象，充分认识我国政府和人民反毒斗争的决心。可以利用多种形式如音像设施、图片等揭露毒品的危害，那些生不如死、人格扭曲、形态怪异、形如枯草的吸毒人员对毒品的控诉，这些对毒品型社区服刑人员必定有警醒作用。在教育矫治的过程中，不断利用这些画面、图片加以刺激，他们在感悟、良知复苏的过程中，变得厌恶涉毒，从内心深处激发起远离毒品和毒品犯罪的愿望和情感。

3. 进行心理矫治

通过适当的心理矫治，能使他们学会自我调适，增强其心理“免疫力”，从而有效抵御毒瘾等外界不良因素的侵蚀，有效地抵御各种新的诱惑。实际操作中，毒品型社区服刑人员往往对心理矫治表示抗拒，工作人员开展心理矫治时难以建立相互信赖关系，难以开展深入交流和沟通。心理辅导与高度频繁的心理干预能给吸毒者提供最好的帮助，这就需要社区矫正机关向社会购买专业的服务，为毒品型社区服刑人员提供专业的、高频度的心理治疗及干预，这不仅有效降低了毒品型社区服刑人员重新违法犯罪的概率，而且能解决管理对象多、工作人员少的突出矛盾。对有轻度心理问题的毒品型服刑人员要积极开展心理咨询活动。通过心理咨询，使他们的认识、情感和态度有所变化，逐步消除心理问题，更好地适应环境，保持身心健康。对一些心理障碍较为严重、已发生“病变”的毒品型服刑人员，要由专门训练的人员对其进行心理治疗，改变和消除其病理状态，使他

们的病情得到好转和康复，建立起良好的心理品质。

4. 借助亲情教育，感化其改恶从善

社区矫正教育工作者要争取毒品型社区服刑人员的家属、亲友对教育矫正工作的支持，充分发挥亲情教育的作用。对毒品犯罪的高额利益和毒品的诱惑，人的抵抗力是有限的，但有了亲友与社会的关心，人的内心可以变得强大。家庭给予的关心和照顾是全方位的，家庭在涉毒罪犯的教育矫正、再社会化过程中居于重要地位。因此，要充分发挥家庭成员和亲朋好友的作用，开展亲情帮教。加强对毒品型社区服刑人员家属有关戒毒工作的宣传，教育家属履行监护责任，使毒品型社区服刑人员感受到家人的关爱和期盼，早日迷途知返，融入社会。

六、暴力型社区服刑人员

（一）暴力型社区服刑人员的概念

暴力型社区服刑人员一般是指以暴力手段实施犯罪行为，依法被判处刑罚，并进入社区矫正领域接受教育矫正的服刑人员。根据我国刑法的规定，并结合有关学者的研究成果，以社区服刑人员不同的动机为标准，可将暴力型社区服刑人员分为利欲型、发泄型、报复型和称霸型社区服刑人员四种。近年来，我国暴力型社区服刑人员的数量不断增多。暴力型社区服刑人员所具有的攻击性，成为影响社会治安和稳定的一个重要因素，也是社区居民对社区矫正教育效果存在质疑的原因之一。对暴力型社区服刑人员教育矫正的好坏，直接关系到社会的稳定和国家的长治久安。因此，抓住暴力型社区服刑人员在教育矫正中的特点，增强教育矫正工作的针对性和实效性，提高教育矫正质量，具有重要的现实意义。

（二）暴力型社区服刑人员的主要特点

1. 认知水平低下，对事物的理解偏激

暴力型社区服刑人员文化、科学、法律知识贫乏，导致其认知水平低下，辨别是非的能力差，对事物的全部和实质不能正确地把握和认识。对待和看待事物，往往是只看一点、不计其余。大多数暴力型社区服刑人员在其错误、偏激思想的支配下，对消极的社会现象持认同和肯定的态度。他们不能正确地认识自己的罪行，认为社会对自己不公，具有极大的愤懑心理，思想消极。

2. 情感层次低下，冷酷自私

暴力型社区服刑人员大多情感层次低下，缺乏高尚的仁爱心理，情感冷漠，冷酷自私。在他们看来，人与人之间的交往，只不过是互相利用而已。这些人往往是以自己阴暗的心理去推测他人，戴着有色的眼镜去观察、认识社会，得出的结论就是“人人都是自私的”“人不为己，天诛地灭”，缺乏对社会、集体、他人的责任感、义务感和同情心。

3. 侥幸心理严重，法律意识淡漠

有相当一部分暴力型社区服刑人员，法律意识淡漠，侥幸心理严重。这些社区服刑人员在实施犯罪行为时，缺乏或根本没有法律或道德的压力。他们在侥幸心理的驱动下，往往认为自己的手段高明，司法机关不会发现；也有的自认为受害人不敢去告发，法律追究不到自己；甚至有的错误认为自己有靠山、有路子，可以躲过法律的制裁。

4. 情绪易怒，行为盲动

在暴力型社区服刑人员中，青壮年居多，气质类型多属胆汁质。这样的人脾气暴躁，情绪外露，易激怒，易冲动，自我控制力差，遇事很少考虑周密，且不计后果。相互间感情融洽时，就在一起说笑打闹，称兄道弟，一不投机，便反目成仇，微不足道的事情就可能成为导火索，引起情绪的急剧变化，从而引发丧失理智的行为。对于暴力型社区服刑人员，性格多为粗暴、野蛮，情感超越理智，信奉“拳头就是真理”“枪杆子里出英雄”的信条，崇尚暴力。稍遇不合自己心愿和利益冲突的事情，就可能不思曲直，张口就骂，举手就打，且胆大妄为，攻击性强。甚至有些时候，故意滋事，大打出手，以此发泄对他人或社会的不满，达到其逞强称霸的目的。他们重新犯罪的可能性大，是社区矫正工作中必须重点管控和矫正的对象。

5. 人际关系紧张

暴力型社区服刑人员无论是在社会上还是家庭中都容易关系紧张，与人相处时，话不投机或稍不遂意就可能破口大骂，甚至大打出手，心情不佳时对社区矫正工作者的批评教育也会顶撞对抗，从而造成人际关系的紧张。

（二）对暴力型社区服刑人员的教育矫正对策

1. 严格落实社区矫正规章制度，加强管理监督

暴力型社区服刑人员情感易冲动，行为盲目，不计后果，危险性大于其他类

型的社区服刑人员，而且不习惯受严格的管束。因此，社区矫正机关必须严格落实社区矫正各种规章制度，加强对暴力型社区服刑人员的管理监督，经常性地开展电话访谈和家访，积极与其家属、所在村委会、居委会或所在单位、学校沟通交流，随时了解暴力型社区服刑人员的心理状况、思想动态、人际关系等，当发现任何不良苗头时，及时与之交心谈心，及时处理，并根据每个暴力型社区服刑人员的不同特点，向他们提出更为明确具体和有针对性的行为要求，使他们有一种教育矫正的紧迫感，逐渐养成自觉遵守社区矫正规章制度、自觉接受教育矫正的习惯。

2. 教育感化，以理服人

针对暴力型社区服刑人员的情感特点，要特别注意采取恰当的管束方法，充分发挥管理的感化作用。在处理问题时，应尽量避免与暴力型社区服刑人员发生正面冲突，以免激化矛盾。要摆事实，讲道理，以理服人。在实际工作中，要把坚持原则与解决社区服刑人员的实际问题结合起来。对社区服刑人员的合理要求，能够解决的要及时解决，暂时解决不了的，要耐心地说明情况；对无理的要求，要坚持原则，给予必要的批评教育。在管束中，要把启发疏导、表扬鼓励与批评劝诫和情感交流结合起来，使社区服刑人员真正感受到社区矫正机关和矫正工作者对他们的关心和爱护。要对他们采取“人格上尊重，生活上关心，教育矫正上鼓励，处理问题冷静”的办法，做好教育、感化、挽救工作。

3. 强化法制教育，增强其法律意识

法制教育是针对暴力型社区服刑人员开展教育矫正的核心。社区矫正教育工作者通过法制教育，指出暴力型社区服刑人员犯罪的危害性和残忍性，让他们充分认识到不良的心理及行为特征是导致其违法犯罪的直接原因；改变他们以往用暴力解决问题的思维方式，让他们学会运用法律的武器维护自身的权益，促使他们知法、懂法、守法，增强法律意识和法治观念。可通过“以案学法”“典型案例”的剖析讲座等教育形式，加深他们对自己罪行的认识，使他们端正认罪服法的态度，促使其道德感、愧疚感和负罪感的复归。

4. 注重个别教育，因人施教

个别教育是对暴力型社区服刑人员教育行之有效的手段，它可以解决集体教育难以解决的问题。在对暴力型社区服刑人员进行个别教育时，要把握他们的心理和行为特点，注意方式方法。教育他们认识自己违法犯罪的原因以及给社会、家庭、他人和自己造成的危害，引导他们和受害者角色互换，设身处地地认识自己行为的错误。同时，针对暴力型社区服刑人员冲动、暴躁、固执和不稳定的心理特点，避免在其情绪激动时进行争论，做到“冷处理”，坚持以理服人、以情感人的原则，使其心服口服，从而调动其自觉矫正的积极性。

5. 改变认知结构，加强行为养成

在教育矫正暴力型社区服刑人员的过程中，社区矫正教育工作者要特别注意矫正暴力型社区服刑人员的错误认知。暴力型社区服刑人员在社会化过程中接受了一些不良思想与观念的影响，同时内化了暴力亚文化，导致其形成了一些错误的道德观和价值观，致使违法犯罪行为的发生。因此，矫正暴力型社区服刑人员错误的认知结构是十分必要的。错误的、不恰当的认知是消极情绪与行为产生的根源，即不良行为来源于错误的认知结构。认知水平低和错误的道德、价值观念是暴力型社区服刑人员进行违法犯罪行为的重要原因，因此矫正暴力型社区服刑人员的关键在于矫正其认知结构及由此形成的错误观念。

例如，暴力型社区服刑人员在日常生活中信奉暴力是解决问题和矛盾的唯一途径，对于“江湖义气”和遵纪守法之间的关系存在错误认知。在错误观念的支配下，通过反复实施暴力行为，或从小模仿大众传媒中的暴力行为的方式，他们逐步形成了以暴力解决问题的习惯。这种恶劣的行为习惯与使暴力型社区服刑人员得益的行为结果形成恶性互动，使暴力型社区服刑人员的问题变得越发严重。

在矫正暴力型社区服刑人员错误认知的同时，还应该强化他们的行为训练，使其养成遵纪守法的良好习惯。暴力型社区服刑人员的不良心理和行为恶习，是在长期的违法犯罪活动中逐步形成的。这就要求矫正工作者必须强化对他们的行为训练和养成教育，对其行为进行严格管束，依照社区矫正监管规定进行考核奖惩，逐步使其形成良好的行为习惯。

【课后任务】

1. 到社区了解社区矫正教育实施情况。
2. 到社区参加社区矫正教育活动。
3. 思考社区矫正教育对社区教育工作者的要求。

参考文献

[1] MARTIN J. Community Education: Towards the oretical analysis G ALLENET (eds.). Community Educa-tion Milton Keynes：Open University Press, 1987: 19.

[2] HARGREAVES D. Learning takes place in manyand varied contexts throughout the individual's life[J].//S RANSON, J TOMLINSON (eds.). The Government of Education, GeoreAllon Unwin，1985.

[3] HUSEN T, POSTLETHWAITE T N. The international encyclopedia of education [J]. Research and studies, 1985.

[4] 厉以贤．社区教育的理念[J]．教育研究，2009（4）.

[5] 苏明．面向二十一世纪社区教育模式探索[J]．北京成人教育，2001（7）.

[6] 叶忠海．社区教育学基础[M]．上海：上海大学出版社，2000.

[7] 张华．我国社区教育面临的十大困惑与挑战（上）[J]．成人高教学刊，2007（4）：10-16.

[8] 熊威．浅析我国社区教育的特征及发展趋势[J]．常州工程职业学院学报，2008（7）.

[9] 厉以贤．社区教育、社区发展、教育体制改革[J]．教育研究，1994（1）：14-17.

[10] 陈乃林．我眼中的社区教育功能定位[N]．中国教育报，2003-07-28（3）.

[11] 孙奇骑．社区教育工作者培训教程[M]．沈阳：辽宁教育出版社，2017.

[12] 刘尧．社区教育的内涵、特点与功能探讨[J]．西北农业科技大学学报，2010（3）.

[13] 王振业．社区教育师资队伍研究[J]．福建广播电视大学学报，2012（6）.

[14] 李松林．我国社区教育研究的历史回顾及方法论思考[J]．成人教育，2004（10）.

[15] 杜君英．社区教育课程开发研究[D]．上海：华东师范大学，2005.

[16] 庄俭．社区教育，我们这样做：上海终身教育案例[M]．上海：华东师范大学

出版社，2016.
[17] 彭人哲．回眸与超越：社区教育的理论与实践之探究[M]．北京：中国发展出版社，2016.
[18] 黄利群．社区教育研究[M]．沈阳：辽宁出版社，2004.
[19] 沈金荣．社区教育的发展和展望[M]．上海：上海大学出版社，2000.
[20] 楼一峰．上海社区教育的实践与发展[J]．职教论坛，2006（7）.
[21] 李佳萍．我国社区教育管理的问题与对策研究[D]．大连：东北师范大学，2014.
[22] 叶凡．社区教育特色课程开发研究[D]．上海：上海师范大学，2010.
[23] 唐凤妮．社区教育现状及发展策略研究[D]．大连：东北师范大学，2011.
[24] 陈乃林．中国社区教育的实验探索[M]．北京：高等教育出版社，2013.
[25] 陈乃林．社区教育管理的理论与实务[M]．北京：高等教育出版社，2009.
[26] 王涤．中国社区教育示范区实证研究：以浙江杭州下城区为例[M]．杭州：西泠印社出版社，2012.
[27] 杨志坚．中国社区教育发展报告[M]．北京：中央广播电视大学出版社，2015.
[28] 黄远春．社区心理教育[M]．北京：人民日报出版社，2016.
[29] 黄希庭．社区心理学研究[M]．广州：暨南大学出版社，2015.
[30] 郭亨杰．社区心理教育入门[M]．合肥：安徽人民出版社，2008.
[31] 张亚林．心理咨询与心理治疗技术操作规范[M]．成都：四川人民出版社，2011.
[32] 潘士君．社区教育工作者实用手册[M]．沈阳：东北大学出版社，2015.
[33] 孙亚玲．社区教育的基本问题[J]．云南教育学院学报，1995（4）.
[34] 张华．我国社区教育面临的十大困惑与挑战：上[J]．成人高教学刊，2007(13).
[35] 徐建秋．北京市东城区社区教育课程大纲（第 1 辑）[M]．北京：首都师范大学出版社，2016.
[36] 沈光辉．转型发展中的社区教育问题研究[M]．北京：中央广播电视大学出版社，2016.
[37] 沈光辉．我国社区教育的发展现状与推进措施研究[J]．继续教育，2008（1）.
[38] 陈元妹．我国社区教育的现状、问题及对策研究[J]．天津教育，2009（10）.
[39] 黄云龙．社区教育管理与评价[M]．上海：上海大学出版社，2000.
[40] 芦麦芳．社区矫正教育[M]．北京：法律出版社，2016.
[41] 胡配军．社区矫正教育理论与实务[M]．北京：法律出版社，2007.
[42] 李怀胜．社区矫正工作实操指引[M]．北京：中国法制出版社，2012.
[43] 石扩．心理教育对北京市农村社区居民身心健康的影响研究[J]．继续医学教

育，2012（12）.
[44] 郑宝棉. 建立社区家属群体心理教育及援助系统的探微——关于一个社区家属群体心理调研结果的思考[J]. 中国成人教育，2010（9）.
[45] 方芳. 社区人群抑郁障碍早期心理干预效果随访[J]. 中国健康心理学杂志，2013（3）.
[46] 杨丽. 社区流动青少年心理健康影响因素的研究[J]. 护理学报，2011（4）.
[47] 易莉. 社区下岗人员心理教育的策略探析[J]. 中国市场，2015（8）.
[48] 栾月琳. 管城区心理教育走进社区[N]. 郑州日报，2008.